THEORIE DER SPRACHHANDLUNGEN
UND HEUTIGE EKKLESIOLOGIE

QUAESTIONES DISPUTATAE

Begründet von
KARL RAHNER UND HEINRICH SCHLIER

Herausgegeben von
HEINRICH FRIES UND RUDOLF SCHNACKENBURG

109

THEORIE DER SPRACHHANDLUNGEN
UND HEUTIGE EKKLESIOLOGIE

Internationaler Marken- und Titelschutz: Editiones Herder, Basel

THEORIE DER SPRACHHANDLUNGEN UND HEUTIGE EKKLESIOLOGIE

EIN PHILOSOPHISCH-THEOLOGISCHES GESPRÄCH

WOLFGANG BEINERT
NORBERT BROX
EMERICH CORETH
FRANZ COURTH
KLAUS DEMMER
ALOIS HALDER
FRANK-LOTHAR HOSSFELD
PETER HÜNERMANN
RICHARD SCHAEFFLER

HERAUSGEGEBEN VON
PETER HÜNERMANN
RICHARD SCHAEFFLER

EINFÜHRUNG VON LUDWIG AVERKAMP

HERDER
FREIBURG · BASEL · WIEN

CIP-Kurztitelaufnahme

Theorie der Sprachhandlungen und heutige Ekklesiologie: e.
philos.-theol. Gespräch / Wolfgang Beinert... Hrsg. von
Peter Hünermann; Richard Schaeffler. Einf. von Ludwig
Averkamp. – Freiburg im Breisgau; Basel; Wien: Herder,
1987.
  (Quaestiones disputatae; 109)
  ISBN 3-451-02109-9

NE: Beinert, Wolfgang [Mitverf.]; Hünermann, Peter [Hrsg.];
GT

Alle Rechte vorbehalten – Printed in Germany
© Verlag Herder Freiburg im Breisgau 1987
Herstellung: Freiburger Graphische Betriebe 1987
ISBN 3-451-02109-9

Inhalt

Ludwig Averkamp
Zur Einführung 7

WORT UND HANDLUNGEN ALS SOZIALE LEBENSVOLLZÜGE

I
Emerich Coreth
Lebensvollzug in Kommunikation und Interaktion 11

II
Peter Hünermann
Lebensvollzüge der Kirche. Reflexionen zu einer Theologie des Wortes und der Sakramente 27

DAS WORT ALS SOZIALER LEBENSVOLLZUG UND DIE BEDEUTUNG TRADIERBARER SPRACHFORMEN

III
Alois Halder
Sprachhandlungen und ihre geprägte Gestalt. Die Bedeutung sprachlicher Formen für Kommunikationsgemeinschaften 54

IV
Frank-Lothar Hossfeld
Geprägte Sprachformen im Leben der Glaubensgemeinde. Die Wachstumsstufen von Ps 18 als Hinweis auf das Leben des Gottesvolkes im Wandel der Geschichte 75

V
Norbert Brox
Kirchengeschichte und (Sprach-)Handlungstheorie 98

KOMMUNIKATIVE HANDLUNGEN ALS SOZIALE LEBENSVOLLZÜGE AM BEISPIEL VON UMKEHR UND VERSÖHNUNG

VI
Richard Schaeffler
Der Zuspruch des Vergebungswortes und die Dialektik des praktischen Vernunftgebrauchs. Überlegungen zur Ethik und Religionsphilosophie im Anschluß an Immanuel Kant und Hermann Cohen 104

VII
Wolfgang Beinert
Versöhnung als Lebensvollzug der Kirche 130

VIII
Klaus Demmer
Der Dienst der Versöhnung als Berufung des Christen im Kontext autonomer Sittlichkeit 150

RÜCKBLICK AUF EIN GESPRÄCH

IX
Franz Courth
Moderne Sprachphilosophie – Hilfestellung für die Theologie? 175

Zur Einführung

Von Ludwig Averkamp, Münster

„Die Philosophie im Gespräch mit den theologischen Disziplinen" – Das ist heute weniger eine Beschreibung dessen, was geschieht, als vielmehr ein Ausdruck des Wunsches nach dem, was geschehen sollte.

Lange Zeit wußten die Vertreter der theologischen Disziplinen, was sie von einem Gespräch mit der Philosophie erwarten konnten: vor allem eine „natürliche Theologie", die im Rahmen einer Metaphysik zu entwickeln war. In jüngerer Vergangenheit richteten sich die Erwartungen der Theologen, vor allem der Vertreter biblischer Fächer, auf eine „allgemeine Hermeneutik", die aus einer Analyse der menschlichen „Existenz" und des für sie konstitutiven „Verstehens" gewonnen wurde; den Erwartungen der systematischen Theologie dagegen kam eher jene Versöhnung zwischen Ontologie und Transzendentalphilosophie entgegen, die dadurch möglich wurde, daß in einer Strukturanalyse der Akte menschlichen Erkennens und Wollens jener „Überschritt" über die gesamte Gegenstandswelt sichtbar gemacht wurde, durch welchen der Mensch, ob er es weiß oder nicht, „immer schon mit Gott zu tun hat".

Weniger leicht ist zu sagen, was die Philosophen, sofern sie Metaphysik, Existentialanalyse oder Transzendentalphilosophie betreiben, vom Gespräch mit der Theologie erwarten konnten. Zumeist herrschte bei ihnen die Sorge, die Philosophie könnte, als „Magd der Theologie", für deren Ziele „verzweckt" und dadurch ihrer Eigenständigkeit beraubt werden; vor allem aber werde sie, wenn sie nicht nur zur Theologie spricht, sondern auch auf sie hört, allzu leicht dazu verführt, unerlaubterweise theologische Prämissen in die philosophische Argumentation aufzunehmen.

Insofern blieb das Gespräch einseitig, wurde also nicht zum Dialog, weil die Philosophen sich darauf beschränkten, den Theologen gewisse Ergebnisse der philosophischen Argumentation mitzuteilen, während es den Theologen überlassen blieb, ob und auf welche Weise sie von diesen Ergebnissen einen theologischen Gebrauch machen wollten.

Aber selbst diese einseitige Form des Gesprächs scheint ins Stokken geraten zu sein. Die Argumente der philosophischen wie der theologischen Kritiker der Metaphysik, aber auch ihrer theologischen und ihrer philosophischen Verteidiger, die Gründe der philosophischen und der theologischen Anhänger und Gegner der existentialen und der transzendentalen Methode beginnen sich zu wiederholen. Andererseits werden jüngere Entwicklungen der Theologie von den Philosophen, jüngere Entwicklungen der Philosophie von den Theologen nur zögernd und oft mit gewissen Abwehr-Reflexen zur Kenntnis genommen. Und doch sind unter diesen jüngeren Entwicklungen solche, die für das Gespräch zwischen der Philosophie und den theologischen Disziplinen neue Themenfelder erschließen könnten.

Ein Beispiel dafür bietet das Verhältnis zwischen *philosophischen Theorien der Sprachhandlung* und neueren *Entwicklungen der Ekklesiologie*.

Seit Austin's programmatischer Vorlesungsreihe „How to do things with words" und Searle's Monographie „Speech acts" ist die Aufmerksamkeit der Sprachphilosophen darauf gelenkt worden, daß sprachliche Äußerungen nicht ausschließlich dazu bestimmt sind, Sachverhalte zu beschreiben und dem Hörer bekanntzumachen. Neben der Beschreibung und Bekanntgabe dessen, was unabhängig von seiner sprachlichen Bezeichnung schon ist, gibt es die Möglichkeit, durch sprachliche Ausdrücke zu bewirken, was vorher noch nicht war. Das rechtswirksame Wort (z. B. eine Ernennung, ein Versprechen, ein Vertrag) aber auch – worauf Austin ausdrücklich hingewiesen hat – das sakramentale Wort (z. B. „ich taufe dich", „ich spreche dich los") fügen nicht dem, was ohne sie schon ist oder geschieht, eine sprachliche Bezeichnung und Bekanntgabe hinzu; sie sind vielmehr Teil einer Handlung, durch die der Sachverhalt, den sie benennen, erst entsteht. Solche Sprachhandlungen aber setzen, wie Searle gezeigt hat, einen „institutionellen Rahmen" voraus, d.h. ein Gefüge von Relationen und Funktionen, die es dem einzelnen Sprecher und Hörer gestatten, in einen umgreifenden Handlungszusammenhang einzutreten, den der einzelne nicht jedesmal neu herstellen muß.

Das sakramentale Wort war, neben dem rechtswirksamen Wort, schon für Austin ein ausgezeichnetes Beispiel dafür, „wie man mit Worten handelt". Und die Kirche als der „institutionelle Rahmen", innerhalb dessen das sakramentale Wort wirksam gesprochen werden kann, läßt sich, auch wenn Searle dies nicht tut, als besonders deutliches Beispiel für den Zusammenhang zwischen Sprachhandlung und Institution anführen. So enthalten jüngere Entwicklungen der Sprachphilosophie ein Gesprächsangebot an die theologische Lehre von den Sakramenten und von der Kirche.

Dieser philosophischen Entwicklung kommt eine theologische entgegen. Eine neue Besinnung auf den Zusammenhang von Wort und Sakrament hat die Aufmerksamkeit dafür geschärft, daß das Wort im sakramentalen Vollzug nicht nur äußerlich zur Materie „hinzutritt", sondern daß das den Empfänger anredende, vor allem aber das gemeinsam gesprochene doxologische Wort zusammen mit der Sicherheit der Materie eine Einheit bildet, durch welche das sakramentale Zeichen und seine Wirksamkeit erst konstituiert werden. Darüber hinaus ist in jüngerer Zeit sowohl die „ekklesiale Dimension" der Sakramente als auch die sakramentale Eigenart der Kirche als „sacramentum salutis" neu bedacht worden. Es ist deutlicher hervorgehoben worden, daß die Sakramente nicht ausschließlich der Heilsvermittlung an den einzelnen dienen und daß die Kirche nicht nur die rechtlichen Voraussetzungen schafft, die den Spender wie den Empfänger zum sakramentalen Vollzug qualifizieren. Vielmehr sind die Sakramente „Lebensvollzüge der Kirche", durch die der Geist sich den Leib aus vielen Gliedern aufbaut. Im Zusammenhang dieser Wirksamkeit des Geistes konnte auch die Wirksamkeit der sakramentalen Zeichen und Worte neu verstanden werden. Das sakramentale Wort – als Anrede an den Empfänger, aber auch als gemeinsame Doxologie der Gemeinde – ist Teil jener wirksamen Handlung, durch die der Geist die Gemeinde zum wirksamen Zeichen des Heils in der Welt gestaltet. Eine Sakramententheologie, die auf solche Weise die ekklesiale Dimension des Sakraments und mit ihr des wirksamen Wortes betont, und eine Ekklesiologie, die die sakramentale Eigenart der Kirche zu ihrem Thema hat, leisten auf solche Weise auch einen spezifisch theologischen Beitrag zur philosophischen Diskussion um „Sprachhandlungen" und ihr Verhältnis zu „Institutionen".

Möglichkeiten dieser Diskussion zu erproben war die Zielsetzung einer interdisziplinären Tagung, die unter dem Leitthema „Theorie der Sprachhandlungen und heutige Ekklesiologie" vom 20. bis 23. November 1985 in Eichstätt stattfand. Die Einladung zu diesem Kolloquium, an dem über 80 Philosophen und Theologen aus dem deutschsprachigen Raum teilnahmen, ging von der Kommission für Fragen der Wissenschaft und Kultur der Deutschen Bischofskonferenz aus. Mit dieser Initiative setzte die Kommission Bemühungen der letzten Jahre um eine Neubelebung und Intensivierung der Begegnung zwischen der Philosophie und den theologischen Disziplinen fort. (Im selben Zusammenhang steht auch die 1983 veröffentlichte Erklärung der deutschen Bischöfe über „Das Studium der Philosophie im Theologiestudium".) Die Referate der Tagung und eine zusammenfassende Würdigung der Diskussion werden in diesem Band veröffentlicht. Der Band soll ein Beispiel dafür benennen, auf welche Weise jüngere Entwicklungen in Theologie und Philosophie neue Themenfelder des Gesprächs erschlossen haben. Allen, die zum Gelingen des Kolloquiums und zu dieser Publikation beigetragen haben – insbesondere den Herausgebern Prof. Dr. Peter Hünermann und Prof. Dr. Richard Schaeffler –, sei auch an dieser Stelle in herzliches Wort des Dankes gesagt.

WORT UND HANDLUNGEN ALS SOZIALE LEBENSVOLLZÜGE

I

Lebensvollzug in Kommunikation und Interaktion

Von Emerich Coreth, Innsbruck

Die Einheit in der Spannung zwischen Philosophie und Theologie war seit altersher ein Grundzug in der Tradition christlichen Denkens. Sie hat sich im katholischen Raum grundsätzlich durchgehalten, über alle neuzeitlichen Brüche zwischen Wissen und Glauben hinweg. Diese Einheit war noch relativ glatt und problemlos, solange sich Philosophie und Theologie mehr oder weniger in demselben Rahmen scholastischer Thematik und Systematik bewegten. Das wurde anders, sobald dieser Rahmen gesprengt wurde und man sich auf allen Gebieten neu andrängenden Problemen öffnen und stellen mußte. In den letzten Jahrzehnten kam es zu einer gewissen Auseinanderentwicklung, vielleicht sogar Entfremdung, zum Teil in Zusammenhang mit der Tendenz – übrigens in anderen Ländern und Kontinenten noch viel mehr als bei uns –, im theologischen Studiengang die Philosophie weitgehend zurückzudrängen. Aus mancherlei Erfahrungen in Lehre und Forschung scheint sich gegenwärtig eine Rückbesinnung auf das notwendige Zusammenwirken von Philosophie und Theologie anzubahnen. Nicht nur ein Anzeichen, sondern ein Dokument dafür ist die Erklärung der deutschen Bischöfe über das Studium der Philosophie[1], ein Anzeichen aber auch das Zustandekommen dieser Tagung und das Interesse daran, das sich in der zahlreichen Beteiligung bekundet.

Jedenfalls sind zwischen Philosophie und Theologie Kommuni-

---

[1] Das Studium der Philosophie im Theologiestudium: Die deutschen Bischöfe, 22. Sept. 1983, Bonn 1983.

kation und Interaktion verlangt, worin gerade der Lebensvollzug gläubigen Denkens und denkenden Glaubens besteht. Damit stehen wir schon beim Thema, das mir gestellt ist, nämlich im Hinblick auf das Gesamtthema die philosophische Frage nach dem Lebensvollzug in Kommunikation und Interaktion aufzunehmen.

Schon die Formulierung des Titels weist (durch die Worte Kommunikation und Interaktion) offenkundig in den Raum analytischer Sprechakt- und Handlungstheorien hinein; sie weist zugleich (durch das Wort Lebensvollzug) darüber hinaus auf den bedingenden und sinngebenden Hintergrund, von dem her jene als eigentlich menschliche Vollzugsweisen verständlich werden. Ich möchte deshalb das Problem in diesen anthropologisch-ontologischen Zuammenhang einbinden und die drei Begriffe, die das Thema formulieren: Lebensvollzug, Kommunikation und Interaktion, zu klären und vor allem in ihrem Zusammenhang auszulegen versuchen. Daß ich in diesem weitgespannten Thema weniger auf Einzelprobleme eingehen kann und manches sehr verkürzt behandelt werden muß, wird der Leser verstehen.

I. Lebensvollzug

„Lebensvollzug" ist ein Wort, das in philosophischer und theologischer Sprache heute oft gebraucht wird. Aber was heißt es? Wenn man in einem Fachlexikon nachschlägt, wird man „Vollzug" oder „Lebensvollzug" nicht als Stichwörter finden, wohl aber Sachartikel, in denen diese Worte reichlich verwendet werden. Sind sie so selbstverständlich, daß nichts darüber zu sagen ist? Oder ist es gerade die Aufgabe der Philosophie, auch das scheinbar Selbstverständliche zu befragen oder, wie man heute gern sagt, zu „hinterfragen" – leider ein Modewort, das aber, philosophisch ernst genommen, nicht so schlecht ist.

Ist es denn selbstverständlich, daß Leben sich vollzieht, sich vollziehen muß und nur im Vollzug überhaupt Leben ist? Ist es selbstverständlich, daß wir unser eigenes Leben zu vollziehen haben, als Menschen sogar im bewußten und freien Selbstvollzug unser Leben zu gestalten und zu ertragen haben? Ist es selbstverständlich, daß menschliche Gemeinschaft, welcher Art auch immer, also auch die Glaubensgemeinschaft der Kirche, überhaupt nur in ihrem Vollzug

Gemeinschaft ist, d. h. im gemeinsamen Vollzug dessen, was als Sinn und Ziel die Gemeinschaft verbindet, zusammenhält und am Leben erhält?

Das Wort „Vollzug" meint das lateinische „exercitium" vom Verbum „exercere"; z. B. bei Thomas von Aquin heißt es nicht nur „üben", sondern „ausüben", „durchführen" oder „verwirklichen". Das Wort ist in den philosophischen Sprachgebrauch eingegangen; im Französischen sagt man „exercice", im Englischen zumeist, vielleicht weniger glücklich, „performance", im Deutschen eben „Vollzug". Gemeint ist Wirken, Aktivität, die aristotelische „energeia", actus, aber im Sinne der actio, oder, umgekehrt, actio, also das Wirken oder die Handlung, als actus, d. h. als eine im Wirken gesetzte oder zu setzende Seinswirklichkeit.

Jetzt aber nochmals: Ist es denn selbstverständlich, daß etwas, das ist, (Seiendes) wirkt und wirken muß – „agere sequitur esse", deshalb „omne ens est agens" oder, wie Leibniz von seiner Monade sagt: „un être capable d'action"?[2] Warum muß Seiendes wirken, um wirkend sich zu verwirklichen, sich selbst erst in seine volle, dem Wesen gemäße Seinswirklichkeit zu versetzen? Um es kurz, vielleicht allzu kurz zu sagen[3]: Endliches, seinsmäßig begrenztes Seiendes ist nicht das Sein selbst. Sein als Seinsmächtigkeit, Seinswirklichkeit ist mehr als das Sein dieses endlichen Seienden. Es strebt daher über die Grenzen hinaus zur Verwirklichung weiterer Seinsmöglichkeit. Dieses Geschehen bleibt aber zurückgebunden an das Wesen des endlichen Seienden, das wirkend sich zu verwirklichen hat. Aber das einzelne Seiende erfüllt auch niemals, weil es Einzelnes seiner Art und Gattung ist, die Seinsmöglichkeiten seiner spezifischen Wesenheit und drängt daher zu höherer, vollerer Verwirklichung seiner selbst gemäß dem eigenen Wesen. Dazu aber ist ihm Zeit gegeben, Zeit gelassen. Endliches Wirken ist gebunden an die Zeit, ermöglicht durch die Zeit. Selbstvollzug als Selbstverwirklichung ist bedingt durch Zeitlichkeit. Im Ablauf der Zeit hat das Seiende im Wirken sich zu verwirklichen, seine Seinswirklichkeit zu entfalten, aber bleibend zurückgebunden an das eigene Wesen,

---

[2] *Leibniz,* Principes de la nature et de la grace, Nr. 1.
[3] Zum Wesen des Wirkens vgl. *E. Coreth,* Metaphysik (Innsbruck ³1980) bes. §§ 30–33.

um sich in dem, was es wesenhaft ist, zu verwirklichen. So erweisen sich Endlichkeit, Einzelheit und Zeitlichkeit als ontologisch bedingende Strukturen endlichen Wirkens.

Der Selbstvollzug ist aber – das ist hier der nächste Schritt – nur möglich durch Anderes, im Ausgriff auf Anderes, worin es weiteren Seinsgehalt, weitere Seinswirklichkeit erreicht. Diese Vermittlung des Selbstvollzugs im Anderen ist eine Grundstruktur endlichen Wirkens, so schon im rein Materiellen, dessen Wirken als „actio transiens" auf Anderes geht, im Anderen eine Wirkung setzt und sich im Anderen verliert, sich selbst dadurch als bloßes Mittel erweist, das seinen Zweck nicht in sich selbst, sondern im Anderen und dadurch am Ganzen des Geschehens hat.

Einen Rückbezug auf sich selbst erreicht das Wirken im Lebensgeschehen, im Lebensvollzug. Wie immer man das Leben biologisch beschreiben oder definieren mag – etwa als konstant sich durchhaltende, zugleich aber dynamisch sich entfaltende Struktur organischen Geschehens, in dem das Einzelne dem Ganzen untergeordnet ist –, philosophisch bleibt die klassische Formel von der „actio immanens" immer noch gültig, zugleich nicht nur vom physisch-biologischen, sondern auch vom „geistigen" Leben aussagbar: Leben ist Wirken in sich und auf sich selbst. Es setzt eine Wirkung nicht im Anderen, sondern im Wirkenden selbst. Leben ist Selbstverwirklichung, Selbstentfaltung, aber angewiesen auf Anderes, im Medium des Anderen, das zum Mittel der Selbstverwirklichung wird.

Im geistig-personalen Leben des Menschen erreicht immanentes Wirken geistigen Selbstbesitz und freie Selbstverfügung, es ist, wie Aristoteles sagt, hautou heneka, um seiner selbst willen[4]. Es kehrt zu sich selbst zurück in dem, was Thomas die „reditio completa in seipsum" nennt[5]. Deshalb ist nach Kant der Mensch als Person „Zweck an sich selbst", der niemals als bloßes Mittel gebraucht werden kann[6]. Dieser wesenhafte Selbstbezug kommt auch bei Hegel zum Ausdruck im Bei-sich-Sein des Geistes, und Bei-sich-

---

[4] *Aristoteles*, Metaphysik I, 982 b 25 f.
[5] *Thomas von Aquin*, In libr. de causis, 1.15; vgl. De veritate, VIII, 6, 5.
[6] *Kant*, Kritik der praktischen Vernunft, B 155 f; vgl. Grundlegung zur Metaphysik der Sitten, WW IV, 428 ff.

Sein ist Freiheit[7], oder schließlich bei Heidegger, der das menschliche Dasein fast wörtlich nach Aristoteles als das „Umwillen seiner" versteht[8].

Aber auch inneres Wirken, das im geistig-personalen Leben Innerlichkeit und Eigenständigkeit des Bei-sich-Seins erreicht, bleibt angewiesen auf Anderes: Es kann sich selbst nur vollziehen im Anderen und durch das Andere. Das bleibt die Grundstruktur auch des menschlichen Wirkens als geistig-personaler Selbstverwirklichung. Nur im Erkennen von Anderem weiß ich um mich selbst; Selbstbewußtsein vollzieht sich im Gegenstandsbewußtsein. Ich weiß aber um Anderes nur, weil und insofern ich darin zugleich um mich selbst weiß. Im Erstreben und Wollen von Anderem erfahre ich mich und verwirkliche mich selbst, aber so, daß ich das Andere in seinem Eigensein und Eigenwert bejahe, gerade darin aber, im Hinausgehen aus mir selbst, zu mir zurückkehre. Unbedingte Bejahung des Anderen um seiner selbst willen ist aber nur möglich gegenüber einem Wesen, das unbedingten, unaufhebbaren Selbstwert besitzt, Zweck an sich selbst ist, d. h. nur gegenüber geistig-personalem Sein, das mir im anderen Menschen begegnet.

Daraus ergibt sich, daß alles gegenständliche Erkennen, Wollen und Handeln nur in Funktion oder als Mittel interpersonalen Bezugs geschieht; es ist nie letzter Selbstzweck, sondern hat die zwischenmenschliche Beziehung zu ermöglichen. Menschlicher, gesamtpersonaler Lebensvollzug als wesensgemäße Selbstverwirklichung ist nicht nur durch *das* Andere, sondern durch *den* Anderen möglich: in interpersonalem Bezug zum anderen Menschen, und durch *die* Anderen (im Plural), d. h. in der Gemeinschaft. Schon Fichte hat gesagt: „Der Mensch wird nur unter Menschen ein Mensch ... sollen überhaupt Menschen sein, so müssen mehrere sein"[9].

Schon hier zeigt sich ein fortschreitender Verweis von einem auf den anderen Aspekt: Man kann das, was ist, nicht angemessen betrachten, ohne den Vollzug seines Wirkens zu beachten, worin es

---

[7] *Hegel,* Die Vernunft in der Geschichte (Einleitung zur Philosophie der Geschichte), hg. von J. Hoffmeister (Hamburg [8]1955) 55.
[8] *M. Heidegger,* Vom Wesen des Grundes (Frankfurt [4]1955) 37 f.
[9] *Fichte,* Grundlage des Naturrechts, WW III, 39. Vgl. *E. Coreth,* Was ist der Mensch? Grundzüge einer philosophischen Anthropologie (Innsbruck [3]1980) bes. 171–181.

sich selbst verwirklicht und offenbart, ohne jedoch in einen freischwebenden Vollzug aufgelöst oder aufgehoben zu werden. Man kann weiter den Vollzug des Wirkens nicht als isolierte Selbstverwirklichung des einzelnen betrachten, weil sich der Wirkvollzug des Einen wesentlich im Anderen oder auf das Andere hin ereignet, ohne daß das Wirkende in seinem Anderen aufginge. Der menschliche geistig-personale Selbstvollzug ist daher Wirken in mir selbst im Wirken auf Anderes oder im Anderen, wodurch ich gerade zu mir selbst zurückkehre, mich selbst finde und verwirkliche; das eine bedingt das andere. Das Andere ist aber primär *der* Andere und sind *die* Anderen: Wir stehen in Kommunikation und Interaktion mit anderen Menschen; darin besteht und reift der eigene Lebensvollzug.

II. Kommunikation

Damit kommen wir zum nächsten Schritt, in Stichworten: Kommunikation und Interaktion als den Weisen, in denen der menschliche Lebensvollzug geschieht und sich auslegt. Es läge nahe, diese zwei Weisen des Lebensvollzugs dem theoretischen und dem praktischen Verhalten zuzuordnen, nämlich auf der einen Seite dem Erkennen und Wissen, das mitgeteilt und aufgenommen wird: Kommunikation; und auf der anderen Seite dem Wollen und Handeln, das von einem auf den anderen wirkt und beide verbindet: Interaktion, oder in der Sprache der Transzendentalien: In der Kommunikation geht es um das Verum, in der Interaktion um das Bonum. Das ist richtig, aber nur, wenn man mitbedenkt, daß sich beide Dimensionen nicht trennen lassen, sondern gerade im interpersonalen Bezug einander bedingen und durchdringen, so daß man sagen kann: Kommunikation ist selbst schon eine Weise der Interaktion, und jede Interaktion ist bedingt und vermittelt durch Kommunikation.

Was heißt hier Kommunikation? Sie bedeutet wörtlich „Mitteilung" und meint zunächst – aber, wie sich gleich zeigen wird, nicht nur – Mitteilung von Erkenntnissen, Vermittlung von Wissen. Kommunikation in diesem kognitiven Sinn ist Information. Schon diese ist wichtig, wenn man bedenkt, wie sehr unser Wissen daraus lebt, wieviel von dem, was wir wissen oder zu wissen meinen, aus

Information durch andere stammt. Nur zum kleinsten Teil wissen wir es aus eigener Erfahrung und Einsicht. Das meiste wissen wir daher, daß wir es gehört, gelesen oder studiert haben, ohne es selbst überprüfen zu können. Das gilt von alltäglichem Wissen, das unsere Lebenswelt prägt. Woher wissen wir auch nur, wer wir selbst sind, woher wir stammen, wo und wann wir geboren wurden und vieles andere, was den Grundbestand unseres Selbst- und Weltverständnisses ausmacht, wenn nicht andere es uns gesagt hätten? Das gilt aber auch von wissenschaftlicher Erkenntnis, in welchem Gebiet des Wissens und der Forschung auch immer, nicht nur von Geschichtswissenschaften, die wesentlich von Mitteilungen anderer leben, sondern auch von noch so exakten und empirischen Naturwissenschaften. Wir übernehmen Erkenntnisse anderer, wir vertrauen ihnen und nehmen sie hinein in unsere eigene Erkenntniswelt, ohne alles nachvollziehen zu können; anders wäre ein Erkenntnisfortschritt der Wissenschaft gar nicht möglich. Wir leben in einer Erfahrungs- und Erkenntnisgemeinschaft, wenn man will einer Informationsgemeinschaft, die ernst zu nehmen auch wissenschaftstheoretische Bedeutung hätte gegenüber einem allzu individualistisch-rationalistischen Wissens- und Evidenzbegriff. Es hat aber auch Bedeutung für den religiösen Glauben, der angewiesen ist auf die Glaubensgemeinschaft, sosehr auch der einzelne den Glauben zu eigener Überzeugung machen muß.

Auf die Grenzen und Gefahren der Kommunikation als Information sei nur nebenbei hingewiesen. Gerade in unserer Zeit der Massenmedien gibt es Fehlinformation, auch in Gestalt von Überinformation, die der einzelne nicht beurteilen und bewältigen kann, die ihn als passives Objekt der Information erst recht orientierungslos zurückläßt. Mit dem Wesen der Information ist auch die Möglichkeit ihres Unwesens gegeben; bei der hohen Bedeutung, die informative Kommunikation für das menschliche Leben hat, sind auch irreführende Fehlformen möglich.

Kommunikation ist aber nicht nur Information, nicht nur Mitteilung von Erkenntnissen, Vermittlung von Wissen, sondern auch Mitteilung von Absichten und Bewertungen, Gefühlen und Bestrebungen usw. In jedem Fall ist die Selbst-Mitteilung der Person, die sich aus Freiheit dem anderen erschließt und auf den anderen einwirkt; also schon eine Form der Interaktion.

Derart aktive Selbstmitteilung kann aber nie unmittelbar geschehen, sondern erfordert eine Vermittlung durch sinnenhafte Dinge oder Handlungen, d. h. durch symbolische Zeichen, deren wichtigstes und ausdrucksmächtigstes die Sprache ist. Das eigentliche Problem der Sprache, ich möchte fast sagen das Geheimnis der Sprache, ja das Geheimnis des Symbols überhaupt, liegt darin, daß ein sinnenfälliges Ding oder Geschehen zum Sinnträger wird, wodurch wir uns in dem, was wir meinen, aussprechen und zu verstehen geben. Im Falle der Sprache wird einem akustischen Lautgebilde ein Sinn gegeben, der im Hören der Laute aufgefaßt und verstanden werden kann. Das „intelligibile in sensibili" hat hier nicht nur den Sinn, daß im sinnlich Gegebenen sein intelligibler Sinn erfaßt wird, sondern daß ein Sensibile zum Sinnbild und Sinnvermittler eines anderen, darüber hinausgehenden Intelligibile wird, d. h. hier in der Sprache, daß ein Lautgebilde der Stimme zum sinnvermittelnden Wort der Sprache wird.

Dies gründet in der wesenhaften Leib-Geist-Natur des Menschen, worin der Leib, bei relativer Eigenständigkeit gegenüber dem geistigen Leben, zum Ursymbol des Geistes, zum Vollzugs- und Ausdrucksmedium des geistigen Lebens wird, so sehr, daß auch der interpersonale Bezug diese leiblich-geistige Verfassung zeigt. Das Materielle wird zum Material geistig-symbolischer Sinngebung, zum Medium personalen Selbstvollzugs im interpersonalen Bezug: zur Welt des Menschen als einer immer schon symbolhaft gedeuteten, sprachlich ausgelegten Welt, in der wir leben und uns verstehen.

Schon daraus folgt weiter, daß Sprache und sprachliches Verstehen nicht nur ein zweipoliges Geschehen zwischen dem Sprechenden und dem Hörenden sind, wobei in dialogischem Gespräch jeder Partner wechselweise beide Funktionen übernimmt, sondern daß dieses Sinngeschehen immer durch ein Drittes vermittelt wird, also, wenn ich so sagen darf, eine Dreiecksstruktur aufweist: Wir reden über etwas, wir fragen nach etwas, verstehen uns in etwas. Immer ist ein Drittes dabei, von dem die Rede ist und worauf sich zwischenpersonales Verstehen bezieht. Es ist die „Sache" im weitesten Sinn, nicht nur als dinghafter Gegenstand, sondern als der jeweilige Inhalt des Gespräches. Nur im gemeinsamen Blick auf die Sache können wir davon reden, uns darüber verständigen und uns darin verstehen[10]. Der Blick auf die gemeinsame Sache vermittelt Verstehen in kommunikativem Tun. Schon ein nur informatives Sprechen ist Interaktion, die auf den anderen einwirkt, indem sie ihm etwas zu erkennen, zu verstehen gibt.

Sprache ist aber nicht nur Information, sie hat nicht nur Aussagefunktion. Sprachliche Kommunikation ist Interaktion vielfältiger Art in verschiedenen Funktionen der Sprache. Dies erkannt zu haben, war sicher ein wichtiger Schritt innerhalb der analytischen Philosophie. Doch ist es jedem, der spricht und hört, der sprachlich mit anderen umgeht, im Vollzug dieses Geschehens wenigstens implizit oder unthematisch bewußt. Es muß aber ausdrücklich bewußt gemacht, reflektiert und in seiner Eigenart analysiert werden. Wenn man im Zusammenhang der Handlungstheorie die Sprechakte oder Sprachhandlungen untersucht hat, so wurde – besonders seit J. L. Austin und J. R. Searle[11] – unterschieden zwischen dem „lokutiven" Akt der Äußerung eines Wortes oder Satzes, dem „illokutiven" Akt als der Intention oder Redeabsicht des Sprechers und dem „perlokutiven" Akt als der Folge oder Wirkung auf den Hörer. Wird im besonderen der illokutive Akt betrachtet, auf den es vor allem ankommt, so ergibt sich, daß es in der Sprache nicht nur Aussagen gibt, sondern – um nur Beispiele zu nennen, ohne sie näher klassifizieren zu wollen – auch den Gruß, die Frage, den Rat, die Mahnung oder Warnung, den Ausdruck des Verstehens, des Verzeihens, des Vertrauens, den Ausdruck von Güte und Liebe oder Ablehnung usw. Dieselben Worte (des lokutiven Aktes) können, in verschiedenen Situationen und in

---

[10] Dies zu beachten ist wichtig, weil in gegenwärtiger Sprachphilosophie vielfach die Tendenz besteht, die Sprache allein in sich selbst, als in sich stehendes oder schwebendes Geschehen, zu betrachten und die Welt des Menschen in Sprachgeschehen aufzulösen. Dagegen muß bedacht werden, daß Sprache gar nicht sinnvoll möglich ist ohne außersprachliche Wirklichkeit, die wir erfahren und sprachlich auslegen, auf die wir im Sprechen und Handeln jederzeit bezogen bleiben.

[11] *J. L. Austin,* Zur Theorie der Sprechakte (How to do things with words) (Frankfurt 1976); *J. R. Searle,* Sprechakte (Speech Acts) (Frankfurt 1971); K. O. Apel (Hg.), Sprachpragmatik und Philosophie (Frankfurt 1976); *Th. Lewandowski,* Sprechakt, in: Wissenschaftstheoretisches Lexikon, hg. von E. Braun – H. Radermacher (Graz 1981) 556–561 (Lit.). – Hier geht es uns nicht darum, die Theorien der Sprechakte näher zu erörtern, sondern die wichtigsten Grundgedanken aufzunehmen und in unserem Zusammenhang fruchtbar zu machen.

verschiedenem Tonfall gesprochen, sehr verschiedene Bedeutungen (des illokutiven Aktes) erhalten, daher auch im Adressaten der Rede (als perlokutiven Aktes) sehr verschiedene Antworten oder Reaktionen seines Handelns hervorrufen. Das heißt aber, daß sprachliches Geschehen angemessen gar nicht isoliert betrachtet und verstanden werden kann. Vielmehr steht es so sehr im Zusammenhang des Lebensvollzugs, daß sogar die Bedeutung der sprachlichen Äußerung durch ihren Ort im Lebensvollzug innerhalb der betreffenden Lebenssituation und der daraus entspringenden Intention bestimmt ist und nur von daher richtig verstanden werden kann.

Dazu kommt weiter, daß im sprachlichen Ausdruck sehr oft nicht etwas zuvor Gegebenes und Erkanntes ausgesagt, sondern im Sprechakt etwas erst eigentlich vollzogen und realisiert wird. Wenn ich ein Wort des Vertrauens oder der Liebe spreche, so vollziehe ich gerade im Sprechen dieser Worte einen Akt des Vertrauens und der Liebe. Wenn ich ein Wort der Reue und der Bitte um Vergebung sage, so ist das nicht nur die Mitteilung darüber, daß ich Reue empfinde und Vergebung erbitte, sondern das Aussprechen dieser Worte ist selbst ein Vollzug der Reue und Bitte. Und wenn ich zu Gott bete, ehrfürchtig dankbar seine Größe preise, so ist das nicht nur eine Aussage über Gottes Größe, Macht und Liebe, wovon ich schon zuvor wußte, sondern es ist im Aussprechen selbst der Vollzug ehrfürchtig dankbarer Anbetung. Im Sprechen selbst geschieht etwas. Das ist wichtig, auch zum Verständnis des Gebetes, das ja nie Gott etwas mitteilen will, das er zuvor noch nicht gewußt hätte; es ist kein informatives Sprechen, sondern der persönliche und aktive Vollzug der inneren Haltung des Menschen gegenüber Gott.

Daß im Sprechen etwas geschieht, gilt besonders von Sprachhandlungen, die nicht einen kognitiv-informativen, sondern einen konstitutiven oder deklarativen Sinn haben wie jede sprachliche Rechtssetzung oder Rechtsübertragung: Gesetzgebung, Urteilsspruch, Vertrag oder Ernennung, wenn z. B. bei der Promotion mit der Überreichung des Diploms gesagt wird: Hiermit werden Sie zum Doktor (der Rechte, der Medizin) ernannt. In jedem sprachlich (mündlich oder schriftlich) vollzogenen rechtskräftigen Akt geschieht derart konstitutive Rede. Dabei ist vorausgesetzt, daß

Sprecher und Hörer aus gemeinsamem Sprachverständnis die Bedeutung der Rede verstehen, aber auch, daß die Aussage Geltung hat und in ihren Rechtsfolgen gewährleistet ist. Die Sprachhandlung steht also in einem Bedeutungs- und Geltungshorizont institutioneller Art, mag dieser rechtlich scharf umgrenzt sein oder praktisch fließende Grenzen haben.

Daraus ergibt sich, daß die Sprache das vielfältige Beziehungsgefüge menschlichen Lebens und Zusammenlebens zum Ausdruck bringt, selbst in dessen lebendigem Vollzug geschieht und die Vielfalt seiner Beziehungen und Bedeutungen zu verstehen gibt. Das heißt aber, daß die Sprache gerade nicht abstrakt, für sich isoliert, sondern nur konkret aus dem Lebensvollzug voll verstanden werden kann.

Das heißt weiter, daß die Sprache wesentlich gemeinschaftsbezogen und gemeinschaftsbildend ist. Gemeinsame Sprache verbindet, sie schafft Einheit der Gemeinschaft. Schon eine gemeinsame Nationalsprache wie Deutsch, Französisch, Englisch usw. wirkt entscheidend mit zur Bildung eines gemeinsamen Kulturraumes, der aus derselben sprachlich vermittelten Tradition lebt. Deshalb politisch immer wieder das Bestreben, anderssprachige Volksgruppen, auch unter Druck, in die gemeinsame Nationalsprache zu intergrieren, wobei es nicht nur um die Sprache als solche geht, sondern, aber durch sie vermittelt, um die Einheit der Kultur und die Macht der Nation.

Es gibt aber auch Sondersprachen in vielen Gestalten und Funktionen. Seit Wittgensteins „Sprachspielen" wird immer wieder davon gehandelt. Ich möchte nur darauf hinweisen, daß es nicht nur Fachsprachen von wissenschaftlichen Terminologien bis zum Jägerlatein gibt, sondern auch viele andere Sondersprachen einzelner Schichten, Berufsgruppen und Gemeinschaften, Jugendsprachen, Schüler- und Studentensprachen, Soldatensprache usw., aber auch Eigensprachen einzelner Familien, schon in der Art, wie Kinder ihre Eltern ansprechen und Eltern ihre Kinder, wie manche Dinge des Alltags benannt und in der Benennung gedeutet und bewertet werden. Das sind partielle Sondersprachen, natürlich innerhalb der Sprache einer größeren Gemeinschaft, einer Volksgruppe oder Nation.

Im Rahmen dieser Sprachen und Sondersprachen hat sogar jeder

Einzelne seine eigene Sprache, die er mit besonderer Verwendung von Worten und Ausdrücken bildet und in seinem Lebensvollzug weiterentwickelt. Er spricht auch zugleich mehrere Sprachen; ich meine wieder nicht nur Nationalsprachen, sondern Sondersprachen, die er in verschiedenen Bereichen des Lebens und Handelns gebraucht: neben der familiären Umgangssprache auch die Sprache der Wissenschaft oder seines Berufs, die Sprache der Kunst und der Politik, Sondersprachen einzelner Vereine oder Gemeinschaften, denen er angehört und wo er selbstverständlich anders spricht als anderswo, die dort gebräuchliche Redeweise verwendend.

So gibt es auch Sondersprachen des religiösen Lebens: die Sprache des Glaubens und des Betens der Kirche, aber auch Sondersprachen religiöser Gruppen oder Gemeinschaften. Jede Ordensgemeinschaft hat ihre eigene Sprache und Ausdrucksweise: bei uns sagt man das so. Auf diesem Hintergrund scheint es mir berechtigt, sogar erforderlich, daß es eine religiöse Sprache der Kirche gibt, ihres Glaubens, ihres Betens und ihres Lebens. Es kann und muß eine kirchliche Sondersprache geben, in der sich ihre kommunikative Interaktion vollzieht und die sich abhebt vom profanen Reden und Verhalten. Zwar muß diese Sprache, soll sie verstanden und mit Verständnis gebraucht werden, lebendige Sprache bleiben, sich daher dem zeitgemäßen Sprachgebrauch anpassen, aber sie darf sich nicht einebnen lassen in eine abgeflachte Alltagssprache, sondern muß sich davon abheben, um die andere Dimension, die transzendente und sakrale Dimension zum Ausdruck zu bringen, d. h. nicht nur auszusprechen sondern im Vollzug zu verwirklichen, denn im religiösen Sprechen geschieht etwas, der Lebensvollzug der religiösen Gemeinschaft, die erst dadurch wird und darin lebt: im gemeinsamen Bekennen und Bezeugen des Glaubens, in gegenseitiger Bestärkung im gemeinsamen Geist, im gemeinsamen Gebet bis zu der auch sprachlich vermittelten Interaktion sakramentalen Geschehens.

III. Interaktion

Damit kommen wir zum dritten Schritt: der Interaktion. Es hat sich schon gezeigt, daß Kommunikation selbst eine Weise der Interaktion ist, nämlich durch Sprachhandlungen, die nicht nur eine informative Funktion haben, sondern das vielfältige Beziehungsgefüge des gesamtpersonalen, zwischenmenschlichen und gemeinschaftlichen Lebensvollzugs aufweisen.

Wir stehen aber nicht nur in Sprachgemeinschaft, sondern auch in Lebens- und Handlungsgemeinschaft. Wir sprechen nicht nur miteinander, sondern wir leben und handeln miteinander, wir wirken aufeinander ein. Das ist richtig, man muß aber dazu bedenken, daß sich Interaktion, also menschliches Wirken aufeinander, vor allem in sprachlicher Interaktion, d.h. in Kommunikation, vollzieht und daß jede weitere Interaktion durch sprachliche Kommunikation vermittelt ist. Sie wird sprachlich in ihrem Sinn erklärt und verständlich gemacht, erst dadurch in einen gemeinsamen Raum sinnvollen Geschehens hineingehoben und zu eigentlich menschlich-personaler Interaktion gemacht.

Dazu gehört wesentlich, daß es nicht nur ein aktives Subjekt und ein passives Objekt der Handlung gibt, nicht nur „actio transiens" in diesem Sinn, sondern daß beide aktiv, selbsttätig werden, der Sprechende und der Hörende, der Gebende und der Empfangende, daß also aus eigenem Verstehen der Handlung das Verständnis des anderen erweckt wird, so daß beide Partner die geistig-personale „actio immanens" des Verstehens und der entsprechenden Absicht setzen, woraus die „actio transiens" der gemeinsamen oder aufeinander wirkenden Handlung entspringt. Wenn ich so wirkend beim Anderen oder mit dem Anderen bin, ist klar, daß das Bei-sich-Sein des Geistes das Sein-beim-Anderen nicht ausschließt, sondern ermöglicht und bedingt, zugleich auch dadurch bedingt ist: Je mehr ich in Bewußtsein und Freiheit bei mir selbst bin, um so mehr kann ich interpersonal beim Anderen sein und für den Anderen dasein. Je mehr ich das vollziehe, umso mehr bin ich gerade darin bei mir selbst und verwirkliche ich mich in menschlich-personalem Selbstvollzug.

Wie aber – weiter – in der Kommunikation, die selbst schon Interaktion ist, so erscheint jetzt in jeglicher Interaktion zunächst ein zweipoliges Geschehen, nicht nur zwischen einem aktiv handelnden, der auf den anderen wirkend sich selbst vollzieht, und einem passiv aufnehmenden Partner, an dem etwas geschieht, sondern eine gegenseitig sich bedingende Interaktion des Gebens und des Empfangens. Es zeigt sich jetzt aber auch in jeglicher Interaktion die zuvor genannte Dreiecksstruktur, man kann auch sagen eine Vermittlungsstruktur durch ein Drittes. Schon vom Sprechen gilt nicht nur, daß ich zum anderen spreche oder den anderen höre und wir uns verstehen, sondern daß wir über etwas sprechen und uns verständigen, daß wir uns in etwas verstehen. Ebenso wie vom Sprechen gilt dies von jedem interpersonalen Handeln: Wir tun etwas, machen etwas oder an etwas und wirken daran zusammen. Das interaktive Handeln hat ein Drittes als gemeinsamen Gegenstand und gemeinsames Ziel, das die Interaktion verbindet oder koordiniert.

Hier müssen wir aber – von der Intention her – gegenständliches und personales Handeln unterscheiden. Im ersten Fall ist gemeint, daß der Zweck der Handlung eine Sache oder ein sachliches Ziel ist: Wir wollen etwas erreichen oder bewirken. Wenn wir daran zusammenwirken, so ist unser Streben, Wollen und Handeln auf die gemeinsame Sache bezogen. Ich wirke auf den anderen ein, um ihn durch denselben Zweck zu motivieren, sein Handeln auf dieselbe Sache zu lenken und um derselben Sache willen mit meinem Handeln zu verbinden oder abzustimmen. Die Interaktion geht auf dieselbe Sache, d. h. der eine wirkt auf den anderen ein (und umgekehrt), um vermittelt durch den anderen, in Handlungsgemeinschaft mit ihm, das sachliche Ziel zu bewirken.

Anders ist es im zweiten Fall, wenn das Handeln eine personale Intention hat, wenn ich also nicht nur (gegenständlich) etwas tun, sondern am anderen um seinetwillen etwas tun oder bewirken, für den anderen etwas tun, ihm etwas geben, ihm helfen, ihn fördern will usw. Auch dies geschieht nie ohne Sache, es erfordert gegenständliche Vermittlung: Ich gebe oder schenke ihm etwas, ich helfe ihm in etwas oder durch etwas. Das Dritte ist immer dabei als gegenständliches Mittel. In diesem Fall geht aber die Bewegung nicht von mir über den anderen zur Sache, sondern von mir über die Sache auf den anderen, man kann sagen: vom Ich über das Es zum Du. Ich sage oder gebe es dir; oder im Falle des Empfangens, ich verstehe darin (in deinem Wort, deiner Gabe) dich selbst, ich nehme darin dich entgegen.

Doch ist zu bedenken, daß ein Handeln in gegenständlicher Intention dem Handeln in personaler Intention untergeordnet und darauf hingeordnet ist; sonst würde der andere Mensch zum bloßen Mittel zur Erreichung gegenständlicher Zwecke herabgesetzt, er würde nicht mehr als „Zweck an sich selbst" geachtet und behandelt. Gegenständliche Interaktion dient immer und wesentlich, direkt oder indirekt, personal intendierter Interaktion, die aber notwendig vermittelt ist, und zwar – um es in drei Stichworten zu sagen – gegenständlich, sprachlich und gemeinschaftlich vermittelt: durch einen Gegenstand, von dem wir sprechen und an dem oder mit dem wir etwas tun, der aber symbolhaft-sprachlich eine Bedeutung erhält und zum Sinnvermittler wird, dies aber nur in der gemeinsamen Sprach- und Verständniswelt, in der wir leben und in welcher Kommunikation und durch sie sinnvolle Interaktion ermöglicht sind.

Es zeigt sich also – wenn ich abschließend zusammenfassen darf –, daß sich im Gesamtgeschehen des menschlichen Lebensvollzugs Kommunikation und Interaktion merkwürdig verschränken und das eine Element auf das andere hinweist und durch das andere bedingt ist. Wie man schon das, was ist (Seiendes), nicht allein statisch in seinem wesenhaften oder substantiellen Sein erfassen kann, sondern zugleich dynamisch den Vollzug seines Wirkens beachten muß, in dem sich erst zeigt und verwirklicht, was es eigentlich ist, so kann man den Menschen nicht allein statisch, etwa als leiblichgeistige Substanz oder Person angemessen erfassen, sondern auch dynamisch in seinem aktiven Lebensvollzug, der das geistig-personale Wesen erst verwirklicht und offenbart, wobei dieser Selbstvollzug aber nicht eine abgehoben in sich stehende oder schwebende Größe ist, sondern zurückgebunden bleibt an das wesenhafte substantiell-personale Sein des Menschen. Ebensowenig ist der Lebensvollzug eine abstrakt isolierte Selbstverwirklichung des einzelnen, sondern auf *den* Anderen und *die* Anderen angewiesen und hingeordnet, muß also auch von daher erschlossen und verstanden werden.

Wenn sich weiter der Lebensvollzug in Kommunikation und Interaktion auslegt, so kann die Kommunikation, wie gesagt, selbst schon eine Weise der Interaktion, nicht isoliert betrachtet oder das Sprachgeschehen abstrakt als eine in sich bestehende oder sich vollziehende Größe aufgefaßt werden, sondern nur im konkreten Gesamtgeschehen der Interaktion. Diese wiederum, die Interaktion, ist als interpersonales Handeln aufeinander oder miteinander immer und notwendig durch Kommunikation, vor allem durch sprachliche Kommunikation erschlossen, d. h. als sinnvolle Interaktion bedingt, so daß auch die Interaktion nicht abgehoben vom kommunikativen Geschehen betrachtet werden kann. Der menschliche Lebensvollzug geschieht wesentlich in der konkreten Ganzheit der Kommunikation und der Interaktion, ich möchte, um die Verschränkung auszudrücken, fast sagen: in interaktiver Kommunikation und kommunikativer Interaktion, wobei die Einzelaspekte sich als abstrakte Teilmomente der konkreten Ganzheit erweisen und von daher zu verstehen sind, das Ganze aber daran zurückgebunden bleibt, daß es Lebensvollzug des personal Einzelnen im interpersonalen Bezug ist.

Mit diesen Überlegungen stehen wir, wie mir scheint, schon sehr nahe an theologischen Fragen und Aufgaben, die zu entfalten nicht mehr Sache des Philosophen sein kann. Deshalb nur in Stichworten abschließende Fragen: Hat dies nicht Bedeutung für das, was im religiösen Sprechen geschieht? Welcher Art sind die Sprachhandlungen, in denen wir den Glauben bekennen und in Gemeinschaft beten? Welcher Art ist die Interaktion, wenn wir aus gemeinsamem Glauben und Beten uns gemeinsam um christliches Leben und Handeln bemühen? Darin ereignet sich der Lebensvollzug der religiösen Gemeinschaft, die nur lebt, wenn sie sich darin – glaubend, betend und handelnd – vollzieht oder verwirklicht, aber immer neu verwirklicht. Und weiter: Wenn das Wort Gottes Mensch geworden ist, um uns anzusprechen und unsere Antwort des Glaubens zu erwecken, so lebt es unter uns fort in der Kommunikation der Glaubensgemeinschaft. Und wenn das Wort Gottes erlösende Heilstat ist, so setzt es Zeichen des Heiles, die in Wort und Tat gegenständlich gebunden sind, aber symbolhaft darüber hinausweisen und durch deklarative Kommunikation zu sakramentaler Interaktion werden: als wirksame Zeichen des Heiles.

II
Lebensvollzüge der Kirche

Reflexionen zu einer Theologie des Wortes
und der Sakramente

Von Peter Hünermann, Tübingen

1. Vorbemerkungen

Die Intensität eines Gesprächs ist wesentlich dadurch bedingt, daß die Gesprächsteilnehmer sich aus ihrer eigenen Ursprünglichkeit heraus zur Sache äußern und so das Gespräch ebenso vor der Seichtigkeit der Allgemeinplätze bewahren wie vor der lediglich oberflächlichen „Kontaktnahme" der Partner, die sich trotz der Gesprächssituation eigentlich aus der Begegnung heraushalten. Im interdisziplinären Gespräch gilt Analoges wie bei der persönlichen Unterredung. Die Disziplinen sind aufgerufen, aus ihrer eigenen Sache heraus zu argumentieren, um damit eine wahre Begegnung, einen Austausch interdisziplinärer Art zu ermöglichen. Dies bedeutet im Bezug auf die hier vorzutragenden Gedanken: Wir setzen bei der Theologie an und applizieren keinen philosophischen Begriff im nachhinein auf theologische Sachverhalte.

Wenn ein Gespräch gelingen soll, dann muß aber die jeweils eigene Sache auf den Gesprächspartner hin gesagt werden. Er, mit seinen Ansichten, seinen Arbeitsergebnissen, ist so immer schon mit im Spiel, gerade auch dort, wo es um die Gewinnung der Ursprünglichkeit, des originären Zugangs zur eigenen Problematik geht. Es soll deswegen an den Anfang der Ausführungen eine knappe Skizze jener philosophischen Positionen gestellt werden, die „im Blickfeld" der dann folgenden theologischen Erörterungen stehen. Es werden somit die „Gesprächspartner" genannt, an die sich der theologische Diskurs richtet. Das bedeutet selbstverständlich nicht, daß hier theologisch die gesamte Problematik der zu nennenden Philosophien umrissen wird. Die Erörterung ist vielmehr von dem Vertrauen geleitet, daß das, was Theologie von sich selbst her zu sagen und vorzutragen hat, auch dem Philosophen zu denken gibt.

Schließlich noch eine generelle Vorbemerkung: Ein Gespräch lebt jeweils davon, daß die Sachen, um welche es geht, neu und anders zu Wort gebracht werden als bislang. Es wird deswegen versucht, einen ungewohnten Weg zu bahnen. Es ist selbstverständlich, daß dieser Gang einen Versuchscharakter trägt und aller Kritik offensteht.

2. Philosophische „Gesprächspartner"

Ein anregender und interessanter Gesprächspartner weiß nicht nur selbst Wesentliches zu sagen, er weckt in seinem Gegenüber die eigene Ursprünglichkeit und Kraft zu schöpferischer Neuheit.

Als ein solcher Partner im Dialog von Philosophie und Theologie ist zunächst John L. Austin und seine posthum veröffentlichte Vorlesung „How to do things with words" zu nennen[1]. Seine Analysen sind bedeutsam für die vorzulegenden theologischen Reflexionen, weil sich in seinen detailreichen Überlegungen zum konkreten Sprechen die komplexe Struktur der Wirklichkeit zeigt.

Wichtig ist seine Unterscheidung zwischen konstatierenden und performativen Sätzen am Anfang der genannten Vorlesung[2]. Austin greift damit die geläufige, dem heutigen Menschen selbstverständliche Unterscheidung zwischen Tatsachenaussagen und Sätzen auf, durch die eine menschliche Realität allererst konstituiert wird, wie zum Beispiel die Ehe durch das Ja-Wort der Eheschließenden. Im Verlauf seiner Untersuchungen[3] zeigt Austin, daß konstatierende Sätze ebenso wie direkt auf Veränderungen menschlicher Verhältnisse zielende Sätze aus einer abstrakten Bestimmung von Sprechakten resultieren. Zu jedem Sprechakt in seiner Ganzheit[4] gehört die „illokutionäre Kraft", d.h. jenes intentionale und

---

[1] Oxford 1962 (deutsche Ausgabe: *J. L. Austin,* Zur Theorie der Sprechakte, deutsche Bearbeitung von E. v. Savigny [Stuttgart 1972]). Vgl. dazu auch *B. Casper,* Sprache und Theologie. Eine philosophische Hinführung (Freiburg 1975) 41–57.
[2] Vgl. *J. L. Austin* (s. Anm. 1), Lecture I (Oxford 1962) 1–11.
[3] Etwa ab Lecture V und VI.
[4] *J. L. Austin* (s. Anm. 1) 147 spricht vom „total speech-act" bzw. von der „total speech-situation".

zugleich reale Tun, durch welches das Gesagte in einer Sprachgemeinschaft zur Geltung gebracht wird[5]. Konstatierendes Sprechen sieht von dem illokutionären Charakter, der immer impliziert ist, ab. Die perlokutionären Sprechakte, d. h. Sätze, mit denen sich ein Sprechender unmittelbar an einen anderen wendet, um ihn zu irgendetwas zu bestimmen[6], aber umschließen auch jeweils einen Tatsachenbezug. Damit ergibt sich, daß Sprechen fundamental immer ein, wenngleich sehr variables *Tun* ist. Es folgt daraus, daß „Richtig" und „Falsch", bemessen durch den Sachbezug, nur ein Moment wahrer Sprache sind. Unabdingbar gehören hinzu die Angemessenheit der Handlung, die Einbeziehung der Umstände in ihrer Zeitlichkeit[7]. Wahrheit erscheint so in der Sprache als sich bewährende – nicht konstatierbare – aus ganzheitlicher Entsprechung.

Ein weiterer Gesprächspartner ist Ludwig Wittgenstein mit seinem Tractatus logico-philosophicus und den Philosophischen Untersuchungen. Die folgenden theologischen Ausführungen stellen den bescheidenen Versuch einer Antwort auf seine Überlegungen zur Grenze der Sprache dar.

Wittgenstein geht zunächst in seinem Tractatus von der „Tatsachensprache" aus, überschreitet diese abstrakte Auffassung von Sprache aber in seinen Philosophischen Untersuchungen. Seine Einsichten in die Grenze der Sprache, die Grenze der Welt, besitzen einen grundsätzlichen Charakter.

„Die Sprache ist die Grenze der Welt."[8]
„Das Subjekt ist eine Grenze der Welt."[9]
„Die Anschauung der Welt sub specie aeterni ist ihre Anschauung als – Begrenztes – Ganzes."[10]
„Eine Sprache ist eine Lebensform."[11]

---

[5] Vgl. ebd. 98 f.
[6] Vgl. ebd. 101 ff.
[7] Vgl. ebd. 143: „Reference depends on knowledge of the time of utterance."
[8] L. *Wittgenstein*, Tractatus logico-philosophicus 5.62. Zur Sprachphilosophie Wittgensteins vgl. *J.-M. Terricabras*, Ludwig Wittgenstein. Kommentar und Interpretation (Freiburg – München 1978).
[9] L. *Wittgenstein* (s. Anm. 8) 5.632.
[10] Ebd. 6.45.
[11] L. *Wittgenstein*, Philosophische Untersuchungen 19.

„Einen Satz verstehen, heißt eine Sprache verstehen; eine Sprache verstehen, heißt eine Technik beherrschen, Regeln folgen, eine Praxis vollziehen."[12]
„Einer Regel folgen, eine Mitteilung machen, einen Befehl geben, eine Schachpartie spielen sind Gepflogenheiten (Gebräuche, Institutionen)."[13]
·· In diesen denkwürdigen Sätzen wird die Einheit von Welt und Sprache thematisiert. Die Eigentümlichkeit von Welt und Sprache liegt darin, daß sich ihre Grenze an ihnen selbst zeigt, ohne daß diese Grenze weltlich und sprachlich positiv fixierbar wäre. Diese Grenze zeigt sich dem Menschen, der selbst sein Wesen an der Grenze von Welt und Sprache hat und diese Grenze in seinem Selbstvollzug, in seinem sittlichen Tun verändert. Jede solcher Änderungen impliziert eine neue Technik, ein neues Bündel von Regeln, eine gewandelte Praxis. Es gibt keine neue Lebensform ohne neue Gepflogenheiten, Institutionen, Gebräuche.

Als dritter Gesprächspartner ist Martin Heidegger zu nennen. Seine Ausführungen zum *Er-eignis der Sprache* aus dem vordenklichen Geheimnis bilden für die folgenden theologischen Überlegungen einen wichtigen anregenden Gedanken. Heidegger faßt die Zusammengehörigkeit von Mensch, Welt und Sprache in sein Wort von der Sprache als dem „Haus des Seins". Die Sprache ist „das vom Sein ereignete und aus ihm durchfügte Haus des Seins. (...) Der Mensch aber ist nicht nur ein Lebewesen, das neben anderen Fähigkeiten auch die Sprache besitzt. Vielmehr ist die Sprache das Haus des Seins, darin wohnend der Mensch ek-sistiert, indem er der Wahrheit des Seins, sie hütend, gehört."[14]

Menschliches Reden gewinnt damit seine volle Würde, wo es geschichtliche Entsprechung „auf das Wort der lautlosen Stimme des Seins" ist.[15] Diese Entsprechung ist nicht selbstverständlich. Sie ereignet sich nur dort, wo der Mensch sich nicht preisgibt in das Gerede und die Verfallenheit des „Man", wo er seinen Aufenthalt

---

[12] Ebd. 199.200.
[13] Ebd. 199.
[14] *M. Heidegger,* Über den „Humanismus". Brief an Jean Beaufret, in: *ders.,* Platons Lehre von der Wahrheit (Bern ²1954) 79.
[15] *M. Heidegger,* Was ist Metaphysik (Frankfurt ⁸1960) 50.

nicht einfach im „Gangbaren und Beherrschbaren"[16] nimmt, sondern am „Geheimnis"[17], das alles Seiende und das Dasein des Menschen selbst durchwaltet, sein Maß nimmt.
Da die Irre und Verfallenheit jeweils ihr epochales Gepräge haben, so ist auch der Vollzug der ek-sistenten Freiheit, der wahren Entsprechung der Sprache eine je geschichtliche Aufgabe.
Hier wird – über die Zusammengehörigkeit von Sprache, Welt, Mensch hinaus – auf das Gegebensein dieses Gefüges geachtet, das dem analysierenden, erklärenden Zugriff des Menschen entzogen ist.
Dieses Gefüge selbst ist ereignet aus dem schlechthin verborgenen Geheimnis, das sich gerade in diesem Ereignis als Sein zu denken gibt. Heidegger selbst weist auf die mögliche „Tiefenerfahrung" dieses Geheimnisses hin:

„Erst aus der Wahrheit des Seins läßt sich das Wesen des Heiligen denken. Erst aus dem Wesen des Heiligen ist das Wesen von Gottheit zu denken. Erst im Lichte des Wesens von Gottheit kann gedacht und gesagt werden, was das Wort ‚Gott' nennen soll."[18]

Damit ergibt sich eine gewisse Komplementarität der Wittgensteinschen Einsichten und des Heideggerschen Gedankens:
An der Grenze des Seienden, die zugleich die Grenze aller aussagenden Sprache ist, ergibt sich dem Denken der Blick auf die Sprache als Gewähr einer gelichteten Welt, die selbst – als dem Menschen zugeeignete – Ent-sprechung zu dem Geheimnis ist, dem sie entstammt. Der „Offenbarungs"- und Antwortcharakter von Sprache wird damit ansichtig.
Jeder der drei Gesprächspartner hat sein eigenes Wort zu sagen. Ihre Beiträge sind nicht einfach summierbar, noch in ein begriffliches System als logische Komponenten integrierbar.
Sie fordern vielmehr die Anstrengung zu einer eigenen, Bezug nehmenden Antwort.

---

[16] *M. Heidegger,* Vom Wesen der Wahrheit (Frankfurt ⁶1976) 22.
[17] Ebd. 20.
[18] *M. Heidegger,* Über den „Humanismus" (s. Anm. 14) 102.

3. Jesus Christus – Wort Gottes und Erlöser der Menschen

Nach dieser sehr skizzenhaften Vorstellung der philosophischen „Gesprächspartner" wenden wir uns dem gestellten Thema zu: „Lebensvollzüge der Kirche – Reflexionen zu einer Theologie des Wortes und der Sakramente". Wir setzen ein beim Stichwort „Lebensvollzüge der Kirche". Wenn die Kirche – nicht immer faktisch, wohl aber wesentlich – von Jesus Christus her ist und lebt, dann sind auch ihre Lebensvollzüge von Jesus Christus her zu bestimmen. Lebensvollzüge der Kirche können dann nicht irgendwelche Aktionen sein, die als essentielle Handlungen deklariert werden. Lebensvollzüge der Kirche können sich in Wahrheit nur von Jesus Christus her ergeben.

Jesus von Nazareth, der Messias, ist das Wort Gottes. Dies ist die Sinnspitze des Johannesprologs. Er ist der Erlöser der Welt, so gleichfalls Joh 4,42. Beides, Offenbarung Gottes wie die Erlösung der Menschen, geschehen *durch ihn,* beide Worte bezeichnen *ihn:* Sie sagen, wer er ist und wie er ist. Die eschatologische Offenbarung Gottes und die Erlösung des Menschen ereignen sich in und durch seinen Freiheitsvollzug. Das Selbstsein des Menschen trägt ja wesentlich den Charakter des Vollbringens. Offenbarung und Erlösung resultieren nicht einfach aus seinem Tun wie irgend etwas, was ein Mensch in seiner Freiheit setzen kann. Offenbarung und Erlösung machen die Authentizität und Wahrheit seines Daseins aus.

Die Offenbarungskonstitution des II. Vatikanums hat diesen Sachverhalt deutlich im Bezug auf die Offenbarung ausgesprochen. Im Artikel 4 heißt es: „Er ist es, der durch sein ganzes Dasein und seine ganze Erscheinung, durch Worte und Werke, durch Zeichen und Wunder, vor allem aber durch seinen Tod und seine herrliche Auferstehung von den Toten, schließlich durch die Sendung des Heiligen Geistes der Wahrheit die Offenbarung vollendend vollbringt (complendo perficit)."

Und ein Gleiches gilt von der Erlösung: Sie ist das, was durch ihn vollbracht wird, aber nicht als irgendetwas Äußeres, als ein Werk, das von seinem Leben zu trennen wäre. Erlösung ist vielmehr der Sinn seines Lebens und Sterbens, seiner Auferweckung von den Toten.

Die biblische Botschaft und das kirchliche Glaubenszeugnis kennzeichnen mit den beiden Worten „Offenbarung" – und damit ist die definitive eschatologische Offenbarung gemeint – und „Erlösung" das Leben Jesu von Nazareth, seine Passion und die Osterwiderfahrnis, Vorkommnisse in der Geschichte der Menschheit, die damit einen einzigartigen Charakter zuerkannt bekommen: Es handelt sich bei ihnen nicht nur um irgendwelche Ereignisse, in denen den Menschen in dieser oder jener Form der Sinn von Welt und Geschichte, die Bedeutung ihres eigenen Lebens aufgeht. Hier handelt es sich vielmehr um jenes Ereignis, das von sich aus beansprucht, alle Ereignisse der Geschichte, in denen die Wahrheit des Menschen irgendwie aufgegangen ist, in ihrer tiefsten Bedeutung zu erschließen[19].

Ein solches Ereignis muß notwendigerweise Sprachereignis sein, anders käme es in der Geschichte gar nicht vor. Damit aber ist es zugleich als Stiftungsgeschehen einer neuen Sprachgemeinschaft gekennzeichnet, wenn anders es diesen universalen, alles einbeziehenden Charakter trägt. Die neutestamentlichen Texte bezeugen, wie sich durch Jesus Christus den Glaubenden eine vollendete, neue Kommunikation eröffnet. Die überlieferten Formen der Gemeinschaft mit ihren Konventionen und Regeln, in denen sie bisher lebten, ist tiefgreifend transformiert. Erinnert sei an die Sätze des Paulus im Galaterbrief: „Mit Christus bin ich gekreuzigt. Ich lebe, doch nicht mehr ich, sondern Christus lebt in mir. Soweit ich aber jetzt noch im Fleische lebe, lebe ich im Glauben an den Sohn Gottes, der mich geliebt und sich für mich ausgeliefert hat" (Gal 2,19f). Die vollkommene Kommunikation Jesu Christi, besie-

---

[19] Zur Charakteristik des Christusgeschehens als „Ereignis" im Rückgriff auf Bonhoeffer, Bultmann und M. Heidegger vgl. *B. Welte*, Die Krisis der dogmatischen Christusaussagen, in: *ders.*, Zeit und Geheimnis (Freiburg ²1979) 292–318. Welte bestimmt hier das Ereignis wie folgt (313): „Im Ereignis *geschieht* etwas, und es geschieht so, daß es aus sich selbst heraustretend und sich öffnend den Glaubenden oder den zum Glauben bereiten hörenden Menschen angeht und anruft und, falls er sich öffnet, in dessen Eigenstes eintritt oder doch ihn in sein Eigenstes hineinruft. Es *er-eignet* sich aus seinem göttlichen Ursprung, und es *eignet sich zu* an seinen menschlichen Adressaten." Vgl. dazu auch *B. Welte*, Die Lehrformel von Nikaia und die abendländische Metaphysik, in: Zur Frühgeschichte der Christologie, hg. v. B. Welte (QD 51) (Freiburg 1970) 110f; *ders.*, Über den Sinn von Wahrheit im Bereich des Glaubens, in: *ders.*, Zeit und Geheimnis, a.a.O. 287.

gelt in seinem Tod und in seiner Auferweckung, eröffnet Paulus seinerseits die Möglichkeit, in einer radikalen Gemeinschaft mit ihm zu leben. Was Paulus von sich selbst bezeugt, gilt ihm auch zugleich von den Gemeinden. Sie sind „in Christus", bilden den „Leib Christi" (vgl. 1 Kor 12,27).

Sollen solche Worte über die eschatologische Offenbarung Gottes in Jesus Christus und die neue Gemeinschaft nicht nur enthusiastisches Gerede, ein im Grunde unverantwortliches, religiöses Geschwätz sein, dann muß sich dies von Jesus her *zeigen,* es muß sich aber auch an den Glaubenden *bewähren.*

Was von Jesus in den Evangelien berichtet wird, trägt eigene Züge. Die Evangelien übermitteln keine „Theorie" Jesu. Er klärt nicht über irgendeinen Sachverhalt auf. Die Evangelisten zeigen ihn vielmehr in den unterschiedlichsten Situationen, mit Freunden, Jüngern, Gegnern und Skeptikern, mit Kindern und Kranken. Sie überliefern eine Fülle von Worten, die in die jeweilige Situation treffen. Die Menschen sind erstaunt, betroffen. Er redet mit Vollmacht. Sein Reden und Tun sind identisch. Und das, was er ihnen bezeugt, daß nämlich der Gott, den sie anrufen, der ihnen unendliche Nahegekommene, der sich trotz ihrer Sünde Liebende und der vorbehaltlos Vergebungsbereite ist, das durchstimmt und prägt Jesu Tun und Lassen.

Jene, die sich in die Umkehr rufen, von der Botschaft betreffen und verwandeln lassen, sie erfahren die höchste Lauterkeit, welche sich in Jesu Dasein ausprägt. Sie beginnen sich auf ihn zu verlassen, zögernd, immer wieder zurückschreckend, in der Passion schließlich irritiert, bis sie in den Osterwiderfahrnissen erkennen, daß sie sich ihm auf Tod und Leben anvertrauen können.

Was zwischen Menschen spielt, wenn sie einander kennen und vertrauen lernen, wenn sie aufeinander zu setzen beginnen und die Zuverlässigkeit, Geist und Kraft des anderen als tragendes Moment des eigenen Lebens erfahren, dieses Geschehen wechselseitigen Glaubens öffnet sich hier in eine unbedingte und zugleich alles einbeziehende Tiefendimension hinein.

Zugleich aber gilt: In Jesus von Nazareth, in der Begegnung mit ihm, im Betroffensein durch sein Wort, gewinnen Welt und Geschichte für die Glaubenden ein neues Gesicht. Die Zukunft ist für sie ebenso verwandelt wie die Vergangenheit und die Gegenwart. Die Zukunft trägt den Namen Gottes, der sich als der Gott und Vater Jesu Christi, als der Gott unüberbietbarer Nähe und Zuwendung zu den Menschen erwiesen hat. In diese Zukunft sind alle kommenden Spannen ihres Lebens, alle möglichen Vorkommnisse bereits hier und jetzt eingeborgen. Sie dürfen ohne Furcht in diese Zukunft gehen. Und ebenso ist die Vergangenheit verändert: Sünde und schuldhafte Verstrickung nageln sie nicht auf ewig fest. Sie wissen, daß sie gerechtfertigt sind dank der Huld und Gnade Gottes. Und so eröffnet sich vor ihnen ein neues gegenwärtiges Dasein.

Diese knappe Skizze von christologischen Aussagen ist nichts anderes als der Versuch, die Formen der klassischen Christologie der Konzilien in den Raum neuzeitlicher Sprachphilosophie und modernen Freiheitsdenkens zu übersetzen. Das Christusgeschehen selbst ist dabei als Ereignis im emphatischen Sinn zu charakterisieren[20]. Zu diesem Ereignis gehört das „Ankommen" dieses Ereignisses in Sprache, Handlung und Begegnung unmittelbar hinzu.

4. Der Lebensvollzug von Kirche

Aus diesen knappen Aussagen über Jesus Christus als Ereignis eschatologischer Offenbarung und Erlösung läßt sich nun bestimmen, was Lebensvollzug der Kirche ist. Kirche wird von alters her bestimmt, als congregatio fidelium. Glauben aber ist als Sprach- und Handlungsgeschehen, als Lebensvollzug von eigentümlicher, ja einziger Art aufgrund seines Inhaltes: Jesus Christus, der Mittler zwischen Gott und den Menschen (1 Tim 2,5). Dabei wird vorausgesetzt, daß Lebensvollzug nicht irgendeine Aktivität meint, die von einer Gruppe von Menschen oder auch von Individuen ausgeübt wird oder ein korrespondierendes Passivsein meint. Lebensvollzug bezeichnet vielmehr das alle einzelnen Aktionen und Weisen des Erleidens oder Stillhaltens umgreifende und in ihnen sich äußernde Sprach-Handeln, in dem der einzelne oder eine Gemeinschaft ihr jeweiliges In-der-Welt-Sein wie das Miteinandersein voll-

---

[20] Vgl. dazu den demnächst erscheinenden Beitrag von *P. Hünermann*, Fragen der Christologie im Werk Bernhard Weltes, Schriftenreihe der Katholischen Akademie der Erzdiözese Freiburg.

bringen, indem sie sich von der ihnen zugeeigneten Wahrheit her gewinnen oder entfremden. Das Wort Lebensvollzug weist so auf das, was ein Mensch und eine Gemeinschaft ist: Nicht eine abgeschlossene Entität, sondern ein durch Offenheit gekennzeichnetes Da- und Selbstsein, das sich als „Ich" und „Du", als „Wir" und „Ihr" im Kontext sachhafter Realität und im Gegenüber zu anderen, – in der Distanz des „Er", „Sie", „Es" und „Sie" – sprachlich-handelnd zu vollbringen und so zu gewinnen hat.

4.1 Die Christus-Förmigkeit kirchlichen Lebensvollzuges

Die Kirche ist congregatio fidelium. Das Christusereignis konstituiert die Kirche, nicht etwa einzelne Glaubende, die sich dann zusammentun und eine Vereinigung, genannt Kirche, bilden. Das Christusereignis – Leben und Wirksamkeit Jesu, Tod und Auferweckung – bringt vielmehr die *Gemeinschaft* der Gläubigen hervor. Zu den mysteria paschalia gehört die Bestellung der Osterzeugen wesentlich dazu. Aber es ist nicht *ein Zeuge,* es ist der *Zwölferkreis,* der zum Zeugnis bestellt wird. Es sind darüber hinaus die anderen Apostel, die vom Christusereignis her wesentlich zusammengehören. Auch Paulus legt sein Evangelium den anderen vor, damit er nicht ins Leere laufe (vgl. Gal 2,2). Aber nicht nur die Bestellung der Zeugen ist ein wesentliches Moment von Ostern. Der Herr erschließt sich nicht nur in die glaubende Zeugenschaft der Zeugen hinein, sondern ebenso in das glaubende Hören der vielen. Dies ist ein ebenso wesentliches Moment der Osterereignisse: Die Zeugen finden Gehör. Der Verfasser der Apostelgeschichte macht darauf aufmerksam, indem er immer wieder anmerkt, daß „der Herr" Glaubende „hinzufügte" (vgl. Apg 2,41; 2,47; 5,14; 11,24). Ostern bezeichnet so den Ursprung der Glaubensgemeinschaft, die Konstitution der Kirche als eschatologischer Sprach- und Handlungsgemeinschaft. Die Selbsterschließung des Gekreuzigten und Erhöhten in das Kerygma der bestellten Zeugen *und* das Bekenntnis der Gemeinde sind die Besiegelung jener communicatio, die im Leben Jesu anhebt und ihn auf den Weg des Leidens führt. Die Erbildung der Kirche durch Leiden, Kreuz und Erhöhung des Herrn ist das „Ankommen Jesu Christi" und dessen, was er ist – Offenbarer und Erlöser – bei den Menschen.

Dieses „Ankommen" Jesu Christi aber ist in einem der Lebensvollzug der Menschen in dieser Gemeinschaft. Es handelt sich ja nicht um ein örtliches Eintreffen. Jesus Christus kommt an im lebendigen Ja und Amen der Gemeinschaft der Glaubenden. Weil Kirche durch das Christusereignis konstituiert wird, ist sie immerfort „Ergebnis" des Glaubens. Der Glaube ist jener Lebensvollzug, in dem Kirche vollbracht wird und damit ihr Dasein gewinnt.

Der Geist Jesu Christi, lebenspendende Gabe und Ermöglichung der Kirche, ist zugleich ihr Geist, der ihren Lebensvollzug bestimmt. Weil die Kirche sich selbst als Geschenk von Jesus Christus her empfängt und Ergebnis ihres Glaubens ist, deswegen ist Kirche lebendig und da, indem sie ihre Herkunft aus Jesus Christus in allen Vollzügen erneuert und „wiederholt".

Wiederholung meint hier nicht die „ewige Wiederkehr des Gleichen", sondern Einbringen der faktischen Situationen und Geschehnisse in das Ereignis Jesu Christi, so daß sich von dorther das jeweilige Neuwerden der Kirche in einer „Gleichzeitigkeit" Jesu Christi und der Kirche ergibt, welche die zeitliche Distanz, die geschichtlichen Differenzen nicht negiert, sondern das Einbehaltensein der Zeit der Kirche in das Christusgeheimnis bezeugt. Jesus Christus ist als novissimum und eschaton nur in einer Kirche lebendig, die von einer renovatio zur anderen schreitet.

Aus diesem wechselseitigen Einschlußverhältnis Jesu Christi und der Kirche ergibt sich ein Doppeltes: Jede Erneuerung des Lebensvollzuges der Kirche trägt von seiten der Kirche her den Charakter der conversio, der Umkehr. Es ist eine Hinwendung der Kirche zu ihrem Herrn aus der eigenen Sündhaftigkeit und Christusferne heraus. Es ist eine conversio zum Vater, der im Sohn offenbar ist, es ist eine Umkehr in der Kraft des Geistes, der von Vater und Sohn herstammt.

Zugleich trägt diese conversio – trotz ihrer Jeweiligkeit – den Charakter der definitiven Annahme und Besiegelung durch den Vater, denn er hat sich in Jesus Christus den Menschen ein für allemal und vorbehaltlos zugewandt, indem er ihnen die Gabe des Geistes gewährte. Damit gewinnen die Lebensvollzüge der Kirche eine eigentümliche Struktur: In ihrem zeitlich-geschichtlichen Verlauf, in ihrer gestalthaften Artikulation ereignet sich die eschatologische

Präsenz des Heiles. Wir werden auf diese Struktur im folgenden zu reflektieren haben.

Zunächst aber gilt es, einen zweiten Aspekt zu sehen, der mit diesem eigentümlichen Charakter der conversio unmittelbar verbunden ist: Die Hinwendung zu Jesus Christus bedeutet ja, ihn als Offenbarer des Vaters und Erlöser der Menschen zu bejahen. Kirche ist damit gefordert, sich aus ihrer jeweiligen Selbstverhaftung ins lautere Wortgeschehen und in die vorbehaltlose Zuwendung zu den Menschen zu bekehren. Hinwendung zu Jesus Christus, conversio zum Dreifaltigen Gott gibt es nur als jeweils erneuerten, geschichtlich konkreten Mitvollzug der Offenbarung Gottes für die *Welt* und der Erlösung der *Menschen*. Jede Verweigerung dieser Zuwendung zeigt, daß die Kirche durch den betreffenden Lebensvollzug sich eigenmächtig abzusichern statt hinzugeben sucht, sich über Jesus Christus Verfügung anmaßt statt nach seiner Verherrlichung zu trachten.

Was meint Wendung der Kirche in die „Lauterkeit des Wortgeschehens" näherhin?

Abgelesen an Jesus Christus ist lauteres Wortgeschehen dort gegeben, wo im bezeugenden Reden der Kirche die Wahrheit des Menschen und der Welt so aufgedeckt wird, daß der oder die Gesprächspartner sich vor dem Antlitz Gottes finden und bekennen: „Wahrhaftig, Gott ist bei euch!" (1 Kor 14,25). Was umschließt eine so geartete Umkehr in die Reinheit der Sprache – Paulus bezeichnet sie am angeführten Ort als prophetisches Reden – an Voraussetzungen und Implikationen? Es geht um den Anbruch der in Christus gestifteten eschatologischen Sprachgemeinschaft unter den Menschen. Dies kann nur gelingen in einem Durchbrechen sprachlicher Verstellungen und Verzerrungen, sowohl auf seiten der Christus bezeugenden Kirche, wie auf seiten der angeredeten Menschen. Die Kirche kann das unerzwingbare Ereignis solcher jeweils neuen Sprachgemeinschaft nur ermöglichen, wenn ihr Zeugnis sich radikal von jedem subjektlosen Gerede unterscheidet, in dem die hohle Form des „Man" an die Stelle der Sprechenden tritt. Eine solche Entstellung liegt überall dort vor, wo mit dem Hier und Jetzt des Zeugnisses nicht die Mühe der Umkehr, die jeweilige Konvergenz von Selbstsein und bezeugtem Glauben gegeben ist.

Eine andere Form der Verstellung liegt in der Verfallenheit an die „eigenen Worte", an die „eigenen Wahrheiten". Christliche „Worte" und „Wahrheiten" sind dort, wo die Kirche an sie als ihre „eigenen" Worte und Wahrheiten verfallen ist, in sich verspiegelt. Sie sagen nicht mehr, was ist, weil sie als das „Selbstverständliche", Bekannte, als die der Kirche verfügbaren Wahrheiten zu Worthülsen degeneriert sind. „Sprechende" Worte beziehen den anderen mit seiner Sprache immer schon in einer wahren Weise mit ein. Sie sind für ihn geöffnet, und gerade in dieser Offenheit vermag sich in ihnen das Geheimnis Gottes zu melden. Nur in solcher jeweils erneuerten, offenen Sprache winkt dem Hörenden ein neuer, von ihm bisher nicht betretener Raum des Selbstseins und der Freiheit, spricht ihn Geist und Kraft Jesu Christi an, verheißt sich ihm ein Gewinn von Authentizität des Menschseins.

Einstimmen der Kirche in die Lauterkeit des Wortgeschehens vollzieht sich nur als Tradierungsprozeß, in welchem Jesus Christus so bezeugt wird, daß zugleich neue Sprachgemeinschaft entstehen kann: Eine Sprachgemeinschaft, die die angeredeten Menschen aus der Uneigentlichkeit ihres Daseins erweckt, ihnen das ewige Leben zuspricht.

Die Konsequenzen, die sich für die Kirche aus diesem Zusammenhang ergeben, sind weitreichend: Sie verbieten jede falsche Absonderung und Ghettobildung, sie drücken einem undifferenzierten Konservativismus ebenso den Stempel der Unchristlichkeit auf, wie einem einfach angepaßten, dem Zeitgeist entsprechenden Reden. Zur Lauterkeit des Wortgeschehens gehört der Ernst der Rede.

Was meint Mitvollzug der erlösenden Zuwendung Jesu Christi zu den Menschen? Erlösung wurde eingangs als vollendete Kommunikation Jesu Christi mit den Menschen und der sich darin ereignenden Rechtfertigung durch Gott charakterisiert. Mitvollzug von Erlösung weist die Kirche in diese Kommunikation mit den Menschen hinein. In jedem Lebensvollzug ist Kirche somit gehalten, sich eine konkrete Gestalt der Liebe zu geben. Da jeder Lebensvollzug der Kirche den Charakter der conversio hat, so bedeutet dies: Kirchliches Leben artikuliert sich jeweils nur dort in authentischer Weise, wo es um die Aufhebung eines gleichgültigen Nebeneinanders der Menschen geht, um ein Durchbrechen von individuellen und Gruppenegoismen, eine Absage an die herrscherliche Unterwerfung von Menschen in ihrem Selbstsein unter eigensüchtige Zwecke und Vorhaben.

In der Ausbildung einer Gestalt der Liebe gewinnen die Kirche und die Gläubigen ihr wahres Selbstsein, eröffnen sie den Menschen, denen sie sich zuwenden, diese selbe Möglichkeit, in die „Freiheit der Kinder Gottes" einzugehen. Die jeweilige Gestalt der Liebe ist so Vermittlung von Kirche und kirchlicher Gemeinschaft.

Voraussetzung einer Zuwendung, die die Verzerrungen durchbricht, ist ein unbedingtes Ernstnehmen der sachlichen Strukturen und Kontexte, in denen die Menschen leben, der gesellschaftlichen Bedingungen, denen sie unterworfen sind. Ohne einen solchen Realismus bleibt die Zuwendung utopisch, ein romantischer Gestus. Allein so wird ein „Ankommen" der Zuwendung möglich: Liebe ist ja dadurch bestimmt, daß der Liebende sich vom anderen her „erkennt". Der Lebensvollzug von Kirche muß so, wenn er Gestalt der Liebe sein soll, jeweils in konkreter, geschichtlicher Weise die Menschen, zu denen die Kirche gesandt ist, zum Ausgangspunkt haben. Nur in einem solchen Tun und Verhalten wird den Menschen eine Brücke gebaut, sich selbst aus ihren Abschottungen und Isolierungen heraus zu übersteigen und auf Jesus Christus hin zu verlassen: und zwar so, daß sie auf ihn in Leben und Tod bauen.

Mitvollzug von Erlösung ist für die Kirche ein Handlungs- und ein Freiheitsgeschehen, das je größerer Vertiefung fähig ist. Die Hinwendung zu Jesus Christus und die damit unmittelbar verbundene Zuwendung zum Nächsten im Ausgang von ihm, bleiben für eine Intensitätssteigerung offen. Unbeschadet dessen kann sich in solcher „begrenzten" Zuwendung Erfahrung unbedinger Erlösung für die vielen, zu denen sich die Kirche gesandt weiß, ergeben, insofern nämlich dieses „bruchstückhafte" kirchliche Tun das Erlösungsgeschehen Jesu Christi aufleuchten läßt.

Dieser vermittelnde Charakter des kirchlichen Lebensvollzuges, die Tatsache, daß Kirche von ihrem gekreuzigten und erhöhten Herrn ermöglicht und getragen ist, zeigt sich besonders in den Grenzsituationen kirchlichen Lebensvollzuges. Kirche als Sprachgemeinschaft wird auch dort nicht sprachlos, wo ihr Zeugnis auf bedingungslose Verweigerung stößt. Sie verschließt sich auch in solcher Lage nicht in das Ghetto des Monologs, sondern hält das Wort der Vergebung bereit.

Die Gestalt der Liebe kann ihre äußerste Konkretheit, d. h. ihr wahrhaftes „Zusammengewachsensein" mit anderen Menschen in der Form der Feindesliebe besitzen. Hier tritt eschatologische Unbedingtheit in geschichtlichen Artikulationsformen hervor. Das Martyrium ist als Sprach- und Kommunikationsgeschehen das lauterste Zeugnis der Hinwendung zu Jesus Christus wie zur Welt und zum Miteinandersein der Menschen.

5. Predigt und Sakramente als konstitutive Momente des Lebensvollzuges von Kirche

Die voraufgehenden Erörterungen haben gezeigt, wie Kirche aufgrund ihrer Christusförmigkeit ihr Dasein in einer Doppelpoligkeit zu vollziehen hat: als Wendung ins Wortgeschehen und als Mitvollzug von Erlösung. Kirche ist angewiesen auf die je zu erneuernde Hinwendung zu Jesus Christus als dem Wort Gottes. Als creatura verbi, die sich diesem Wort verdankt, trägt sie selbst Wortcharakter und vollzieht ihr eigenes Wesen in der Bezeugung des Wortes, der traditio fidei. Und ebenso lebt die Kirche aus der je neuen Hinwendung zu Jesus Christus, ihrem Erlöser. Sie ist Resultat seines erlösenden Tuns, trägt insofern selbst Erlösungscharakter und hat ihr eigenes Dasein zu vollziehen, indem sie sich zu Gestalten der Liebe auszeitigt.

Es sind damit die allgemeinsten Charakteristika des Lebensvollzuges von Kirche hervorgetreten. Die Frage stellt sich: Gibt es nicht viele Formen des Wortgeschehens und des Handelns in der Kirche? Sind alle von gleicher Dignität? Kann man Differenzen plausibel machen?

Es scheint, daß in der gegenwärtigen Situation der Kirche eine solche Reflexion von besonderer Dringlichkeit ist. Die Texte des II. Vatikanums haben stark auf die allgemeine Charakteristik des kirchlichen Lebensvollzuges abgehoben. Die frühere starre Entgegensetzung von sakramentalem und nicht-sakramentalem Handeln, amtlicher Predigt und allgemeinem Glaubenszeugnis wurde aufgehoben. Die Folge ist, daß für viele Gläubige heute die Differenzen zwischen den einzelnen Sprech- und Handlungsakten in der Kirche rein auf positiver, kirchenrechtlicher Regelung zu beruhen scheinen. Dabei bietet die Sprachphilosophie Austins ebenso wie die Sprachspieltheorie Wittgensteins Ansätze, die, theologisch aufgegriffen und entfaltet, solche Differenzen, ihr Recht und ihre Grenzen plausibel zu machen vermögen.[21]

Sprache geschieht in einer Fülle von Sprachspielen. In jedem Sprachspiel aber manifestiert sich eine Lebensform. Es zeigen sich Regeln des Zusammenspiels der Dinge und der Menschen, der wechselseitigen Interaktion. Wenn Glaube die *Grund*bestimmung des Lebens für die Gläubigen bildet, wenn Glaube die Kirche als Gemeinschaft *zutiefst* charakterisiert, dann gehört zum Lebensvollzug der Kirche die unabsehbare Vielfalt *unthematischer* Glaubenszeugnisse. Nur in dem Maß, in dem der Glaube an Jesus Christus den tiefsten, verborgensten, gleichwohl tragenden Grundton der mannigfachen Lebensformen bildet, erweist sich, daß die Gläubigen ihr Leben wahrhaft von Christus her verstehen. Die Fülle unthematischer Bezeugungen des Glaubens ist so für die Kirche wesentlich, wenngleich sie das Wesentliche der Kirche nicht unmittelbar ins Wort hebt. Wie aber leuchtet der Grund des Glaubens in den mannigfachen Sprachspielen unthematisch auf? Indem die Sprachspiele in ihrer je eigentümlichen Wahrheit vollzogen und damit auf ihren Grund hin transparent werden. Das Wort Jesu: „Euer Wort sei ja ja, nein nein" (Mt 5,37) spricht von diesem Sachverhalt. In der Klarheit und Wahrhaftigkeit der Rede wird das Reich Gottes zwar nicht unmittelbar bezeugt, aber seine Wahrheit ist der tragende Grund solchen Sprechens.

Jeder illokutionäre und perlokutionäre Satz kann und soll in dieser Weise ein unthematisches Zeugnis des Glaubens sein.

Zur unthematischen Bezeugung des Glaubens muß die ausdrückliche Bezeugung hinzutreten. Jede ausdrückliche Bezeugung des Glaubens an Jesus Christus trägt die Struktur eines perlokutionä-

---

[21] Vgl. dazu *P. Hünermann,* Sakrament – Figur des Lebens, in: ders. – R. Schaeffler (Hg.), Ankunft Gottes und Handeln des Menschen. Thesen über Kult und Sakrament (QD 77) (Freiburg 1977) 51–87; *ders.,* Reflexionen zum Sakramentenbegriff des II. Vatikanums, in: E. Klinger – K. Wittstadt (Hg.), Glaube im Prozeß. Christsein nach dem II. Vatikanum. Für Karl Rahner (Freiburg ²1984) 309–324.

ren Sprechaktes: Bezeugung geschieht immer vom Bezeugenden, der sich als solcher ausdrücklich miteinbringt, für einen anderen.

Beim Zeugnis für Jesus Christus geht es nicht um irgendeine, den Zeugen selbst nicht näher berührende Tatsache, wie etwa bei der Aussage zu einem Verkehrsdelikt von dritten. Die Bezeugung Jesu Christi als des Offenbarers des Vaters und des Erlösers der Menschen betrifft den ureigensten Lebensgrund der Kirche und der Gläubigen. Deswegen kann eine solche ausdrückliche Bezeugung des Glaubens immer nur dort gelingen und wahrhaftig geschehen, wo sie aus der Identifikation des Zeugen mit dieser bezeugten Sache entspringt. Dabei wird diese Identifikation der kirchlichen Gemeinschaft bzw. der einzelnen Glaubenden durchaus verschiedene Intensitätsgrade zulassen. Jedes ausdrückliche Zeugnis von Jesus Christus aber wird zum leeren Wortgeklingel, wo solche Identifikation überhaupt nicht gegeben ist.

Umgekehrt gilt, daß in der Vorbehaltlosigkeit der Identifikation mit dem Herrn er selbst mit seinem Geist aus den Zeugen zu sprechen beginnt; ist doch die ganzheitliche Identifikation der Zeugengemeinschaft und der einzelnen Zeugen mit ihrem Herrn Frucht seiner unbedingten Zuwendung zu ihnen.

Weil das ausdrückliche Zeugnis aber die Struktur eines perlokutionären Sprechaktes hat, kommt es nur zustande, wenn es sich direkt auf den Hörer bezieht. Jedes Absehen von ihm, jede Weise, ihn nicht ernst zu nehmen, zerstört den Charakter des Zeugnisses. Es wird zur Selbstbespiegelung, zum deklamierenden Monolog. Der nicht betroffene, weil nicht wahrhaft angesprochene Hörer kann ein solches vergebliches Zeugnis nur als hohle Anmaßung empfinden.

Erfährt er sich hingegen im Anspruch und Zuspruch des Zeugnisses ernst genommen, so ist er damit zum Aufmerken erweckt. Es eröffnet sich für ihn die Abfolge von Akten und Verhaltensweisen eines freiheitlichen Sicheinlassens auf dieses Zeugnis. Diese Serie setzt ein mit der Bereitschaft, sich betreffen zu lassen, weil man im Zeugnis den Geist und die Kraft dieses Wortes erfährt. Aus solcher Bereitschaft resultiert dann eine anfängliche Begegnung mit Jesus Christus, vermittelt durch die Kraft der bezeugenden Gruppe oder des einzelnen Gläubigen und der darin zugleich mit affirmierten mannigfachen Zeugnisse des Glaubens in der Geschichte der Kirche. Eine solche Begegnung kann dann schließlich in den vollen und ausdrücklichen Glauben des Hörenden münden: Getragen vom Geist und der Kraft Jesu Christi, welche ihm im Zeugnis der Kirche entgegentreten, vermag er sich auf Tod und Leben dem Herrn als dem Offenbarer Gottes und dem Erlöser der Menschen anzuvertrauen.

Weil das ausdrückliche Zeugnis des Glaubens als perlokutionärer Sprechakt unmittelbar auf den Hörer zielt und zur Vollendung in der Annahme durch den Hörer kommt, ergibt sich von der Situation des Hörers, den Etappen seines freiheitlichen Sicheinlassens auf die Botschaft zugleich auch ein bestimmendes, formierendes Moment für die Angemessenheit des Zeugnisses. Fehlformen des Zeugnisses, sachliche Unangemessenheit, lassen sich von hier aus diagnostizieren.

Es gilt, daß die ausdrückliche Bezeugung des Glaubens ebenso wesentlich ist für den Lebensvollzug der Kirche wie das unthematische Glaubenszeugnis. Die Differenz zwischen beiden Weisen der Bezeugung liegt darin, daß die ausdrückliche Bezeugung das Wesen des Glaubens auch selbst ins Wort hebt.

Von beiden genannten Formen des Wortgeschehens ist nun nochmals eine dritte zu unterscheiden: die Predigt. Daß sich die Predigt von der unthematischen Bezeugung des Glaubens unterscheidet, ist evident. Aber was macht die Differenz zur ausdrücklichen Bezeugung des Glaubens aus? Die Predigt ist Verkündigung Jesu Christi, darin kommt sie mit der ausdrücklichen Bezeugung des Glaubens überein. Sie unterscheidet sich von dieser ausdrücklichen Bezeugung dadurch, daß sie auch formal im Namen Jesu Christi und im Namen der Kirche geschieht. Was bedeutet dies? Im ausdrücklichen Glaubenszeugnis, wie wir es oben beschrieben haben, tritt der einzelne bzw. die einzelne Gruppe als verantwortliches Subjekt vor den angesprochenen Hörer hin. *Sie* bezeugen den Glauben, *sie* treten dafür ein. Die Zeugen bzw. die Gruppen gehören zwar zur Kirche, aber *sie* sind die Bürgen dieses Wortgeschehens. Die Gemeinschaft des Glaubens, der sie zugehören, steht gleichsam im Hintergrund, wird erst im Verlauf des Bezeugens sichtbar. In der Predigt hingegen ist eine andere Sprachsituation gegeben. Der Prediger tritt von vornherein im Namen Jesu Christi und im Namen der Kirche, der Gemeinschaft derer, die an Jesus

Christus glauben, auf. *Er* predigt zwar, aber sein Zeugnis ist das Zeugnis der ganzen Gemeinschaft der Gläubigen. Sein Zeugnis ist Vollzug der Sendung, mit der Jesus Christus die Kirche im Ganzen beauftragt hat, jener Sendung, die sie ihm, dem Prediger, in besonderer Weise anvertraut hat. Eine solche Sprachsituation setzt voraus, daß die Hörer sich bereits in einer grundsätzlichen Weise zu Jesus Christus bekennen, zur Kirche gehören. Nichtglaubenden gegenüber etwa im Namen Jesu Christi und im Namen der Kirche zu predigen, machte keinen Sinn, es sei denn, Jesus Christus würde als historische Größe, die Kirche als einfache geschichtliche, gesellschaftliche Gruppe genommen. Das Predigen als Wortgeschehen setzt so das bekennende Ja und Amen der Hörer zu Jesus Christus und der sich von ihm her ergebenden Gemeinschaft voraus. Der Prediger muß darauf setzen. Das Amen der Gemeinde gehört zur Predigt konstitutiv hinzu. Die Predigt erweist sich so als jenes Wortgeschehen, in dem die Kirche vor Ort, die konkrete Gemeinde mit ihrem eigenen Wesen konfrontiert wird und sich so als creatura verbi erneuert. Predigt ist in diesem Sinn ein konstitutiver Vollzug der Kirche. Er ist ebenso wesentlich wie die unthematische und die ausdrückliche Bezeugung des Glaubens. Er setzt diese beiden Formen der Bezeugung notwendigerweise voraus, denn ohne sie wäre das Bekenntnis der Gemeinde, das Amen als wesentliches Moment der Predigt ein leeres Lippenbekenntnis. Gleichwohl fügt dieser dritte Typus des Wortgeschehens etwas Essentielles hinzu: In diesem Wortgeschehen tritt Kirche formal hervor. Hier wird ihre innere Wortstruktur geschichtlich, gesellschaftlich greifbar. Ohne dieses konstitutive Wortgeschehen wären die anderen Formen der Bezeugung Jesu Christi unmöglich: Sie setzen Kirche als Kirche voraus. Weil Predigt so im Namen Jesu Christi und im Namen der Kirche, in Sendung und Vollmacht geschieht, gehört zur Predigt die Lesung der maßgeblichen, kanonischen Zeugnisse des Glaubens. Die Lesung der Schrift, die Bezugnahme auf das apostolische Kerygma als die konkrete Gestalt, in der sich Jesus Christus ein für allemal als der Offenbarer und Erlöser in den Glauben der Kirche hinein erschlossen hat, ist der wesentliche Bezugspunkt der Predigt.

Gerade an den möglichen Fehlformen bzw. an den Weisen möglichen Mißlingens der Predigt kann ihre Eigentümlichkeit nochmals verdeutlicht werden.

Predigt mißlingt dort notwendigerweise, wird dort unwahr und unwahrhaftig, wo der Prediger sich dem Anspruch entzieht, im Namen Jesu Christi und in seiner Vollmacht ebenso wie im Namen der Kirche das Wort Gottes zu verkünden. Der Ernst der Predigt hängt daran, daß der Prediger weder sich noch der Gemeinde zu Gefallen redet, weder seinen noch fremden Ideen nachgeht, sondern – durchaus im Bewußtsein der eigenen Fehlbarkeit und Sündhaftigkeit – dem hohen Anspruch seiner Sendung zu entsprechen sucht.

Predigt mißlingt aber ebenso dort, wo die Hörer sich diesem Anspruch verweigern, nicht in der Erwartung des sie betreffenden Gotteswortes zuhören: „Wer euch hört, hört mich". Ein solches bereitwilliges Hören setzt kritische Unterscheidung nicht außer Kraft. Dies wird vom gläubigen Hörer ausdrücklich gefordert (vgl. 1 Kor 14,29). Ein gläubiges Unterscheiden aber ist in Wahrheit nur dort möglich, wo die Erwartung herrscht, daß sich hier und jetzt das den Hörer betreffende Wort Gottes ereignet.

Predigt setzt somit ebenso auf seiten des Predigers wie der hörenden Gemeinde die Identifikation mit Jesus Christus und der Kirche voraus, vermittelt und ermöglicht sie zugleich.

Es dürfte von diesen Überlegungen her einiges Licht auf die Tatsache fallen, daß die frühe Kirche das geistliche Amt und die Ordination vornehmlich von der Predigt, der vollmächtigen Verkündigung her bestimmt und begründet hat. Es ergibt sich aus diesen Überlegungen eine sachliche Bekräftigung der Position des II. Vatikanums, das die einseitige Herleitung des Amtes aus dem Bereich der Sakramente durch die Bezugnahme auf die Verkündigung ergänzt und die mittelalterliche Einseitigkeit so korrigiert hat.

5.1 Die unterschiedlichen Typen des Mitvollzuges von Erlösung

Weil Sprechen immer auch Handeln ist, weil umgekehrt alles Handeln des Menschen sprachlich ist, etwas „sagt", deswegen stehen die in diesem Abschnitt zu erörternden unterschiedlichen Typen des Mitvollzuges von Erlösung in einer Korrespondenz zu den Typen des Wortgeschehens, welche im voraufgehenden Abschnitt dargestellt wurden. Kirchlicher Lebensvollzug artikuliert sich – als Mitvollzug von Erlösung – in unthematischen, alltäglichen Formen der Liebe, in ausdrücklichen Gestalten der Liebe, und es gibt schließlich die für Kirche als Kirche konstitutiven Gestalten gläubigen Handelns: die Sakramente. Gehen wir auch hier von den unthematischen Formen aus. Kirchlicher Lebensvollzug ist nur dort echt, wo das Wortgeschehen unlösbar verknüpft ist mit dem lebendigen Mitvollzug der Zuwendung Jesu Christi zu den Menschen und zur Schöpfung. Ein solcher Mitvollzug umfaßt notwendigerweise die ganze Breite der mannigfachen Kommunikationsformen, in denen Menschen miteinander zu tun haben und sich in diesen Beziehungen zugleich zur Welt, zu den Dingen verhalten. Die kirchliche Gemeinschaft wie die einzelnen Glaubenden stehen unausweichlich in diesen Beziehungsgefügen. Macht der Glaube an Jesus Christus die letzte Form ihres Lebens aus, so muß sich dies manifestieren in dem jeweilig neu zu vollziehenden Aufbruch aus den Verstellungen und Verzerrungen menschlichen Miteinander- und In-der-Welt-Seins. Zum Lebensvollzug der Kirche und der Glaubenden gehört die immer neu zu vollziehende conversio in ein authentisches Dasein, das, die legitimen Formen des Miteinanderseins und der Weltbezüge respektierend, diese mit dem Geist Jesu Christi, dem Geist der Zuwendung, der Liebe zu erfüllen sucht.

Die mannigfachen Formen wechselseitiger Bindung der Menschen mit ihren Partikularitäten, Zweck- und Nutzbestimmungen gewinnen durch einen solchen Vollzug zunächst ihre eigene Wahrheit. Sie werden in ihrer Relativität vollzogen, ihre Motive und Zwecke werden vor der Absolutsetzung bewahrt, sie werden vermenschlicht. Dabei bedeutet der „wahrhaftige", lautere Vollzug solcher Kommunikationsformen das Ernstnehmen der immanenten Ansprüche und Forderungen, die mit diesen Kommunikationsformen unmittelbar gegeben sind. Zugleich wird ihre Endlichkeit, werden ihre Grenzen, die auch belasten, einengen, aus dem Mitvollzug der Zuwendung Jesu Christi heraus tragbar, erleichtert, weil sie ja nicht das Letzte sind. Das synoptische Jesus-Wort vom „sanften Joch und der leichten Bürde" (Mt 11,30) spricht diesen Sachverhalt mit an.

Analog zum unthematischen Glaubenszeugnis gilt auch hier, daß der je und je zu erneuernde Mitvollzug der Erlösung in solchem Tun keine eigene Gestalt gewinnt. Er bleibt implizit. Warum? Weil die Gestalt der Liebe hier die mannigfachen, jeweils bereits gegebenen Formen menschlicher Kommunikation sind, die das Leben der Menschen miteinander bestimmen: Juristische, wirtschaftliche, politische Formen, um nur einige zu nennen.

Sie wahren in solchem Vollzug durchaus ihre Eigenbestimmtheit. Nur so sind sie ja jeweils zweckdienlich. Deshalb erscheint der Mitvollzug von Erlösung hier gleichsam im grauen Kleid der Alltäglichkeit.

Hinsichtlich der theoretischen und praktischen Kritik an ihnen ergibt sich, daß sie nicht einfach unter Berufung auf den Lebensvollzug der Kirche selbst zurückgewiesen werden können, sondern immer nur durch eine Begründung, die von ihren spezifischmenschlichen Zweckdienlichkeiten, Nützlichkeiten und deren Beziehung zum Recht des Menschen, zur allgemeinen Sittenordnung etc. ausgeht. In der Respektierung der mannigfachen Kommunikationsformen und ihrer Eigenstruktur, gerade auch dort, wo faktische Formen aufgrund ihrer grundsätzlichen Inkompatibilität mit der Liebe für die kirchliche Gemeinschaft wie für die einzelnen Gläubigen zurückzuweisen sind, erweist sich, daß Liebe als unaufgebbares und wesentliches Moment immer die Anerkennung der unableitbar mannigfachen menschlichen Realität umschließt. In dieser Anerkennung ehrt die gläubige christliche Liebe – als Lebensvollzug der Kirche – Gott als Schöpfer, den Urgrund dieser unrückführbaren Pluralität von Beziehungsgefügen.

Von diesen Ansätzen her ergeben sich die Perspektiven für die Entfaltung einer christlichen Spiritualität des Alltags in seiner Unauffälligkeit.

So wesentlich für den kirchlichen Lebensvollzug dieser Typus des Mitvollzuges von Erlösung in den Formen „weltlichen" und gesellschaftlichen Handelns und Kommunizierens ist, so notwendig bedarf diese Form des Mitvollzuges von Erlösung der Ergänzung durch Ausbildung eigener Gestalten, in denen Handeln und Kommunikation als Mitvollzug der Zuwendung Jesu zu den Menschen ausdrücklich und thematisch wird. Die Gestalten solchen Handelns, die damit gegebenen Formen von Kommunikation müssen einer Reihe eigentümlicher Bedingungen genügen. Es muß die Uneigennützigkeit der Zuwendung Jesu Christi zu den Menschen in der Form dieses Handelns sichtbar werden. Es muß sich um Formen des Tuns handeln, die unmittelbar den Menschen im Blick haben, ihn als den Adressaten der Zuwendung Jesu Christi betreffen. Dies bedeutet aber, der Mensch muß hier gesehen werden nach all seinen leiblichen und seelischen Nöten und Bedürfnissen, nach den Nöten auch, die ihm etwa aus seiner Stellung in der Gesellschaft oder aus seinem Status erwachsen. Solche Handlungsformen müssen darüber hinaus in sich deutlich die Logik der Liebe spiegeln, eine Logik, die nicht nur niemanden ausschließt, sondern die Verlassensten, Leidensten zuerst aufsucht.

Diese grundlegenden Bedingungen aber müssen sich in je neuen Gestalten konkretisieren. So wie der Lebensvollzug der Kirche sich in je und je zu erneuernden Taten und Handlungen zu äußern hat, so muß sich der ausdrückliche Mitvollzug der Erlösung insofern als ein kreativer Vorgang bewähren, daß er – zugespitzt auf die jeweiligen Situationen – andere und andere Formen christlicher „Werke" der Liebe hervorbringt.

Solche Ausformungen christlicher Liebe tragen gegenüber den mannigfachen öffentlichen und gesellschaftlichen Formen des Handelns und der Kommunikation einen komplementären Charakter. Sie greifen ja Notstände der Menschen auf, die gerade nicht durch andere Formen des Handelns, der Kommunikation aufgegriffen werden. Zugleich tragen diese Gestalten der Liebe aufgrund der genannten Bedingungen einen eigenen Charakter.

Die Gefährdung solcher immer neu zu erbildenden Formen liegt darin, daß sie sich im Verlauf der Zeit verfestigen, zum Selbstzweck werden und damit denaturieren.

Man wird zwar im Blick auf die konkreten kirchlichen Formen, in denen solche Gestalten der Liebe auftreten, sagen können, daß sie den genannten Bedingungen mehr oder weniger Rechnung tragen. Hier gibt es gewisse Annäherungen an den erstgenannten Typus. Es ist aber für die Kirche fatal, wenn die Differenz zwischen dem erstgenannten Typus des Mitvollzuges von Erlösung und dem zweiten nivelliert wird. Kirche verliert damit ihre Glaubwürdigkeit. Grundsätzlich gilt: Wo eine Kirche auf diese ausdrücklichen Gestalten christlicher Liebe verzichtet – etwa mit der Begründung, daß der Glaube sich prinzipiell und ausschließlich in „weltlichen" oder „säkularen" Kommunikationsformen zu bewähren und exklusiv dort seine liebende Kraft unter Beweis zu stellen habe – eine solche Kirche beraubt sich eines wesentlichen Momentes des eigenen Lebensvollzuges. Sie verbietet gleichsam die Kreativität gläubigen Lebensvollzuges im Bereich des Miteinanderseins der Menschen und in ihrem weltlichen Dasein. Markante Tendenzen dieser Art – wie sie in gewissen Umfang in der französischen Kirche nach dem Zweiten Weltkrieg zu beobachten waren – zeitigen schlimme Folgen der Entchristlichung.

Umgekehrt zeigte gerade die Entwicklung in den zurückliegenden drei Dezennien, wie dort, wo „kirchliche Werke" gleichsam den ganzen öffentlich/mitmenschlichen Raum katholischer Bevölkerungsgruppen ausfüllten, und blühendes Glaubensleben vorspiegelten, oftmals nur eine schwache Glaubenskraft steckte. Die Hypertrophie solcher Werke und Formen führt dazu, daß sie nicht mehr Ausdruck sich je erneuernder christlicher Liebe sind, keine Stärkung und Vermittlung ursprünglichster Lebensvollzüge der Kirche, sondern Routine und Organisation, die gläubige Aufbrüche geradezu behindern.

Zu den genannten beiden Typen des Mitvollzuges von Erlösung gehört ein dritter Typus. Parallel zum Wortgeschehen muß sich die kirchliche Gemeinschaft je *selbst* vollziehen als Gestalt der Liebe. Hier geht es nicht nur darum, wie bei dem zuvorgenannten Typus, die Zuwendung Jesu Christi zu den Menschen mitzuvollziehen. Vielmehr kommt es bei diesem Vollzug *konstitutiver* Art darauf an, daß die Kirche sich *als* die von Jesus Christus, seinem erlösenden Tod und seiner Auferstehung her konstituierte Gemeinschaft vollbringt. Die Kirche „wiederholt" in diesem Tun ihr eigenes Wesen. Wir sprechen von der eucharistischen Gemeinschaft. Diese Kommunikations- und Handlungsform ist dadurch gekennzeichnet, daß sich die an Christus Glaubenden mit der realen Präsenz Jesu Christi beschenkt wissen. Sein Kreuzesopfer und seine Erhöhung sind der Inhalt dieses Lebensvollzuges der Kirche. Sie selber, die feiernde Gemeinde, ist die Beschenkte. Dieser für Kirche konstitutive Vollzug ist kein eigenmächtiges Tun, es ist vielmehr von Jesus Christus selbst gestiftet und resultiert aus seiner Ermächtigung. Auftrag und Sendung gehören zu der Weise, wie die Gemeinde hier einkehrt in ihr eigenes Wesen. Zugleich ist diese konstitutive Handlung, in der die Gemeinde als Kirche das vollzieht, was sie ist – und zwar an einem Ort, zu bestimmten Zeiten –, realer und jeweils erneuerter Anfang eschatologischer Erlösung, auf die hin die Kirche in allen ihren Lebensvollzügen unterwegs ist.

Es dürfte auf der Hand liegen, daß an dieser konstitutiven Handlung nur jener teilnehmen kann, der glaubt. Die Eucharistiefeier ist Sache der Kirche, der congregatio fidelium.

Ohne diesen dritten Typus von Handlung, ohne die eucharistische Gemeinschaft, wären die anderen beiden Formen christlichen Mitvollzuges der Erlösung unmöglich. Kirche besitzt als geschichtliche und zeitliche Größe, die sich je und je in Lebensvollzügen selbst affirmieren muß, ihre heilsgeschichtliche Identität gerade in diesem Handlungsgeschehen. Alle übrigen Momente, auf die bei der Frage nach der Identität und geschichtlichen Selbigkeit der Kirche hingewiesen werden kann, haben eine dienende, subsidiäre Funktion in bezug auf diesen je und je aktuellen Vollzug kirchlicher Identität von Jesus Christus her.

Die Gefährdungen, denen diese konstitutive Handlung der Kirche ausgesetzt ist, liegen auf der Hand: Fehlen die beiden anderen Typen des Tuns, so ist die eucharistische Mahl- und Opfergemeinschaft lebensentleerter Ritus. Nur in der Zusammengehörigkeit dieser drei wesentlichen Formen oder Typen gelingt kirchlicher Lebensvollzug, ist er wahrhaft geschichtliche Erneuerung aus der Kraft der Erlösung Jesu Christi und der Teilnahme daran.

Die übrigen Sakramente: Taufe, Firmung, Buße, Krankensalbung, Ehe, Ordination, weisen von der Struktur her eine Gleichheit mit der Eucharistie als konstitutiver kommunikativer Handlung der Kirche auf. Auch in ihnen erscheint formal – im Vollzug selbst – das erlösende Wirken Jesu Christi. Es handelt sich um eine actio der Kirche als solcher, die aus Bevollmächtigung und Sendung durch Jesus Christus selbst vollzogen wird. Die Differenz zur Eucharistie liegt darin, daß hier ein einzelner Gläubiger Adressat dieser kommunikativen Handlung ist, während in der Eucharistie die kirchliche Gemeinde selbst das in Christus handelnde Subjekt – ein in sich plurales Subjekt mit unterschiedlichen Kompetenzen und Funktionen für die Amtsträger und die Gemeinde im Ganzen – und der Adressat dieser Handlung ist.

Die Taufe ist jenes Geschehen, in dem durch das Handeln Jesu Christi und der Kirche das Kommen des einzelnen zum Glauben besiegelt und er selbst zur Person in der Kirche konstituiert wird:

Als Gläubiger, der den Grund seines Lebens in Jesus Christus, seinem Tod und seiner Auferstehung besitzt. Weil hier der Selbstvollzug des Menschen als der wesentlich von der Zuwendung Jesu Christi, von seiner Erlösung und von der Zuwendung der Kirche getragene erscheint, ist die Kindertaufe eine legitime Form dieses Sakraments, wobei ebenso selbstverständlich sein dürfte, daß der gläubige Selbstvollzug der je und je einzubringende, nachzuvollziehende ist.

Bei den übrigen Sakramenten – abgesehen von der Ordination – handelt es sich in unterschiedlicher Weise um Grenz- und Schwellensituationen christlicher Existenz, in denen die grundsätzliche Zugehörigkeit zu Jesus Christus und zur Gemeinschaft der Gläubigen in spezifischer Weise entfaltet wird.

Bei der Ordination geht es um jenen vollmächtigen Dienst, der mit den konstitutiven Lebensvollzügen der Kirche sowohl in der Form des Wortgeschehens wie der Sakramente wesentlich verknüpft ist.

6. Schlußbemerkung

Die vorliegenden Erörterungen haben versucht, den Rahmen für eine Wort- und Handlungstheorie der Kirche zu skizzieren, in der sowohl die amtliche Wortverkündigung wie die Sakramente in ihrer Eigenart und Einbindung in das kirchliche Gesamtgeschehen aufleuchten. Es ist selbstverständlich, daß sich an eine solche Skizze eine Fülle von Fragen anschließt. In diesem Fall geht es ebenso um christologische wie ekklesiologische Fragen, Probleme der Wort- und Sakramententheologie. Es soll hier lediglich kurz auf zwei mögliche Schwierigkeiten hingewiesen werden, die im Zusammenhang mit den obigen Darlegungen auftauchen können. Dies betrifft zum einen die Wirksamkeit der Sakramente ex opere operato. Sind hier nicht die Sakramente in eine Linie mit dem Wirken der Kirche, mit ihren verschiedenen Lebensvollzügen überhaupt gestellt worden? Das ist in der Tat geschehen. Zugleich aber sind die zahlreichen kirchlichen Handlungen von diesen konstitutiven Vollzügen der Kirche, die sie selbst als Gemeinschaft über die Zeiten und Räume hinweg als solche betreffen, abgehoben worden.

Gerade weil aber die Sakramente als konstitutive Akte der Kirche charakterisiert werden, können sie als solche nicht einfach ein opus operantis sein. In ihnen tritt formell und als solches das fundierende Wirken Jesu Christi hervor. Darin liegt zugleich auch die Wahrung jenes Sachverhaltes, der durch die traditionelle Lehre vom character indelebilis, die die Wirksamkeit der Sakramentenspendung und der Verkündigung durch den unwürdigen Amtsträger meint, abgesichert werden sollte.

Und eine zweite Frage, die vielleicht auftaucht: Worin liegt der vorläufige, der zeichenhafte Charakter von Wort und Sakrament in der Kirche? Er liegt gerade im *kirchlichen Charakter.* Predigt und Sakrament haben ihren Inhalt, ihre formgebende dynamis in Jesus Christus, der Wort Gottes und Erlöser der Menschen ist. Die Kirche vollzieht diese Wirklichkeit als das ihr zu-kommende Leben, das sie aus der Verlorenheit und Sünde erlöst und das von ihr im Hinblick auf die Völker mitzuvollziehen ist. Insofern ist die Kirche selbst die zeitliche Gestalt des Weges für jene in Christus grundgelegte göttliche Sprach- und Kommunikationsgemeinschaft: Sie ist Sakrament des Heils für die Völker.

DAS WORT ALS SOZIALER LEBENSVOLLZUG
UND DIE BEDEUTUNG
TRADIERBARER SPRACHFORMEN

III

Sprachhandlungen und ihre geprägte Gestalt

Die Bedeutung sprachlicher Formen
für die Kommunikationsgemeinschaften

Von Alois Halder, Augsburg

*I. Zum Problemhorizont von
Gemeinschaft – Sprache – Geschichte*

Was zu führen versucht werden soll, ist ein Gespräch – so steht es im Untertitel des Rahmenthemas – zwischen Philosophierenden und Theologen. Ist das Gespräch nur ein Anwendungsfall von Sprechen, und zwar ein solcher, in welchem nicht nur ein Sprechender, sondern zufällig mehrere über ein und dieselbe Sache je etwas möglichst Bedeutsames sagen? Oder ist das Gespräch ursprünglicher das „Wesen" des Sprechens, so daß ein jeder überhaupt nur deshalb etwas Bedeutsames sagen kann, sofern er „im Gespräch" redet, und zwar so, daß dabei auch die Sache selber ein Wort mitzureden hat? Es soll jetzt nicht zu Heidegger und zu Hölderlin zurückgegangen werden.

Dagegen ist wenigstens freimütig anzuerkennen, daß Philosophie und Theologie, wenn sie „im Gespräch" sein oder in ein solches kommen wollen, in einer Kommunikationsgemeinschaft, zuletzt in einer Glaubensgemeinschaft gründen. Nicht nur Theologie ist auf Glauben verwiesen. Wer mit Theologen, mit Glaubenden redet, muß wenigstens, allerdings das Wichtigste von Glauben verstehen: wenn nicht schon von dem „Geglaubten" des Gesprächspartners, so doch von „Glauben". Er muß sich in irgendeiner Weise selber aufs Glauben verstehen. Und er tut dies auch. Überdies nicht nur die Philosophie, auch die besonderen Wissenschaften – und sogar ohne ausdrücklichen Gesprächsbezug zur Theologie – verstehen sich mehr oder weniger gut aufs Glauben. Terminologisch wird dies freilich anders gefaßt, scheinbar präziser und weniger anstößig: man redet von Voraussetzungen und Annahmen, Hypothesen und Axiomen usw. Glauben im ursprünglichen und weiten Sinn ist das universale Lebensphänomen. Wer lebt, glaubt, wie schwach oder stark und was näherhin auch immer. Und wenn Glauben – also auch Leben – nicht gedankenlos sein soll, denkt auch jeder, der lebt, wie zureichend oder unzulänglich und was auch immer. Auf welche Weise Denken und Glauben (vor jeder philosophisch und theologisch reflexiven Bestimmung) zusammengehören, ist freilich eine Frage. Doch sei auch dem Rückverweis zu Anselms Leitwort fides qaerens intellectum und seinem Pros- und Monologion und noch weiter zurück hier nicht nachgegangen.

Förderlich erscheint mir aber, an ein Problemfeld zu rühren, das in dem bisher Gesagten anklang, an dem sich ein Gespräch wird bewähren müssen, und das in den letzten Jahrzehnten und Jahren verstärkt ins Bewußtsein drang: das Problemfeld von Gemeinschaft, von Sprache/Gespräch, von Geschichte. Die Erfahrungsanstöße dürfen genannt werden:

1. Das gesellschaftliche Leben ist einerseits zunehmend komplexer und undurchsichtiger geworden für den Einzelnen. Orientierungslosigkeit und Zurückgeworfenheit auf sich selber ist die Folge. Andererseits empfindet er sich vereinnahmt und seine Orientierungsnot überspielt durch die mit der Zersplitterung der Gesellschaft komplementär sich bildenden Systeme, die anonymen wie die nominellen, und durch ihren Zwang zu strammer Normierung. Am Problem der exzessiven gesellschaftlichen Pluralisierung und gleichzeitigen Vereinheitlichungssucht entzündet sich ein Philosophieren, das als Grunddisziplin von Philosophie die Sozialphilosophie empfiehlt; Beispiele: kritische Theorie der Gesellschaft oder die Systemtheorie. Es entzündet sich daran aber auch, vor- und nachtheoretisch, politisch gezähmt wie persönlich mehr oder weniger spontan, das Verlangen nach „Gespräch". Ist dieses Verlangen geboren aus dem Leiden daran, daß man nicht mehr oder noch nicht „dieselbe" Sprache spreche und deshalb aneinander vorbei oder gegeneinander rede, lebe? Aber was hieße denn „dieselbe",

die „identische" Sprache, und was „Gespräch"? Sicherlich treibt in diesem Verlangen die Sehnsucht nach Einheit, auch in der vielzitierten Formel von der „Einheit in Vielheit"; die Sehnsucht nach Gemeinschaft in Frieden, freier gegenseitiger Anerkennung, Versöhnung – gegenüber dem monolithischen Einheitsverständnis der Systeme wie gegenüber der Zerfallstendenz der Gesellschaft. Deshalb hat die Rede von „Gemeinschaft" nach wie vor einen guten Sinn, trotz des, teils berechtigten, Romantizismusvorwurfs. Sie hat ihren guten Sinn, wenn sie nicht einen von Gesellschaft und von System abtrennbaren und isoliert, „pur" realisierbaren Lebenszusammenhang meint, sondern ein *in* der Gesellschaft und den Systemen *über* diese hinaus- und vorweisendes Korrektiv.

2. Nach Gespräch wird verlangt unter dem Korrektiv eines Verständnisses von Gemeinschaft, dessen Charakter gerade darin beruhen würde, daß *miteinander* gut gesprochen, gut gehandelt und – wenigstens besser – gelebt würde. Die Sprache ist philosophisch in besonderem Maße thematisch geworden seit Hamann, Herder, Wilhelm von Humboldt. Von ihren Ansätzen her ist Sprache nicht nur äußerlich zu betrachten als lexikalisch und grammatikalisch isolierbares und objektivierbares Sediment einer bestimmten zwischenmenschlichen Beziehungsform, die es innerhalb der Welt gibt wie vieles andere auch. Sondern sie ist zu betrachten ihrer „inneren Form" nach, nämlich als die eigentlich menschliche und Menschen verbindende Welt „zwischen" uns und dem, was zuvor und unabhängig außerhalb der menschlichen Sprachwelt liegt. Die Radikalisierung dieses Ansatzes aber führt schließlich dahin, anzunehmen, daß Sprache, jede Sprache, die einzige Welt bedeutet, so daß es unmöglich ist, noch sinnvoll von etwas zu reden, was gänzlich außersprachlich und vorsprachlich läge, von einem Selber-Seienden, sei es im physischen/physikalischen, sei es im metaphysischen Sinn. Welt ist in der Sprache erst eröffnete, errichtete, erwirkte Welt – und vordem nicht. Wenn dieses Eröffnen, Errichten, Erwirken Handeln genannt werden darf, als welches Sprache geschieht und damit Welt wird, dann ist Sprache schon von daher Handlung und alles Sprechen ein Sprachhandeln. Sprachphilosophie[1] als

---

[1] Vgl. *J. Simon,* Sprachphilosophie (Freiburg 1981), über die recht zu verstehende Bedeutung der Sprachphilosophie als „Erster Philosophie", „Grunddisziplin", „Protoontologie": S. 30, 33–35, 268.

Sprachhandlungsphilosophie wird tendenziell zur Fundamental- und Universaldisziplin der Philosophie. Sie will an die Stelle der Metaphysik rücken, diese verstanden als Ontologie. Sie rückt dem Anspruch nach an die Stelle auch dann, wenn sie die Bezüge zur metaphysisch-ontologischen Herkunft eines Philosophierens vergißt, wenn sie von „Sprache als Welt" spricht, ohne die Welthaftigkeit der vielen Sprachwelten zu bedenken, und wenn sie „Sprache als Lebensform" faßt, ohne weiter zu fragen, was dann Leben und Miteinanderleben in den Formen der Welt und der Weltengeschichte besagen soll. Woher ergibt sich aber dann die Möglichkeit der Erfahrung, daß Sprachwelten nicht nur berührungslos nebeneinander hergehen, sondern gegeneinander prallen können? Und daß Lebensformen sich zwar in mutmaßlicher „Verwandtschaft" zueinander fügen, aber auch bis auf den Tod erbittert sich verfeinden? Und daß der geschichtliche Welt- und Lebenswandel jeweils Neuaufgang brachte, aber ebenso stets seine Opfer forderte?

3. Die Geschichte wird fragwürdig, jedenfalls die größere und die ganz große: die „Menschheitsgeschichte", die Geschichte der europäischen Kultur usw., wovon nicht unberührt bleibt auch die Geschichte der Kirche. Was sagt uns die Geschichte noch? Wie gehören wir ihr noch zu, in welcher „Identität"? Hören wir noch auf sie und stehen wir mit ihr im „Gespräch"? Die Fragwürdigkeit meldet sich gerade in verstärkten Anstrengungen, Tradition wieder zu gewinnen, Erbe zu pflegen, dem Auftrag der Überlieferung nachzukommen. Sie meldet sich theoretisch aber auch im Rückzug aus der großen und größeren Geschichte in die Vielzahl der kleinen „Geschichten"; und sie meldet sich schließlich praktisch-ethisch im Bemühen, inmitten der Geschichte und Geschichten Stand zu gewinnen in unwandelbaren Grundrechten, Grundpflichten, Grundwerten; oder gar darin, Geschichte zu durchbrechen auf das Unbedingte oder den Unbedingten zu, der allein im Nächsten, im Anderen mich trifft und fordert und die geschichtliche Gleichzeitigkeit, die gewohnte Welt, die sprachliche Fassungskraft sprengt. In mancherlei Weisen wird Ethik zur philosophischen Fundamentaldisziplin oder jedenfalls Ethos zum vordringlichsten Problem philosophischen Denkens[2].

---

[2] Gegenwärtig insbesondere durch E. Levinas, vgl. *S. Strasser,* Emmanuel Levinas:

Hinter all diesen genannten und auf den ersten Blick schon sichtbar werdenden Problemen von Gespräch/Sprache/Handlung, von Einzelnem/Gesellschaft/Gemeinschaft, von Geschichte/Überlieferung/Ethos taucht freilich ein weiteres auf. Es ist der Problemhorizont der überlieferten abendländisch-europäischen Philosophie als metaphysisch-ontologischer Philosophie selber. Das sei wenigstens im Blick auf das Sprachproblem kurz angedeutet. Sprache gilt in dieser Herkunft als sinnliche Verlautbarung und Darstellung des Denkens, Denken selbst aber als die nichtsinnliche Tätigkeit des Geistes. Denken und Sprechen gehören so wohl zusammen und das alte Gedankenwort „Logos", das anfänglich beides, Sprechen und Denken, meint, bewahrt deshalb auf merkwürdige Weise diese Zusammengehörigkeit. Dennoch herrscht von Anfang an in der Geschichte unseres philosophischen Denkens unter dem Wort „Logos" nicht eine Gleichursprünglichkeit beider oder gar eine Vorrangigkeit des Sprachlichen in der Verbindung von Sprechen und Denken, sondern eine Vorrangigkeit des Gedanklichen/ Begrifflichen/Geistigen gegenüber seiner sinnlichen Verlautbarung und Darstellung. In dieser Verbindung ist die Sprache der sterbliche Leib des unsterblichen Geistes und seines Denkens, welcher Geist sich als der unwandelbar selbe seine veränderlichen, ersetzbaren, übersetzbaren Sprachmittel zu seiner Vermittlung bildet. Wenn die Sprache deshalb, freilich nie ganz vollendet, offen zu legen und zu sagen und d.h zu zeigen vermag, was das sinnlich wahrnehmbare vorübergehende Seiende in seinem bleibenden intelligiblen Wesen und Sein ist, so vermag sie es deshalb, weil ihr eigentliches Vermögen der Geist ist, der, und zwar „schon immer" und im Grunde, gedacht, gesehen und gezeigt hat und d.h. „weiß", was das wesentliche Sein alles Seienden ist, nämlich er selber als der ewige Geist der beständigen Ordnung der Welt. Und so ist dieses denkende Sehen und Zeigen, die Theoria, das vollendetste Handeln (Praxis), weil hier die Sache, die es zu behandeln gilt, keine andere ist als dieses im Grunde schon immer vollendete Wissen, Gesehen- und Gezeigt-haben der Welt. Theoria ist Praxis (Handeln) selber, im alten griechischen Verständnis und lange, über die

---

Ethik als Erste Philosophie, in: *B. Waldenfels,* Phänomenologie in Frankreich (Frankfurt 1983) 218–265; auch *L. Wenzler's* Nachwort in: *E. Levinas,* Die Zeit und der Andere (dt. Übers. Hamburg 1984) 67–92 (Bibliographie 97–103).

neuzeitliche Theorie bis heute in die verschiedenen aktuellen Sprachtheorien hinein, nachwirkend. Dies alles sind längst bekannte, wenn auch immer noch erinnerungswürdige Dinge. Was aber seit dem im 18./19. Jahrhundert anhebenden sogenannten Sprachdenken und in der gegenwärtigen Sprachphilosophie deutlicher hervortritt, das ist gerade eine Problematisierung dieses vertrauten Verhältnisses von Sprache und Denken. Das Sprachdenken – vor allem aus Impulsen der dialogischen Philosophie[3] und der hermeneutischen Sprachphilosophie – geht in die Richtung, menschliches Denken nicht nur als sprachlich „gebundenes", auf Sprache „angewiesenes" Denken o. ä. zu verstehen, sondern Denken als Sich-verstehen des Sprechens und damit als Sich-verstehen aufs sprachliche Handeln zu fassen. Und wenn sprachliches Handeln stets „kommunikatives", schlichter gesagt: Mit-einander-Handeln, ist, wenn Sprechen also als Miteinander-Sprechen geschieht, dann muß gesagt werden: Denken ist das Sich-verstehen im Gespräch und Sich-verstehen aufs Gespräch, aufs Sprechen-miteinander. Zugegeben, daß Sprechen ursprünglich Mit-einander-Sprechen, Gespräch ist – und dieses also nicht nur ein Anwendungsfall von jenem –, dann ist die ursprünglichste „Sprachhandlung" das sprachliche Miteinanderhandeln, und das bedeutet dann freilich nicht einen Sprechakt neben oder über anderen, sondern die Aktualität in allen Sprechakten. Nun geht es zwar im Sprechen immer um etwas. Aber etwas („inhaltlich") zu verstehen heißt vor allem, sich auf etwas (auf ein inhaltlichgefülltes Tun) verstehen. Und sich darauf zu verstehen, besagt, solches zu „können", in der betreffenden Kunst geübt zu sein. Die Kunst zu denken und Gedachtes sprachlich zu vermitteln und zu zeigen, was im Grunde „immer schon" oder vom Grunde her wenigstens „jederzeit" zu sehen und zu wissen war, haben wir im Laufe der Geschichte unserer Philosophie, unserer wissenschaftlichen und unserer technischen Welterschließung im großen Maße gelernt. Mit der Kunst des Sich-verstehens im Gespräch aufs Mit-einander-Sprechen stehen wir vielleicht erst am Anfang – trotz bereits erstaunlicher Kommunikationstechniken, kommunikationswissenschaftlichen Theo-

---

[3] Vgl. B. *Casper,* Das dialogische Denken (Freiburg 1967); *ders.,* Sprache und Theologie. Eine philosophische Hinführung (Freiburg 1975).

rien und philosophischen Abhandlungen zum Thema Kommunikation und Kommunikationsgemeinschaften. Und doch wäre dann gerade diese Kunst, nämlich das Sprechenkönnen im gemeinsamen Gespräch, die höchste und tiefste, die fundamentale und universale Praxis, und alle Sprachhandlungsformen hätten nicht nur Bedeutung *für* die Konstitution der Kommunikations- als Gesprächsgemeinschaft, sondern wären als Lebensvollzugsformen zugleich umgekehrt Ausdruck und Bezeugung eines gelungenen Lebens in Gemeinschaft[4].

II. Kommunikationsgemeinschaft

Kommunikationsgemeinschaften sind zwar auch, aber nicht vornehmlich, sogenannte bedürfnisgeleitete Vereinigungen von Subjekten zum Zwecke 1. der arbeitsteiligen Gewinnung von Informationen über objektive Sachverhalte, 2. des Austausches von Informationen unter den Beteiligten, die sich dazu einer gemeinsamen, letztlich identischen oder intersubjektiven Struktur versichern müßten, 3. der Zurückprägung von Informationen in das Material, um die objektiven Sachverhalte den subjektiven Bedürfnissen in der Gemeinschaft anzugleichen. Die Kommunikationsgemeinschaften sind vornehmlich, wenn sie solche sind, Gemeinschaften kommunizierenden, d. h. einander anteilgebenden und aneinander anteilnehmenden Lebens. Was Leben heißt, kann so nicht aus einer vorgelegten Bestimmung von Kommunikation her begriffen werden. Was Kommunikation hieße, müßte umgekehrt entfaltet werden aus dem Sinn dessen her, was „Leben" meint. Das ist hier nicht vollständig auszubreiten (was in erschöpfender Weise zu tun auch gar nicht möglich ist). Festgehalten sei, daß Leben nie nur und wenigstens zunächst meines oder deines ist, sondern seine Vereinzelung gerade im Miteinander durchlebt. Und aufzumerken ist vor allem darauf, daß das Leben eben Leben der Sterblichen, der auch miteinander Sterbenden ist. Deshalb und weil das Sterben der Hervorgang zurück in die äußerste Vereinzelung ist, bedarf es auch des vorbehaltlosen Mitgehens. Die ars vivendi bewährt sich nur zugleich als ars moriendi. Lebensgemeinschaften sind, ganz unprä-

---
[4] Vgl. *H. Rombach,* Die Grundstruktur der menschlichen Kommunikation, in: E. W. Orth (Hg.), Mensch, Welt, Verständigung (Freiburg 1977).

tentiös gesagt und deshalb Mißverständnissen ausgesetzt: Gemeinschaften, in denen die Lebenden ihr Leben und d. h. auch ihr Sterben teilen und durch diese Teilung einander helfen, das Leben als sterbliches bis zum Ende zu vermögen, zu „können"; nämlich daß es, mitsamt seiner Schwere, dennoch leicht sei, so als Sterblicher zu leben. Diese Teilung als Mit-teilung, Anteilgabe und Anteilnahme ist die Kommunikation der so Lebenden. Die Bedeutung der Kommunikation und *aller* Kommunikationsweisen beruht darin, nicht auch und nachträglich, sondern von Haus aus Erleichterung und Erleichterungsweisen des Lebens zu sein.

Die Erleichterung ist die „Bedeutung", nämlich Erhebung, Erhöhung aus der Schwere, aus dem Dunkel ins Lichte und Gelöste, kurz: in den Sinn. Die institutionalisierten Formen der Lebensteilung, welche Teilung hier aber gerade nicht Trennung, sondern Gemeinsamkeit besagt, sind deshalb und insofern tatsächlich „Entlastungsformen". Angenommen, die Sinngabe des Lebens geschehe im Leben auf vorzüglichste Weise im religiösen Glauben, so ist die innere, sei es auch verborgene Maßstäblichkeit einer jeden Kommunikationsgemeinschaft so etwas wie „Religionsgemeinschaft", „Glaubensgemeinschaft". (Diese ist nicht nur eine Gemeinschaft neben anderen – im Blick auf die längste Zeit der überblickbaren Geschichte der Sippen, Stämme, Völker, Nationen schon gar nicht. Und wenn in der pluralistischen Gesellschaft heutzutage die Glaubensgemeinschaft allerdings sich vorfindet als nur eine neben anderen oder gar neben scheinbar glaubenslosen gesellschaftlichen Gruppierungen, so ist ihr diese Situation dennoch nicht nur äußerlich. Sie reicht in sie selbst hinein und umgekehrt: die Kommunikationsgemeinschaft von Glaubenden wird und muß diese ihr scheinbar äußerliche Situation mit den anderen „teilen".) Und insofern ist Religion/Glaube als kommunikative Erleichterung, Erhöhung, Erhebung in den Sinn durchaus das Grundgeschehen der „Kontingenzbewältigung" oder vielmehr des Bestehens und Durchtragens dessen, was in solcher Terminologie mit „Kontingenz" gemeint sein mag; vielleicht darf man schlichter reden vom Grundgeschehen der gemeinsamen Lebenshilfe der Sterblichen. Helfen „tut" allein die Erleichterung, die Erhebung in den Sinn, welche zwar den Tod und seinen Zug durchs Leben nicht beseitigt („bewältigt"), aber das Leiden, das er schafft, verwindet.

Nun ist die Kommunikation der miteinander Lebenden gewißlich nicht nur eine sprachliche in der Bedeutung von „verbaler" Kommunikation. Nur Worte zu geben statt zugleich Brot ist nicht die Hilfe, sowenig wie umgekehrt. Aber was hieße: „nur Worte" oder auch „nur Brot"? Das ist eine Trennung, die den Teilungs-, Teilnahme und Teilgabe-Zusammenhang von Leben als Miteinanderleben gänzlich verkennt. Das Wort ist die Gegenwart je der Dinge.

So sind die Dinge – sowohl jene, die man die menschlichen nennt, wie auch die außermenschlichen und wohl auch die übermenschlich-göttlichen Dinge – auch nur gegenwärtig, wo und insofern sie eine Bedeutung bekunden, etwas „besagen", zu Wort gekommen sind. Insofern ist einmal jede menschliche Äußerung – in Wort wie in Mimik und Gestik, in bildlicher Darstellung und im Herstellen, in Tat und Handlung – „Sprache", Bedeutungsgabe und Bedeutungsentgegennahme im weiten Sinn. Aber zum andern ist darauf zu hören, daß auch die Dinge, sofern sie uns etwas besagen, „sprechen", wenngleich auf *ihre* Weise. (Dies als „Anthropomorphismus" abzutun, bleibt eine Oberflächlichkeit, die sich nicht auf die Frage, was die morphe des anthropos sei, einläßt, sondern sie für definitiv erledigt hält.) Alles, was ist, spricht, im weitesten Sinn von Sprache, in welchem der Logos ein ana-logischer ist. Nicht nur die menschliche Kommunikationsgemeinschaft, sondern alles was ist, die „Welt" ist eine Kommunikations- und also auch Handlungsgemeinschaft des Lebens.

Aber auch der analogische Logos kann als ein einziger verstanden werden und wurde durch die platonisch-aristotelisch bestimmte Geschichte unseres philosophisch reflektierten Sprach- und Weltverständnisses hindurch so als der eine und einzige, „monologisch", verstanden. In dem Augenblick jedoch, in dem wir, erfahrungsveranlaßt, verstehen möchten, daß und wie nicht nur jedes und jeder auf seine Weise, aber im Grunde doch die eine und einzige Sprache spreche, sondern Sprache überhaupt nur geschieht in der Vielfältigkeit der Sprachen bis dahin, daß jeder und jedes „seine" Sprache spricht, wandelt sich die Problemlage entscheidend. Die Intention der Purifizierung der vielen Sprachen, ihrer Angleichung an eine einzig wahrste, ihrer Regelung durch eine allein maßstäbliche sei es metaphysische, sei es physikalische oder sonstige Fundamentalsprache, diese Intention wird durchkreuzt von der Aufgabe, die Einheit statt in einer universal-idealen Sprache vielmehr im Gespräch der Sprechenden, der Sprachen, der „vielen Zungen" zu suchen. Diese trennen dann weder mehr, noch lösen sie sich in eine einzige hinein auf, weil sie nicht vom Geist des Einzig- und Alleinseinwollens, sondern vom Geist der Teilung, Teilgabe und Teilnahme erfüllt sind, vom Geist des Miteinander; und dies ist der Geist des Sich-verstehens aufs Gespräch, auf das gute Miteinanderhandeln, Miteinanderleben der Menschen mit den Menschen und mit allen Dingen.

Weshalb war zunächst an die weite Bedeutung von Sprache als Kommunikation durch alle Formen des wörtlichen Sprechens, aber auch der Gestik, der bildhaften Gestaltungen, der Tat und des Handelns, durch alle Realisierungen und Aktualisierungen sozialer Beziehungen hindurch zu erinnern? Weil die Beschränkung allein auf die Wortsprache eine Verengung des Blicks auf das menschliche Miteinanderleben in und mit der Welt und also Verarmung dieses Weltlebens selbst mit sich führt. Weil eine Kommunikationsgemeinschaft, die sich aus dem Interesse ihrer Lebenshilfe zum Bestehen – und damit freilich auch zur Beständigkeit bis zum Ende – allein auf wortsprachliche Kommunikation, auf verbal-sprachliches Handeln konzentrieren wollte, gerade das nicht erreicht, was sie will, nämlich die (Mit-)Teilung der Realitätsbedeutsamkeit für das Leben, das sich in viel mehr Bereichen und Weisen vollzieht, als eben „nur" im Reden. Dennoch ist eine gewisse Vorrangigkeit der Wortsprache und des ihr eigenen Sprachhandelns nicht zu verkennen. Nicht nur, weil das worthafte Sprechen eine Reichweite hat hin zu allen anderen Formen der kommunikativen Vermittlung, zu allen Mitteln und zu all dem, was hier vermittelt wird; weshalb die Wortsprache bei allen anderen Kommunikationsformen wenn auch unausdrücklich immer dabei ist. Sondern die Auszeichnung der Wortsprache ist abzulesen vor allem auch an der raschen Reproduzierbarkeit und damit Verfügbarkeit der Worte und Wortfolgen, der Sätze und Satzfolgen in einer als identisch intendierten Bedeutung. Die Identität der Bedeutungen ist aber zugleich die Identität dessen, was in die Bedeutung genommen wird. Der Gang der Identifizierung geht in Richtung auf Eindeutigkeit, Umgrenzung, Festlegung, Gerinnung. Ursprünglich aber ist das Wort weit entfernt von solcher Eindeutigkeit und Gerinnung schließlich zum definiten und definierbaren Begriffswort. Wo überhaupt Sprechen anfängt – und also nicht nur eine schon eingespielte, geregelte und festgelegte Sprache nachgesprochen wird – da ist das Wort der Sprache mehrdeutig, bedeutungsüberschüssig, nämlich metaphorisch- oder symbolisch-schöpferisch; und zwar so sehr, daß die Metapher oder das Symbol in ihrer Bedeutungsfülle und Bedeutungstiefe nie ausgeschöpft werden können oder in ihrer Vieldeutigkeit noch einmal eindeutig rekonstruierbar, reproduzierbar, identisch-wiederholbar wären. Wie Metapher und Symbol sich näherhin zueinander verhalten, sei hier übergangen. In der Metaphorik und Symbolik entsteht jedenfalls die Welt des Lebens und das Leben in der Welt uranfänglich und überraschend, „außerordentlich" neu. Es beginnt damit je eine Zeit, die sich dem Verständnis der bisherigen Zeit, des Zeitgemäßen und Zeitgewohnten entzieht. In der Gerinnung der Worte zu identisch behandelbaren Zeichen für eindeutig durch das Zeichen zur Gleichzeitigkeit und so zum Stand Gebrachtes werden dagegen Welt und Leben zum verläßlichen, gewohnten und festen, zum „ordentlichen" und zeitlos dauernden Zusammenhang. Darin liegt die große Leistung, aber freilich auch die große Gefahr insbesondere der verbalen Sprache und ihres nie unbeteiligten, sondern wirkungsvollen Dabeiseins bei allen Formen kommunikativen Lebens.

Je eindeutiger die verbale Sprache spricht, desto erfolgreicher werden Probleme *innerhalb* des Weltlebens behandelbar und lösbar. Und jede Lebensgemeinschaft hat natürlicherweise das Interesse an solcherart Handlungen und Lösungen, d. h. an der Verwirklichung von definiten Handlungszwecken. Das Weltleben durchzieht natürlicherweise sogar der Hang, aus dem Leiden an der Sterblichkeit und an der Vergänglichkeit seiner Welt und in Gegenstrebigkeit dazu, sich als Ganzes, nämlich mit seinem alle Problemfelder, Weltgebiete und Lebensformen fügenden Sinn in die Hand nehmen, auf eine bleibende Gesamtgestalt hin und so endgültig zu Stande bringen zu wollen. Wer „sinnvoll" zu Leben und d. h. sein Lebenshandeln und seine Welt als in einen Sinn hinein aufgehoben versteht, hofft freilich, diesen Sinn und diese Welt- und Lebensgestalt im ganzen erhalten, nämlich den Nachkommenden übertragen zu können, so wie der Sinn und seine Gestalt von Welt und Leben zumeist als von den Vorfahren zu treuen Händen übergeben erfahren wird. Aber jene Hoffnung ist nicht die Gewißheit der eigenen Leistung, die sich ihres Erfolgs, als allein von der Leistung abhängig, schlechthin versichert hätte; und diese erfahrene Übergabe ist nicht die identische Reproduktion eines Sachbestandes, als welcher der „Sinn" des Lebens und der Welt in Besitz zu nehmen wäre. Sprachphilosophisch gewendet: Eine kommunikative Lebensgemeinschaft hat das Interesse daran, daß ihre Kommunikationsweisen, in denen sie mit Sinn in der Welt zu handeln, zu leben, zu teilen gelernt hat und dies dann leicht konnte, erhalten bleiben, über den Tod der gegenwärtigen Generation hinaus für die morgen Lebenden; daß also die Kunst, das Sich-verstehen darauf, sinnvoll zu leben und zu sterben, selber nicht aussterbe sondern weiterlebe; daß also vor allem die Sprache und die „geprägten Formen" ihrer Sprachhandlungen, in denen dieses Sich-verstehen auf besonders verständliche Weise sich bezeugt, weiter tradiert werden. Aber diese Formen sind keine Formen des eindeutigen, vielmehr Formen des mehrdeutigen, überhöhenden metaphorischen und symbolischen Sprechens. So wie das Leben im ganzen sich selber nicht auf Eindeutigkeit festlegen und anhalten kann (obwohl es sich in der Sehnsucht nach Glück und Vollendung zu einem solchen Wollen ständig verführt erlebt), sondern sich in der unbegrenzbaren Fülle der Bedeutungen fortgehend über sich selbst hinaus bewegt. Das Leben als Miteinanderleben im „Sinn" ist sich selbst kein definiter Handlungszweck.

III. Verbale Kommunikation und Tradierbarkeit geprägter Sprachformen

Die einzelwissenschaftlichen Theorien der Sprache und Sprachhandlungen und Sprachhandlungsformen haben zumal seit Austins[5] Begründung der Sprechakttheorie eine Fülle von Klassifikations- und Systematisierungs- und damit auch Identifizierungsmöglichkeiten des empirisch auffindbaren Sprachmaterials bereitgestellt, die sicherlich für den wissenschaftlichen Umgang mit

---

[5] *J. L. Austin,* How to do things with Words (Oxford 1962, dt. Bearbeitung Stuttgart 1972). Vgl. *H.-U. Hoche – W. Strübe,* Analytische Philosophie (Freiburg 1985) 225–303.

sprachlichen Äußerungen und vor allem mit deren schriftlichen Konservierungen von Wichtigkeit sind und auch für die philosophische Reflexion Berücksichtigung fordern. Dennoch erheben sich die philosophischen Probleme der Sprache gerade an den äußersten Grenzen und innersten Voraussetzungen der wissenschaftlichen Theorien, so etwa mit der Frage, ob und inwiefern die Klassifikations-, Systematisierungs- und Identifizierungsabsicht in dieser methodisch ausgebildeten Manier nicht aus einer ganz bestimmten geschichtlichen Sprache und Sprachgeschichte hervorgeht, nämlich der metaphysisch-ontologisch geprägten, der Geschichte des abendländisch-europäischen, sich „logisch" und zuletzt „rational" verstehenden Sprechens und Handelns? Welche Form von kommunikativem Sprachhandeln weisen gerade diese Theorien an ihnen selber auf? Welcher umfassenderen Kommunikations- und also Lebensgemeinschaft dient dieses sprachtheoretische Sprachhandeln? In welchem „Sinn" vermag diese Gemeinschaft zu leben, daß zu ihrem Lebenssinn nicht nur die allgemeine Möglichkeit wissenschaftlicher Vergegenständlichung, sondern die besondere des Sprachhandelns der Sprachtheoretiker selber gehört? In diesem Zusammenhang sei nur verwiesen auf die vielleicht nicht immer sehr kundigen, aber wohl nicht unbegründeten kritischen Äußerungen, die eine zunehmende „Kopflastigkeit" der Lebenskultur und Weltgestaltung in unserer Geschichte diagnostizieren; eine zunehmende „Verbalisierung" der kommunikativen Beziehungen, wobei unter „Verbalisierung" hier die Tendenz zur schematischen Identifizierung des sachlich und personal Individuellen mit dem festgelegten Allgemeinen und damit die effektive Reglementierung des Individuellen durch das Allgemeine gemeint ist; eine dem entsprechende Verarmung der Mitteilungsweisen vorintellektueller, seelischer Tiefenschichten, ihrer Sehnsüchte und Ängste, ihrer Freude und Trauer, die sich nicht primär im begrifflich gehandelten Wort, sondern eher in sinnlich-anschaulichen, aber durchaus sinnvollen Lebenssymbolen bezeugen und durch sie hindurch Leben symbolisch fortzeugen möchten. Freilich sind auch Worte selber weder nur theoretisch zuzurichtende Begriffsworte, Mittel also, denen im alltäglichen Gebrauch zunächst die zweckdienliche Eindeutigkeit fehlte und diese erst verschafft werden müßte, noch sind sie Bezeichnungen, in denen in verschiedenen Gebrauchsfeldern zwar verschiedene, aber im jeweiligen Kontext nichtsdestoweniger eindeutige Bedeutungen zu Zwecken erfolgreicher Benützung eigneten.

Wenn Worte gesprochen, insbesondere wenn sie in bedeutungsvoll gehobener, „geprägter" Form gesprochen werden, so werden sie gesprochen als Symbole. Sie sind Symbole vor allem insofern, als sich in ihnen der Sinn des Lebens derer, die sich sprechend begegnen, bekundet und zuteilt und die Begegnenden in dieser Teilung überhaupt erst zusammenfinden läßt. In den Sprachhandlungen des Grußes oder der Bitte oder des Dankes, in Gabe, Auftrag, selbst Befehl, auch in scheinbar nur sachlicher Information, angeblich „bloßer Feststellung", ist jedesmal mehr im Spiel als „nur" das Grüßen, Bitten, Danken, Behaupten usw. Daß ein Wort des Grußes oder der Behauptung *als* ein solches gesagt oder gehört wird, impliziert nicht etwa nur, daß eine abstrakt umgrenzbare Bedeutung allein von Grüßen oder Behaupten schon mitverstanden sein muß. Sondern es impliziert, daß die Bedeutung von Grüßen und Behaupten selber eine Bedeutung habe, nämlich im Zusammenhang einer gemeinsamen Welt und eines Miteinanderlebens, welchen Zusammenhang wir den Sinn dieses Lebens und seiner Welt nennen. Deshalb ist auch das Grüßen und das Behaupten usw., ist jedwede sprachliche Handlung nicht in jedem Welt- und Lebenszusammenhang schlechthin „identisch", auch nicht das „Identifizieren" selber, offenbar nicht einmal das Wort „Symbol".

Es ist freilich inzwischen in einem theoretischen Gebrauch hergerichtet worden als Zeichen für einen genau bestimmten Gegenstand innerhalb eines Gegenstandsbereichs und selber als genau bestimmtes Zeichen innerhalb eines Zeichensystems. Es ist heute praktisch zum Zeichen eindeutiger Handlungsanweisungen geworden auf unseren Straßen, in unseren Gebäuden, an unseren technischen Geräten, vor allem an solchen, die der „Erleichterung" der Kommunikation gegenwärtigen Lebens und der leichteren Bewältigung von Schwierigkeiten in der gegenwärtigen Welt dienen sollen. Symbole aber in dem zu erinnernden ursprünglichen Sinn sind nicht Zeichen eindeutiger Handlungsanweisungen, und ihr Gebrauch, nämlich die symbolische Handlung, auch die bedeutsame gehobene Sprachhandlung, dient nicht der ökonomisch-rationalen Verfolgung von definiten Handlungszwecken. Vielmehr schaffen Symbole, so auch die Worte, erst Handlungsspielräume, auch den Spielraum u. a. für geregelte, eindeutig auszurichtende Handlungen. Wenn der sogenannte Gebrauch der Symbolworte, besonders die geprägten Sprachhandlungen, Handlungen sind, dann so, daß sie einen Sinn-Zeit-Raum von Möglichkeiten für sinnvolles Handeln erst freigeben, nämlich hervorbringen und offenhalten. In den geprägten Sprachhandlungen ist der Sinn des Lebens und der Welt einer Sprachgemeinschaft verwahrt. Eben deshalb sind die Sprachhandlungen nicht „nur Worte". Sie reichen in die Realität des täglichen Lebens und seiner Welt hinein, indem sie sich und diese Realität daraus erheben. Und deshalb auch verlieren geprägte Sprachhandlungen, die sprachlichen Riten des Lebens in der Welt, ihre Sinnkraft, wenn das Miteinanderleben in der gemeinsamen Welt sich in tradierten symbolischen Sprachhandlungen nicht mehr erhoben erfahren kann. Keine noch so häufige Wiederholung ihrer Formeln und keine noch so verständnisvolle Hermeneutik, Interpretation, Pädagogik und Didaktik vermögen *dann* noch diese Kraft ursprünglicher realitätsbedeutender Formen, die zu Formeln entleert wurden, zurückzugewinnen, wenn die Realität eine andere oder wenigstens in erheblichem, in schon befremdendem Maße anders geworden ist. Gerade dieser Entfremdung sucht die „Prägung" der Sprachhandlungen entgegenzuwirken, um der lebensweltlichen Realität willen, damit in der Welt der Sprachgemeinschaft auch in Zukunft sinnvoll gelebt und gestorben werden könnte; und zwar entgegenzuwirken in der Anerkennung, in dem „Glauben" dieses ihres Lebens- und Weltsinnes, wie er bislang gemeinsam gesprochen, gehandelt, gelebt wurde. Dieses „Glauben" steht nicht dem Wissen gegenüber oder sucht in Konkurrenz auch so gut wie Wissen zu werden. Leben, solange es als sterbliches lebt, glaubt seinen Sinn, d. h. es „weiß" sich und seine Welt in seinem Sinn, aller nachträglichen Unterscheidung in wissenschaftlich definierbares Wissen und in religiös identifizierbares Glauben voraus. Daraus erhellt, daß der Sinn der Welt alles Vergänglichen und des Lebens der Sterblichen in keinerlei Art von Intention und nie ein für allemal festgestellt weden kann, da das Leben als Handlung, auch das sprachliche Handeln, statt ihn verfügend in der Hand zu haben, vielmehr sich nur im Vertrauen auf die Getragenheit durch ihn sich vollziehen kann. Das Vertrauen und seine Treue zu ..., nicht die an einem partikularen

Wissensmodus abgelesene und universalisierte Gewißheit über ..., sind die eigentümliche symbolische, in den geprägten Sprachhandlungen bezeugte Gegenwart des Sinns.

Aber was heißt hier „geprägt"? Führt die Spur dieser Kennzeichnung nicht zur Münzwerkstätte, zum Stempel und dem Ausstoß gleichgeformter Produkte genau bestimmten Wertes, zurück sogar in die metaphysisch-ontologische Herkunft der Unterscheidung von Urbild und Abbildern, von der Einheit der Form und der Vielheit des Geformten, von Archetypus und Ektypus? Sind die Sprachhandlungen in ihrer genannten Form von einem schlechthin identischen Sinn oberhalb und außerhalb der Sprache und damit oberhalb des Lebens und seiner Welt „geprägt"? Ist es sinnvoll, von einem Sinn außerhalb sprechenden Handelns und Lebens und seiner Welt zu reden? Wenn der Sinn lebendig, realitätsbezogen, gegenwärtig ist, dann doch nur *im* Leben und seiner Welt und verwahrt insbesondere *in* der Sprache und sich von daher zuteilend allem Sprechenden und Besprochenen.

Die Differenz von „oben" und „unten", von Licht und Leichtigkeit einerseits und Schwere und Dunkelheit andererseits, von Sinnfülle und dem mit Sinn zu Füllenden, von Sprache als Bedeutungsgabe und dem Besprochenen als Bedeuteten, diese Differenz bricht *im* Leben und in seiner Welt selber auf. Es gibt überhaupt nicht das bloß „Reale" oder gar „Materiale", das noch mittels Sprache, insbesondere bestimmter Sprechweisen, eine Bedeutung, einen Sinn erhielte, dem zuvor es gänzlich sinnfrei gewesen wäre; so auch nicht das nur „Natürliche", das nachträglich und allein durch die Leistung eines Bewußtseins (von woher käme dieses?) eine Kulturbedeutung, eine kulturelle „Relevanz" erhielte. Hinter die schon geschehene und immer geschehende Differenz von Sinn und Sinnvollem und damit hinter die Sprache als Differenzierungsgeschehen des Gesprächs, worin Jegliches mit Jeglichem spricht, ist nicht zurückzugehen. Solange diese Differenz offengehalten wird, ist der Sinn lebendig und lebensweltlich real. Die Metaphysik, sofern sie selber einer solchen Differenzierung entstammt, nämlich einer Metaphorik des aistethischen Umgangs mit den Dingen zum logischen Umgang mit dem Seienden, belegt dies unübersehbar auf ihre Weise, in ihrem Sprechen und in der Herausbildung ihrer Sprachgemeinschaft und ihrer Welt. Wenn aber nun in der sprachphilosophischen Wende des Philosophierens die Einsicht sich gewinnt, daß jede Sprache zwar die Welt ist, aber Sprache sich wandelt und „die" Welt somit nicht als unwandelbare festzuhalten ist, dann ergeben sich allerdings einige schwerwiegende Fragen. Man kann sie freilich vermeiden, wenn man diese sprachphilosophische Wende nicht mitvollzieht und die mit ihr sich aufdrängende Problematik nicht so ernst nimmt, als wie sie vielmehr überschätzt werde.

1. Wenn Welt- und Lebenszusammenhang, d.h. „Sinn", jeweils nur als Sinn einer Sprachwelt und lebendigen Sprache verstanden ist, dann kann er nicht mehr als allen Sprachwelten und Lebenssprachen zugrunde oder über ihnen liegender „allgemeiner" Sinn, als die „allgemeine" Welt, als das „allgemeine" Leben ausgesagt und festgehalten werden. Sinn „ist", aber er ist schon und nur in dem und als die Sprachwelten und Lebenssprachen. Deshalb sind diese durchaus nicht gegeneinander gänzlich verschlossen. Interpretation ist möglich. Zur Hermeneutik ist viel Gewichtiges gesagt und geschrieben worden. Interpretation kann gelehrt und gelernt werden, aber freilich nur auf die Weise, wie eine Kunst zu lernen ist im Unterschied zu einer Tätigkeit, zu der nur „angelernt" würde (falls es diese Reduktion wirklich geben könnte). Die Kunst der Interpretation ist das Vermögen, den Sinn einer anderen Sprach-, Lebenswelt zu erschließen, auszulegen, ins „Verstehen" zu bringen. Dazu gehört die Übersetzung. Aber jede Übersetzung ist schon Verwandlung. Die Kunst der Interpretation, die übersetzen muß, bringt den Sinn einer „fremden" Lebenswelt ins eigene sprachliche Verstehen, aber freilich ohne daß er als der versicherbar identische selber gelebt, als Sinn der eigenen Welt gelebt würde. Ist aber Sinn dann noch als Sinn wahrhaft verstanden, wenn er zwar verstanden, aber nicht gelebt wird? „Sinn", nicht gelebt: ist das noch Sinn? Und was versteht schon ein „Verständnis", wenn es zwar einen Sinn versteht, aber ihn nicht zu leben vermag?

Zum Leben gehört: Sich-verstehen aufs Leben in *seinem* Weltsinn, die Kunst, in der Welt mit Sinn zu leben, d.h. aber auch zu sterben. Dann gehört offenbar die Kunst der Interpretation zur Lebenskunst (zur ars vivendi als zugleich auch schon ars moriendi). So ist die Interpretation mit ihrer Übersetzung des „Anderen" nicht nur ein Verstehen des anderen Sinnes, sondern unabdingbar auch Verstehen des Unverständlichen und unverständlich Bleibenden. Insbesondere sollte dann eine Lebensart, welche das Interpretieren und Übersetzen sogar eigens ausgebildet haben möchte, es vermögen, sich zugleich darauf zu verstehen, mit dem Unverständlichen und Unverstehbaren der „anderen" Sinngestalt leben zu können. Diese kann durch keine noch so ausgreifende Sprachhandlung in das eigene Lebens-Welt-Verstehen restlos eingeholt und in die Hand genommen und „begriffen", vielmehr nur „anerkannt" und d. h. auch ertragen und gelitten werden. Die nicht eliminierbare letzte „Unbestimmtheit" der Übersetzung – und damit der Interpretation – führt mit sich das Erfordernis der „Toleranz" nicht nur im Sinn der Bedeutungsbreite der Worte und der Möglichkeitsvielfalt der Ersetzungen, sondern im Sinn dieses Ertragens und Leidens.

2. Das hat weitreichende Konsequenzen für das Sprechen als Gespräch. Denn das Gespräch findet seine Zuspitzung nicht im Sprechen miteinander *innerhalb* einer Sprach- und Lebensgemeinschaft und Welt; wobei schon die große Frage ist, ob nicht sogar der Einzelne in gewisser Weise *seine* Sprache spricht und in *seiner* Welt lebt, so daß zum „gemeinsamen" Leben und zur gemeinsamen „Welt" einer Kommunikationsgemeinschaft selber entscheidend dieses Tolerieren der Differenz auch des einander Unverstehbaren gehörte. Das Gespräch findet aber jedenfalls seine Zuspitzung im Gespräch „zwischen" den Sprachen, Sprachgemeinschaften, Sprachwelten, sinnvollen Lebenszusammenhängen. Das Gespräch hebt sich dann wesentlich von der Diskussion ab, die von der Voraussetzung einer im Grunde gemeinsam einen und einzigen Sprache und Welt, einer intersubjektiven und deshalb auch objektiv darstellbaren Identität lebt und an der Uneinlösbarkeit dieser Forderung in der Regel allerdings auch scheitert. Nur innerhalb einer solchen als identisch vorausgesetzten universalen Sinnstruktur ließe sich diskutieren darüber, was angemessener sei, im Besonderen dies zu sagen oder eher jenes, im Detail so zu handeln oder vielmehr so, usw. Aber über den „Sinn" läßt sich nicht diskutieren zwischen den Sprachwelten als Lebenssinngestaltungen. Dazwischen läßt sich nur „sprechen", handeln, leben im Miteinander der „einen" mit der „anderen". Wie das Lebenkönnen in der Wahrheit seines Sinnes sich bewährt auch im Sterbenkönnen, so das Handeln im Erleiden – und das Sprechen im Schweigen[6].

---
[6] Vgl. *J. Simon* (s. Anm. 1) 85.

IV. Schlußüberlegungen

Wenn das bisher Gesagte eine Bedeutung für die Frage nach den „geprägten Sprachformen" in bezug auf die Sprachgemeinschaft, ihre Herkunft und Zukunft, ihre Tradition und ihr Tradieren haben sollte, dann die: daß offenbar nicht nur die Sprachformen, durch ihre geprägte Gestalt, konstitutiv sind für eine Sprachgemeinschaft, sondern ebenso umgekehrt die Sprach- als Lebensgemeinschaft konstitutiv ist für die Sprachformen als Lebensformen. Wo das eine entsteht, entsteht das andere; wo das eine vergeht, vergeht das andere. Es ist immer eine Kon-stitution, im Sinn dialogischer Zusammenfügung, die ihre Zeit hat, auf Lebenszeit. Frägt man danach, was denn bei der Prägung der Sprachformen und mit ihnen des Lebens einer Sprachgemeinschaft das letztlich „Geprägte" sei, kann eigentlich nur gesagt werden: das Leben als Dasein der Menschen miteinander und mit den Dingen in der Welt. Und frägt man danach, was denn eigentlich das „Prägende" in allen Formen der Sprache, des Lebens einer Gemeinschaft sei, darf letztlich ebenso gesagt werden: dies ihr Leben als Dasein miteinander. Es sind die beiden schlichten Fragen und Antworten philosophischen Denkens, die also etwas sehr einfaches meinen – die Strecke dazwischen füllen wir, dem Charakter unseres geschichtlichen Ganges entsprechend, mit unseren wissenschaftlichen theoretischen und auch praktischen Bemühungen der Begründungsreihen und Zweckverfolgungen, also archäologisch und teleologisch, auch philosophisch und theologisch. Aber das Einfachste, das Miteinanderleben und zwar als Sterbliche, worauf jeder sich gleichwohl verstehen muß, um es zu können, „unterliegt" nicht nur dem geschichtlichen Wandel, sondern ist der geschichtliche Wandel. Wandeln sich Sprachformen, so wandelt sich zugleich alles, weil in jeder besonderen Sprachform „die" Sprache, nämlich das Gespräch und also in gewisser Weise alles spricht („quodammodo omnia"). Wo sich zwei grüßen, grüßen nicht nur die zwei und werden nicht nur die beiden, der eine vom andern gegenseitig, gegrüßt. Die Welt grüßt und wird gegrüßt. Wo man frägt und gefragt wird, frägt die Welt und wird gefragt. Ebenso im Antworten, Erzählen, Fordern, Behaupten, Segnen usw., in allen Formen des Sprechens spricht sich gesprächsweise aus die unaufhörliche Fraglichkeit und

Beantwortbarkeit, die Erzählbarkeit, der Forderungs-, Behauptungs- und Segnenscharakter der Welt im ganzen. So zu reden bedeutet keine Flucht aus dem „logischen" Denken in die „Poesie", sondern Versuch der Einkehr in das Poietische[7] des Logos, nun verstanden als dialogischer Logos. In scheinbar verständlicherer, metaphysisch-ontologischer Sprache geredet: alle diese Sprachhandlungsformen sind transzendentale Nennungen des Seins, dessen Grundbedeutung actus ist. Die Formen sind nicht zunächst leer und können dann mit diesem und jenem Gehalt gefüllt werden. Sie sind ihr transzendentaler Gehalt selber. Und die Formen als gehaltvolle und deshalb haltgebende sind nicht schlechthin unwandelbar und jederzeit und jedenorts als die „identischen" wiederholbar: eine bayerische Begrüßung ist unnachahmlich, und genauso wie Abraham opferte können wir nicht mehr opfern.

Dann verschärft sich die Problematik der Sprache als Miteinandersprechen noch einmal, wenn wir nämlich solche Kommunikationsgemeinschaften betrachten, in denen sprachverschiedene Gemeinschaften sich als doch auch nicht nur verschiedene verstehen wollen, als in besonderer Weise, in einem „gemeinsamen Sinn" vielmehr verbundene. Es sind die Kommunikationsgemeinschaften „übergreifender" Art, die geschichtlich-gewachsenen Kultureinheiten, die religiösen Glaubensgemeinschaften auch über Kulturen hinweg. Es sind jene Einheiten und Gemeinschaften, die trotz Sprachverschiedenheit und Sprachwandels, obwohl „Welten" sie unterscheiden und die „Zeiten" ihrer Lebensformen, gleichwohl sich als in *einer* Geschichte, in einer Sinngeschichte des Fragens und Antwortens, des Erzählens, Opferns, Segnens und Heilens usw. zusammengehörig wissen möchten. Die „Betrachtung" dieser geschichtszeitlich aufeinanderfolgenden Sprach- und Lebensgemeinschaften als Gemeinschaften einer Sinn-Geschichte freilich gelingt, von außen her nur herangetragen, überhaupt nicht und geht an dem vorbei, was sie verbindet, oder gelingt nur in jenem beschränkten Maß, als für den identifizierenwollenden Blick von außen wenigstens „hypothetisch" das sie innerlich Verbindende zugrunde gelegt wird. Solche Hypothesen sind willkürlich aufstell-

---

[7] Vgl. *A. Halder*, Bild und Wort. Zur Frage des religiösen Sprechens als Geschichte, in: B. Casper (Hg.), Phänomenologie des Idols (Freiburg 1981) 65–105, bes. 84, 100 ff.

bar zu Zwecken, die allein die des äußerlich Betrachtenden sind. So läßt sich eine Kulturgeschichte oder eine Glaubensgeschichte durchaus auf verhaltensbiologischer Grundlage schreiben, auf der Grundlage unveränderter Verhaltensmuster, die sich durch ihre Variationen hindurch entwickeln und in der Entwicklung als identische durchhalten. Identifizierungen im Blick von außen bekommen das nicht in den Blick, was die sprachlich und d. h. in ihren Lebensformen unterschiedenen Welten der Generationen und die Generationen ihrer Welten innerlich verbindet, ihre „Tradition" nicht nur im Sinn eines sachlich behandelbaren Grundbestandes, sondern im Sinn des lebendigen Vorgangs der Handlung. Aber auch der vorgebliche Blick von innen, sofern er betrachtend nur auf identifizierbare, gänzlich unverwandelt sich durchhaltende Kerngehalte und Kernformen aus wäre, versieht sich an dem, was die geschichtliche Vielfalt zur Einheit verbindet, die eine Einheit der Tradition, des Übergebens und Übernehmens ist. Aller Identifizierbarkeit und feststellbaren geschichtlichen Identität uneinholbar voraus geht die geschichtliche „Selbstidentifizierung". Geschichtliche Identität einer Sprachgemeinschaft mit voraufgehenden und in ihrer Lebens- und Weltprägung unterschiedenen Sprachgemeinschaften dennoch in vorbehaltloser Kommunikation – diese Identität geschieht nur durch und als Sich-verbinden und Sich-verbunden-wissen, als Bekenntnis zu ..., als Vertrauen[8] darauf, daß in den verschiedenen Sprachen und Sprachformen, Lebensweisen, Welteröffnungen der eine und selbe Sinn lebt – aber eben „lebt", d. h. seine Wandlungsgestalten trägt und erträgt und nicht ohne diese Gestaltungen, außerhalb und „an sich", zu fassen ist. Geschichtliche Identität (um es in der gewohnten, aber kaum mehr zureichenden Terminologie zu sagen:) ist – im Unterschied zur Identität des Identifizierten – die Identität der Sich-Identifizierenden. Ihr Sich-Identifizieren ist ein Akt des Zutrauens und der Treue, den man „Glauben" nennen mag, da in ihm sich das Leben seines Sinnes nie auf die Weise versichert, wie es sich innerhalb seiner der vielen Gründe und Zwecke und Mittel versichern zu können meint.

---

[8] Vgl. *S. Müller*, Rationalität und Vertrauen, in: R. Kilian – K. Funk – P. Fassl (Hg.), Eschatologie (St. Ottilien 1981) 261–303. Zur Thematik geschichtlicher und metaphysischer Identität grundlegend: *M. Müller*, Existenzphilosophie. Von der Metaphysik zur Metahistorik (Freiburg – München 4̲1986) bes. 242–245, 295–301.

IV
Geprägte Sprachformen im Leben der Glaubensgemeinde

Die Wachstumsstufen von Ps 18 als Hinweis auf das Leben des Gottesvolkes im Wandel der Geschichte

Von Frank-Lothar Hossfeld, Bonn

1. Einleitung

Das Referat besteht aus zwei Teilen: Einem ersten Teil, der der Rezeption der Sprechakt-Theorie von Austin und Searle in der Exegese nachgeht, und einem zweiten Teil, der die aufgeworfenen Fragen des ersten Teils an das Paradigma Ps 18 annähert. Um mehr als eine Annäherung – also keinen Brückenschlag – kann es nicht gehen. Das lassen der Stand der Methodendiskussion auf der einen und die Probleme um Ps 18 auf der anderen Seite nicht zu.

2. Die Rezeption der Sprechakt-Theorie vor allem in der alttestamentlichen Exegese

Innerhalb der Arbeiten zur Wort- und Lexemsemantik hält die pragmatische Betrachtungsweise zögernd Einzug[1]. In den traditionellen methodischen Lehrbüchern konnte nicht stattfinden oder fand noch nicht eine Rezeption der Sprechakttheorie statt[2]. Folgen-

---

[1] Vgl. *J. Barr*, The Semantics of Biblical Language (Oxford 1961), wehrt noch primär traditionelle Sacherörterungen anhand biblischer Wörter ab und betont die Eigenständigkeit von Wörtern im Sprachsystem und im jeweiligen Kontext des Vorkommens. Im Unterschied dazu versucht *B. Kedar*, Biblische Semantik (Stuttgart 1981), das Wort auch als „Wort in Funktion" (vgl. a.a.O. 118f) zu betrachten. Dabei wird die Funktion nicht nur auf den Kontext als benachbarten Textteil bezogen, sondern auf den situativen Kontext ausgedehnt.

[2] *J. Schreiner* (Hg.), Einführung in die Methoden der biblischen Exegese, Würzburg 1971; *H. Barth – O. H. Steck*, Exegese des AT. Leitfaden der Methodik (Neukirchen ¹⁰1985); *K. Koch*, Was ist Formgeschichte? (Neukirchen ⁴1981), führen keine Auseinandersetzung. Bei *G. Fohrer (u.a.)*, Exegese des AT (UTB 267) (Heidelberg ⁴1983), wird die Diskussion der Sache nach in § 6 „Sprachliche Analyse" (a.a.O. 81f) und in § 7 „Formen- und Gattungskritik" geführt.

reich aber ist die im Gang befindliche Rezeption der Sprechakttheorie über die texttheoretischen Ansätze der 70er Jahre[3]. Die primär satzbezogene Sprechakttheorie von Austin und Searle wurde auf den Text ausgedehnt. Derselbe wird nun verstanden als kohärentes, hierarchisch geordnetes System von Illokutionsakten, als eine „Äußerungsmenge – in – Funktion"[4]. Der Text oder präziser das Textformular wird Teil eines „kommunikativen Handlungsspiels", wie bewußt im Anschluß an den späten Wittgenstein formuliert wird. Dieses „kommunikative Handlungsspiel" wird zur elementaren Beschreibungseinheit der Sprache als soziales Phänomen.

Die Übernahme der Texttheorie in die Methodik der Exegese hat Ende der 70er Jahre begonnen und zu verschiedenen Versuchen der Integration geführt[5]:

Christof Hardmeier will in seiner Dissertation Brücken schlagen[6], zeigt aber einen Überhang an Theorie, obwohl er auch an konkreten Texten arbeitet. Bedeutungen haben seine ersten Anfragen an die Übersetzbarkeit der Theorie der kommunikativen Handlungsspiele in die Exegese[7].

H. Schweizer[8] entwickelt die Grammatiktheorie weiter und nimmt dabei modifizierend Impulse der Sprechakttheorie auf, die er mit den von Bühler entwickelten Sprachfunktionen der Darstellung, des Appells und der Kundgabe zu vermitteln versucht.

H. Irsigler[9] entwickelt ein ausdifferenziertes texttheoretisches Methodenprogramm, das er auch am konkreten Beispiel des Psalms 73 partiell durchzieht.

Zu erwähnen sind hier auch die Arbeiten von O. Fuchs[10], die von

---

[3] Vgl. vor allem *E. v. Savigny,* Die Philosophie der normalen Sprache, stw 29 (Frankfurt 1974); *D. Wunderlich* in: *U. Maas – D. Wunderlich,* Pragmatik und sprachliches Handeln. Mit einer Kritik am Funkkolleg „Sprache", Teil B, Athenäum-Skripten Linguistik 2 (³1974) 69–188; *S. J. Schmidt,* Texttheorie (UTB 202) (München ²1976) 50ff.
[4] So *S. J. Schmidt* (s. Anm. 3) 51.150.
[5] Darüber gibt Auskunft: *H. D. Preuß,* Linguistik – Literaturwissenschaft – Altes Testament, VuF 27 (1982) 2–28.
[6] *Ders.,* Texttheorie und biblische Exegese (München 1978).
[7] Vgl. die Rezension von *H. Schweizer* in: BN 9 (1979) 26–44.
[8] *Ders.,* Metaphorische Grammatik, ATS 15 (St. Ottilien 1981) insbesondere 82ff.
[9] *Ders.,* Ps 73 – Monolog eines Weisen, ATS 20 (St. Ottilien 1984) insbesondere 106–139.
[10] Vor allem *ders.,* Klage als Gebet (München 1982).

einer Texttheorie ausgehen und am Transfer normativer, vertexteter kommunikativer Handlungsspiele interessiert sind und deswegen auf Tiefenstrukturen abheben.

Von der neutestamentlichen Exegese her kommen wichtige Anfragen: K. Berger[11] setzt sich mit Hardmeier und der Texttheorie S. J. Schmidts kritisch auseinander, insbesondere im Zusammenhang der Formen- und Gattungskritik.

H. Frankenmölle[12] entwickelt den etablierten Methodenkanon der Exegese unter pragmatischen Aspekten weiter.

Aus diesem ausschnitthaften Überblick können zumindest einige Problemanzeigen für die Rezeption der Sprechakttheorie in der Exegese angegeben werden:

1. Indem die Sprechakttheorie die soziale Dimension der Sprache reflektiert, wird sie von der Exegese mit offenen Armen begrüßt, die darüber seit Gunkel im Rahmen der Formen- und Gattungskritik nachdenkt und entsprechend exegesiert und dafür den geflügelten Begriff vom „Sitz im Leben" geprägt hat. Hier stimmen die Intentionen überein. Dabei verhilft die Texttheorie der Exegese zu größerer Differenzierung und Präzisierung. Sie setzt sich dabei aber zugleich einem größeren Druck der Erwartung aus und der Verpflichtung, die Mühen der aufwendigen Analyse zu rechtfertigen.

2. In der Tendenz der Sprechakttheorie liegt die Betonung der Mündlichkeit. Das Analyseobjekt der Exegese sind dagegen kanonische, verschriftete Texte, Textproduzent und Kommunikationspartner sind nur über den vorliegenden schriftlichen Text zu erschließen. In der Verschriftung erreicht ein Text eine Verallgemeinerung und Situationsenthobenheit, die ihn einer unbegrenzten Anzahl von Rezipienten mit jeweils neuen Rezeptionssituationen öffnet[13].

Hinzukommt eine in der Exegese bewährte Hypothese über das Spezifikum biblischer, insbesondere alttestamentlicher Literatur: Das diachrone Moment der Traditionsliteratur. Ein vorgegebener

---

[11] *Ders.*, Exegese des NT (UTB 658) (Heidelberg 1977) 128 ff.
[12] *Ders.*, Biblische Handlungsanweisungen (Mainz 1983) 11–49.
[13] Vgl. die literarische Kommunikation mit sogenanntem „offenem kommunikativen Handlungsspiel" (KHS) auf seiten des Autors und davon unterschieden das sogenannte „rezeptive KHS" auf seiten des Rezipienten bei *Hardmeier* (s. Anm. 6) 75 ff.

Text kann nicht nur der schriftliche Niederschlag eines einzigen historischen kommunikativen Handlungsspiels sein, sondern in sich selbst mehrere vorausliegende mündliche und auch schon vorausliegende verschriftete kommunikative Handlungsspiele enthalten, die alle im vorgegebenen Endtext aufgehoben sind.

3. Im Bereich der Formen- und Gattungskritik wirkt sich die Texttheorie vor allem präzisierend aus. Sie unterscheidet schärfer zwischen dem individuellen Text und der abstrahierten, typischen Gattung als Konstrukt der Analyse. Die Unterscheidung von Tiefenstruktur und Oberfläche hat vor allem heuristischen Wert zur Erfassung der Struktur eines Textes. Sie geht von der Oberfläche eines Textes aus und fragt nach dem inhaltlich-thematischen Plan des Autors, der zu dieser konkreten Realisierung im Text geführt hat. Im Vergleich mit einschlägigen Strukturen anderer Texte versucht sie, die kommunikative Funktion des Textes und seiner Elemente zu profilieren.

Der erste Teil des Referates zeigt, wie die Rezeption der Sprechakttheorie über die Vermittlung durch eine pragmatische Texttheorie sukzessive die Exegese infiziert bzw. modifiziert. Beim gegenwärtigen Stand der Diskussion ist man eher darauf aus, den etablierten Methodenkanon pragmatisch weiterzuentwickeln. Zugleich zwingt der methodische Aufwand zur Rechenschaft über den Ertrag. Die zunehmende monographische Behandlung auch von kleineren Textabschnitten wird nicht immer begrüßt. Der folgende Versuch zu Ps 18 nimmt Anregungen der Debatte auf, soll aber vor allem einen Eindruck von den Problemen der Adaption vorführen.

2. *Analyse von Ps 18*

2.1 Begründung der Auswahl

Die Auswahl des alttestamentlichen Textes fiel auf einen Psalm, weil das Problem der Abgrenzung hier gering ist: Der vorliegende Psalm ist eine abgeschlossene, autarke Einheit, die nicht aus einem umfassenderen Textkontinuum herausgelöst werden muß. Ferner kann man bei den Psalmen sicher sein, daß sie schon in früher Zeit, d.h. nach ihrer Primärverschriftung, wann immer diese erfolgte, zum breiteren Gebrauch bestimmt waren, ob zur meditativen Beschäftigung, ob als Gebetsformular für private oder gemeindliche Zwecke, ob als Bekenntnistexte bestimmter Konventikel und Gruppen. Insofern kommt die Analyse eines Psalms der Zielsetzung der Tagung am nächsten.

Ferner sollte es ein Psalm sein, der so viel diachrone Tiefe hat, daß er Hinweise enthält auf das Leben des Volkes Gottes im Wandel der Geschichte, wobei innerhalb der vom AT abgedeckten Zeit das Volk Gottes soziologisch sich entscheidend verändert, nämlich von einer vorstaatlichen Stämmegesellschaft zum Staat der Königszeit bis hin zur Gemeinde/Kirche der nachexilischen Epoche. Aus diesen Gründen fiel die Wahl auf Ps 18.

2.2 Besonderheiten von Ps 18

Ps 18 gehört zu einer Reihe von Psalmen, die doppelt überliefert sind, und zwar mit einer Reihe von Variationen, die aber das Textkorpus in seiner Bedeutung nicht tangieren.

Ps 18 gehört nicht zu den Doppelüberlieferungen innerhalb des Psalters wie die Psalmen 14, 70 und 108 noch zu den Doppelüberlieferungen wie die Psalmen 96, 105 und 106, die auch im nachexilischen ChrG auftauchen, das aus hellenistischer Zeit stammt. Als einziger ist er noch im DtrG, in 2 Sam 22, zitiert. Geht man von der internen Verknüpfung dieses Kapitels mit dem Kontext der Samuelbücher aus trotz seines Charakters als Anhang und rechnet man mit einer kanonischen Integrität des gesamten DtrG im Verlauf des 6. Jahrhunderts v. Chr., dann gewinnt man für den Ps 18 einen terminus ad quem, der in der immer schwierigen Frage der Datierung der Psalmen eine große Hilfe ist[14]. Auf jeden Fall ist der Kontext in 2 Sam 22 aussagekräftiger als der von Ps 18 im Psalmenbuch mit seinen Verbindungen zu den Königsliedern in Pss 20/21[15].

Gerade bei diesem Psalm divergieren extrem die verschiedenen

---

[14] Vgl. zum Problem die für Ps 18 maßgebliche Analyse von *G. Schmuttermayr,* Ps 18 und 2 Sam 22. Studien zu einem Doppeltext, STANT 25 (München 1971) 15 f.
[15] Dazu jüngst *P. Auffret,* La sagesse a bati sa maison. Etudes de structures littéraires dans L'Ancien Testament et spécialement dans les Psaumes, OBO 49 (Göttingen 1982) 425 ff.

Versuche der Datierung bis in die neuere Forschung hinein. Ansetzung zur Zeit Davids[16]; Zeit Joschijas Ende 7. Jahrhundert v. Chr.[17]; nachexilische Zeit[18], sogar bis hinunter in die Makkabäerzeit[19]. Die Position in der Datierung muß bei dem soziologischen Wandel des Gottesvolkes in alttestamentlicher Zeit entscheidend auf die Interpretation durchschlagen. Daneben deuten sich vermittelnde Positionen an, die mit späterer Neuformulierung eines alten Psalms rechnen, ohne allerdings die zwei Ebenen im Psalm genau anzugeben[20].

Nach wie vor umstritten ist die Einheitlichkeit des Psalms. Ein gewisser Konsens besteht in der Auffassung von der Zweiteiligkeit des Psalms, dann allerdings Dissens in der eben genannten Position der Zäsur nach V. 31 oder nach V. 32 und vor allem in der Wertung der Zäsur entweder als Struktursignal einer einheitlichen Komposition oder als Nahtstelle zweier getrennter Psalmen[21].

Schließlich gilt der Ps 18 als formenkritisches Unikum unter den alttestamentlichen Dankliedern, der einen disparaten Eindruck macht und sich gegen jede eindeutige Zuordnung sperrt[22].

Die mit den Besonderheiten aufgeworfenen Fragen sind miteinander verflochten und werfen jede Interpretation von vornherein auf die Grundfragen zurück. Detailprobleme und ihre Lösung wie die der Tempora des Psalms, ob archaisch oder archaisierend, bis hinein in die Orthographie hängen von den Positionen zu den oben genannten Problemen ab. Darum ist wegen der Verflechtung der

---

[16] Die Positionen werden bei *Schmuttermayr* (s. Anm. 14) 17–24 aufgeführt. Er entscheidet sich für das 10./9. Jahrhundert. D. N. Freedman hat seine ältere Position bekräftigt in: *D. N. Freedman*, Divine Names and Titles in Early Hebrew Poetry, F. M. Cross (u. a.), Magnalia Dei: The Mighty Acts of God. FS G. E. Wright (New York 1976) 55–107; ihm pflichtet bei: *P. C. Craigie,* Psalms 1–50, World Biblical Commentary 19 (Waco 1983) 166ff.

[17] So *H. Gunkel,* Einleitung in die Psalmen (Göttingen ⁴1985) 428; *ders.* Die Psalmen (Göttingen ⁴1926) 67.

[18] Vgl. *A. Deissler,* Die Psalmen (Düsseldorf ³1982) 77 („Die Neuformulierung ist soviel wie sicher erst in nachexilischer Zeit zu Ende gekommen.").

[19] So z. B. *B. Duhm,* Die Psalmen (Tübingen ²1922).

[20] Wie *H. J. Kraus,* Psalmen BK XV/1 (Neukirchen ⁵1978) 285–287.

[21] Die Diskussion der Stellungnahmen findet sich bei *F. Crüsemann,* Studien zur Formgeschichte von Hymnus und Danklied in Israel, WMANT 32 (Neukirchen 1969) 254–258, und bei *H. J. Kraus* (s. Anm. 20) 284 f.

[22] Vgl. *F. Crüsemann* (s. Anm. 21) 254.

Probleme der Methodenkanon der Exegese nicht in voneinander isolierten Schritten anwendbar. Die Diffusion der Methodenschritte gehört hier erst recht zum Analyseprogramm.

2.3 Literarkritik

Sie stellt die Frage – in der Formulierung der pragmatischen Texttheorie –, ob der Psalm in ein einziges einschichtiges kommunikatives Handlungsspiel hineingehört, ob er also einheitlich ist oder ob der Psalm Spuren vorausgehender kommunikativer Handlungsspiele an sich trägt, die in die Funktion des Endtextes integriert sind, so daß sich dessen kommunikatives Handlungsspiel als komplexe Größe zeigt.

Da der Psalm Poesie ist, beginnt man am besten mit einer *Erfassung der poetischen, d.h. syntaktisch-stilistischen Struktur* des vorliegenden Endtextes[23].

Dabei sehen wir vorerst von der Überschrift in VV. 1 f ab, da sie nicht zum Psalmkorpus gehört.

2.3.1 Syntaktisch-stilistische Analyse

Nach der einleitenden Aussage in V. 2 mit nachgestelltem Vokativ fällt *V. 3* aus dem Rahmen. Er wiederholt den Namen Jahwe, und zwar in für den ganzen Psalm singulärer Frontstellung zu Beginn des Verses. Beides interpretiere ich als reflex gesetzten Kontrapunkt zu V. 2. V. 3 will eine Aussage über Jahwe in 3. Person sein. Die Fülle der Epitheta mit enklitischem Personalpronomen der 1. Person gliedert sich syntaktisch in drei Gruppen (Syndetisch verbundene Gruppe – asyndetische Gruppe mit elliptischem Relativsatz – teilsyndetische Gruppe). Die Fülle ist als Einleitung des Bericht-Teils gewollt; es ist beim MT zu bleiben!

---

[23] Die stilistische Beschreibung des Psalms von *N. H. Ridderbos,* Die Psalmen. Stilistische Verfahren und Aufbau mit besonderer Berücksichtigung von Ps 41, BZAW 117 (Berlin 1972) 162–173, steht im Hintergrund. Neuere Strukturanalysen wie die von *J. K. Kuntz,* Psalm 18: A Rhetorical-Critical Analysis, JSOT 26 (1983) 3–31; *J. Trublet – J. N. Aletti,* Approche poétique et théologique des psaumes (Paris 1983); *M. Girard,* Les Psaumes. Analyse structurelle et interprétation (Paris 1984), tendieren zu vorschneller Einteilung des Psalms nach Inhalten und zur Feststellung von punktuellen (Wort-) Entsprechungen. Die erarbeiteten Strukturen haben dann zuwenig Verankerung im Text. Manche Beobachtung gerät z.B. in Konflikt mit Textkritik.

Mit V. 4 beginnt der berichtende Teil, der sich konsequent an das Metrum der Doppel-Dreier hält. Der eigentümliche Gebrauch der Präfixkonjugation ist entweder archaisch oder archaisierend [24].
Die *Verse 5 und 6* sind kunstvoll durch Doppelchiasmus miteinander verklammert. Der Vers 7 bevorzugt den in V. 7a und b parallelen Chiasmus mit den Verben außen nach vorangestellter Angabe über die Not (V. 7a). In den *VV. 8–16* folgt eine Schilderung einer Theophanie, neben Hab 3 die ausgebauteste des AT. Die betreffenden Verse heben sich vom Kontext dadurch ab, daß sie auf das enklitische Personalpronomen der 1. Pers. sing. verzichten, das die vorausgehenden und nachfolgenden Verse kennzeichnet. Es liegt ein reiner Bericht ohne Verbindung zum Beter vor. Der Theophaniebericht ist stark durch erläuternde Glossen in VV. 8.9.12.13.14 aufgefüllt worden [25]. Das logische Subjekt des Berichts ist durchgehend Jahwe bis auf die VV. 8 und 16a, die die Folgen von Jahwes Auftreten in der Natur schildern. Sie bilden eine Art Rahmen um das Zentrum der Theophanie in VV. 9–15 [26]. Man hat den Eindruck im Theophaniebericht ein autarkes Traditionsstück vor sich zu haben, das hier eingeschoben wurde. Der Eindruck wird noch verstärkt durch die leichte logische Spannung zwischen V. 10 (Neigung des Himmels und Herabsteigen Jahwes) und V. 17 (Greifen Jahwes von oben aus der Höhe [27]).

Der Eindruck wird wieder in die Schwebe gebracht dadurch, daß der Bericht durch pronominale Rückverweise und durch das identische Subjekt in den VV. 8–13 mit dem vorausgehenden Kontext in V. 7 verbunden ist. Jahwe wird erst wieder in V. 14 genannt. Ferner kommt als Argument der narrative Anschluß in V. 8 hinzu, der am sofortigen Übergang von Notschrei mit Erhörung in V. 7 und Eingreifen Jahwes in V. 8 interessiert ist [28]. In diesem Zusammenhang fallen die Narrativketten in VV. 8.10.11.15.16a auf (s. u.). Schließlich gibt es stilistische Entsprechungen (chiastische Konstruktion in

---

[24] Dazu *Schmuttermayr* (s. Anm. 14) 24 ff und *W. Groß*, Verbform + Funktion Wayyiqtol für die Gegenwart, ATS 1 (St. Ottilien 1976) 153 A 62.
[25] Die genaue Begründung gibt *J. Jeremias,* Theophanie. Die Geschichte einer alttestamentlichen Gattung (Neukirchen ²1977) 34 f.
[26] Vgl. *J. Jeremias* (s. Anm. 25) 36.
[27] Dazu *J. Jeremias* (s. Anm. 25) 129.
[28] Vgl. *Schmuttermayr* (s. Anm. 14) 61.

V. 9 wie in V. 5, in V. 14 wie in V. 7b, Inversion in V. 13 wie in V. 6). Diese Beobachtungen führen zu dem Schluß, daß wir den Theophaniebericht nicht literarkritisch als Einschub betrachten können, sondern als eigengewichtige Tradition, die vom Autor des umgebenden Kontextes integriert wurde und die *er* als Selbständige zu Wort kommen ließ.

V. 16b ist durch mehrere Besonderheiten in seinem Kontext isoliert: Innerhalb der Verse 3–25 besitzt er die einzige Anrede. Vom Theophanie-Bericht unterscheidet er sich durch anderes Metrum und durch seine Stellung außerhalb des Rahmens V. 8 und V. 16a. Zwar ist häufiger Personenwechsel durchaus üblich in diesem und anderen Psalmen (vgl. Ps 9/10; 13,6 und Hab 3,3–15), aber die Kumulation der Besonderheiten macht den Versteil verdächtig.

Die *VV. 17–20* schildern die Rettung. Die Verse mischen Präfixkonjugationen mit Narrativen und bevorzugen den Parallelismus (VV. 18.20).

Die *VV. 21–25* bilden eine Gruppe für sich. Die VV. 21 und 25 bilden eine gezielt gestaltete Klammer. In sich sind sie jeweils chiastisch gestaltet und partiell wortidentisch. Stellt man sie untereinander, so vertauschen sie wiederum chiastisch untereinander die Verben[29].

In den Klammerversen 21.25 ist Jahwe Subjekt, der die Konsequenzen aus dem Tun des Beters zieht. In den Binnenversen 22–24 schildert der Beter seinen gesetzestreuen Wandel. Der Parallelismus membrorum beherrscht den Stil.

Der *Abschnitt VV. 26–31* ist durch andere Stilmittel miteinander verbunden. Er bevorzugt die Reihung. In VV. 26f steht eine Gruppe von 4 Stichen mit der Partikel ᶜ*im* eingeleitet und paronomastisch konstruiert. Darauf folgen drei Verse mit vorangestelltem *kī* und betonter Anrede an Jahwe. In VV. 9.30 kippt die Anrede um zum Bericht in Er-Rede, der dann vollends in V. 31 zum Zuge kommt. Sein Trikolon formuliert Lehrsätze (der erste mit Kasus pendens) über Jahwes Verhalten.

Der Vers fällt neben seinem Metrum durch Rückbezüge auf: Das erste Kolon greift das Stichwort *tāmīm* aus V. 26 auf. Das zweite Kolon erinnert synonym an V. 27a. Das dritte Kolon schlägt den

---

[29] Vgl. *Schmuttermayr* (s. Anm. 14) 97.99.

Bogen zurück zu V. 3, allerdings mit einem signifikanten Unterschied. Der Titel „Schild" verzichtet auf das enklitische Personalpronomen der 1. Pers. sing. und wird dadurch verallgemeinert. Offensichtlich kommt der Psalm hier zu einer gewissen Zäsur bzw. zu einem Ruhepunkt dank der Rückbezüge. Insofern wird die in der Forschungsgeschichte öfters angezeigte Zäsur verständlich.

V. 32 stellt eine parallel gebaute rhetorische Doppelfrage und formuliert damit ein emphatisches Bekenntnis. Der Vers sprengt wie sein Vorgänger das Metrum. Ferner gebraucht er ebenso Gottesnamen und Epitheta wiederum ohne Personalsuffix bis auf eine Ausnahme: Am Ende taucht singulär für den ganzen Psalm das kollektive „Wir" im Titel „unser Gott" auf. Die Kontextbindung insbesondere an V. 31 ist so groß, daß man V. 32 nicht abtrennen möchte und ihn deswegen zum Abschnitt VV. 26–31 schlägt.

Die *Verse 33–49* bilden eine Einheit für sich. Dafür spricht vor allem die parallele syntaktische Konstruktion der Rahmenverse 33–35 // 48–49 (Vokativ El + Reihe individueller Aussagen, die Vergangenes berichten und jeweils mit Partizip und nachfolgendem finitem Verb gebaut sind[30]).

Im Zentrum VV. 36–46 herrscht innerhalb des Berichts die Anrede an Jahwe vor (vgl. VV. 36.37.40.41.44) mit einer kontextbedingten Ausnahme in V. 42, weil der im Parallelismus membrorum gestaltete Bericht die dritte Person fordert.

Der hymnische Ausruf in V. 47 oszilliert zwischen Feststellung und Wunsch und leitet zur Rahmung in dritter Person Jahwes über. Die poetische Gestaltung ist abwechslungsreich (Trikola mit Chiasmus und Parallelismus in V. 36+44+49; Chiasmen in V. 35+39+ 40+41+42+45+46). Aus semantischen Gründen werden die Präfixkonjugationen in VV. 45f präsentisch gedeutet als Aussage über einen gegenwärtigen Zustand.

Die Gottesepitheta in V. 47 haben im enklitischen Personalpronomen der 1. Pers. sing. wieder den Bezug zum Sprecher/Beter und erinnern an die Eingangsverse 2 und 3. Im Unterschied zu den Narrativketten im Theophaniebericht und auch in VV. 19f fällt hier öfters Präfixkonjugation mit waw-copulativum auf wie in: V. 38+

---

[30] *Schmuttermayr* (s. Anm. 14) 124 ff. 189 ff.

43+46 oder asyndetisch angeordnet: V. 39+40+42+44. Das deutet auf Sprachkonventionen des älteren Hebräisch[31] hin.

Innerhalb von V. 49 ab dem zweiten Kolon leitet der hymnische Bericht durch die Anrede an Jahwe über zur Schluß-Toda-Formel in V. 50. An ihr fällt zweierlei auf: die Toda-Formel steht hier singulär am Ende. Der Vokativ „Jahwe" wird in auffälliger Weise nachgestellt wie in V. 2. Beide Verse beziehen sich aufeinander. Der Schlußvers 51, ein Trikolon im durchgehenden Parallelismus (ungleich den Trikola von 33–29), wechselt wieder die Person und redet von Jahwe in 3. Pers. sing. Zum ersten Mal im Psalm wird der Sprecher identifiziert durch Titel (König und Gesalbter) und durch den Eigennamen David wie in V. 1.

2.3.2 Semantische Analyse

Sie integriert hier den diachronen Vergleich (geprägte Sprache etc.) und greift die Abschnittgliederung der vorhergehenden Analyse auf.

V. 2 enthält singuläres *rḥm*/G-Stamm mit Mensch als Subjekt und Gott als Objekt – sonst umgekehrt; die Nähe zum kanaanäischen/ altorientalischen Sprachgebrauch votiert für Beibehaltung und hohes Alter der Formulierung[32].

VV. 3–20:
Die Gottesepitheta in seltener Fülle entstammen überwiegend kriegerischem Kontext (vgl. Ps 144,2) und vergleichbaren Vertrauensbekundungen wie Jes 33,16. V. 4 hat aus semantischen Gründen die Funktion der Überschrift; er beschreibt umfassend den Rettungsvorgang, den die folgenden Verse ausmalen[33].

Die VV. 5f schildern die Not mit mythischen Bildern (vgl. Ps 41,9 und Klgl 3,54ff). Wasser und Scheol sowie der Tod signalisieren die chaotische Übermacht.

---

[31] Hier ist wiederum auf die Ausführungen von *Schmuttermayr* (s. Anm. 14) 24ff zu verweisen.
[32] Mit *Schmuttermayr* (s. Anm. 14) 32f und *H. J. Stoebe,* Art. rḥm pi. sich erbarmen, THAT II, 761, ist für V. 2 beim MT zu bleiben unabhängig davon, wie die singuläre Qal-Form des Verbs erklärt wird, ob als frühe Bedeutung des Verbs oder als relativ alter Aramaismus.
[33] Den Text von V. 4 konjiziere ich mit *Kraus* (s. Anm. 20) 283; vgl. BHS zur Stelle und den Kommentar *Schmuttermayrs* (s. Anm. 14) 42 A 50.

Der Notschrei des Beters (vgl. Klgl 3,56) wendet sich an Jahwe in seinem himmlischen Palast[34] und nicht im Tempel. Der himmlische Palast paßt besser in den mythischen Kontext und zu der folgenden Theophanie (Heruntersteigen Jahwes).

Der komplexe Theophaniebericht versammelt mehrere Traditionen. Sie werden hier herbeigezogen, um das Eingreifen Jahwes zu verdeutlichen. Der Theophaniebericht steht zwischen dem Notschrei in V. 7 und der Errettung in VV. 17–20 und korrespondiert in seiner Machtdemonstration mit der Herausforderung der Chaosmächte aus VV. 5f.

Die Schilderung beginnt mit einer Vulkantheophanie bzw. mit ihren Konsequenzen (vgl. die Sinaitheophanie Ex 19,18 und Ijob 26,11). Die Entsprechung des Terminus „Grundfeste" in V. 8 und V. 16a bestätigt den Rahmencharakter dieser Verse.

Ab V. 10 dominiert die Gewittertheophanie (vgl. die Sinaitheophanie Ex 19,16 und Ijob 22,13), hat aber in V. 13 in den Glühkohlen noch ein Relikt der Vulkantheophanie.

Einige singuläre Begriffe und Motive zeichnen den Theophaniebericht aus:

– Das Neigen des Himmels in V. 10; es paßt besser in den Kontext mit der Vorstellung von tief hängenden Gewitterwolken als die andere Vorstellung vom Auseinanderreißen des Himmels wie in Jes 63,19.

– Das Reiten Jahwes auf dem Kerub in V. 11; Jahwe reitet nicht auf den Wolken wie Baal in Ugarit, vgl. auch Ps 68,5 und Hab 3,8; er thront (*jšb*) auch nicht auf den Keruben wie in Ps 80,2 und 99,1[35]. Als einzige Parallelen kommen die Vorstellungen der Ezechielschule über den Kerubenwagen in Frage in Ez 1 und vor allem Ez 10,4f.18f[36]. Dort überlagern sich verschiedene Vorstellungen von der „Herrlichkeit Jahwes" gerade in den Fortschreibungen der

---

[34] Mit *V. Fritz,* Tempel und Kult, WMANT 47 (Neukirchen 1977) 13 A 3 gegen *Ottosson,* Art. hēkāl, ThWAT II, 413, entscheide ich mich für den himmlischen Palast als Aufenthaltsort Jahwes in V. 7.
[35] Die von *Fritz* (s. Anm. 34) 22 angeführten Parallelen Dtn 33,26; Jes 19,1; Ps 68,34 und 104,3 haben alle die Wolken oder den Himmel zum Gefährt Jahwes, aber nicht den Kerub.
[36] Die Singularität der Aussage betonen zu Recht: *J. Jeremias* (s. Anm. 25) 37; *A. Ohler,* Mythologische Elemente im Alten Testament (Düsseldorf 1969) 64; *O. Keel,* Jahwe-Visionen und Siegelkunst, SBS 84/85 (Stuttgart 1977) 153.

ezechielischen Grundvision durch die Prophetenschüler. Diese Überlagerung führt zu dem Nebeneinander vom Singular „Kerub" in Ez 9,3a; 10,2.4.7 und dem Plural „Kerubim" in Ez 10. Die Komplexität der ezechielischen Visionen ändert aber nichts an der spezifischen Verwandtschaft von Ps 18,11 mit ihnen.
– Die Vorstellung vom Sturm als Gefährt Jahwes in V. 11b findet sich in Hos 4,19 und Ps 104,3; auch hier ist wieder eine Nähe zu Ez 1,4 (ezechielischer Grundtext der Eingangsvision) feststellbar; vgl. noch Ijob 38,1.
– Das positive Motiv des Lichtglanzes in V. 13 ist für eine schreckenerregende Theophanie auffällig[37]. Die nächsten Parallelen zu solcher Kombination bieten Hab 3,4 und der von Ezechiel stammende Grundtext der Eingangsvision in Ez 1,4.13.27f sowie der ezechielische Grundtext der Tempelvision in Ez 10,4.
– Ebenso verweisen die Glühkohlen neben dem Hagel in V. 13 (eine naturwissenschaftlich schwierig nachzuvollziehende Mischung) auf die Parallelen im Grundtext von Ez 1,13 und Ez 10,2.
– Blitze als Zick-Zack-Pfeile (V. 15) kennt noch Ps 144,6.

Fassen wir die Beobachtungen dieses Sprach- und Motivvergleiches zusammen, dann weisen sie konvergierend in die Zeit der Wende vom 7. bis 6. Jahrhundert v. Chr.!

Der *V. 16b* deutet das (Binnen-)Wasser aus V. 16a auf das Meer, das zum Objekt des Scheltens Jahwes wird. Damit wird das Motiv des Chaoskampfes nachgetragen (vgl. Ps 104,7; Nah 1,4; Ps 106,9; Jes 50,2).

Den Feindbegriffen (Feinde/Hasser in V. 4 und V. 18) fehlt die spätere religiöse Disqualifizierung. Sie deutet sich aber an in der Qualifizierung als Chaosmächte und in der Schlußbewertung, daß der Verfolgte Jahwes Gefallen besitzt.

Im Bericht fehlt jeder Hinweis auf Zuhörer. Der einzelne bzw. der Sprecher ist kein König, sondern ein Mensch in allgemeiner Not. Kultische Anklänge sind höchstens in V. 7 und in der Theophanie zu vermuten.

Der Abschnitt *VV. 21–25* gibt sich deutlich als deuteronomistisch zu erkennen.

---

[37] Dazu *Jeremias* (s. Anm. 25) 77f und *Ohler* (s. Anm. 36) 64.

- Reihung der Gesetzestermini in V. 23 wie in H/Ez/Dtr und Ps 89,31f und 119[38].
- Verben und geprägte Wendungen wie in den Einzugsliturgien von Ps 15; 24 und im Dtn (vgl. Dtn 18,13).
- Die Feinde als Gegenbild werden indirekt zu religiösen Feinden umgedeutet.

Der Abschnitt *VV. 26–32* zeichnet sich aus:
- Durch einen hohen Anteil an Hapax legomena, mit denen er die Vergeltung formuliert (wie du dich zu Jahwe verhältst, so verhält sich Jahwe zu dir).
- Durch Entfaltung einer Armenfrömmigkeit, vor allem in V. 28 wie in Zef 3,11–13.
- Durch Formulierung von Lehrsätzen und Theologumena in V. 31 im Stile von Dtn 32,4.37 und Spr 30,5.
- Durch das Bekenntnis zum Monotheismus des Exils in V. 32[39].

---

[38] Vgl. die Tabellen bei *G. Liedke,* Gestalt und Bezeichnung alttestamentlicher Rechtssätze, WMANT 39 (Neukirchen 1971) 13–16.

[39] Der V. 32 ist in seiner Interpretation umstritten. Seine Unvergleichlichkeitsaussage kann sowohl monolatrisch als auch monotheistisch verstanden werden.
Wird sie monolatrisch verstanden, dann geht es in ihr wie in der Parallele Hos 13,4 um die exklusive Bindung Israels an Jahwe, seinen Gott, im Verein mit gleichzeitiger polemischer Abgrenzung von anderen Göttern. Zum monolatrischen Verständnis von Hos 13,4 jetzt: *J. Jeremias,* Der Prophet Hosea, ATD 24/1 (Göttingen 1983) 163.
Wird V. 32 monotheistisch gelesen, dann bekennt er sich im Stile der Unvergleichlichkeitsaussage zur Einzigkeit Jahwes, des Gottes Israels.
Beide Interpretationen haben ihre Vertreter und führen den Vers natürlicherweise je nach Gesamthypothese und Datierung des Psalms ins Feld. Für die monolatrische Interpretation tritt z. B. ein: *A. Weiser,* Die Psalmen, ATD 14/1 (Göttingen ⁶1963) 131; *H. D. Preuß,* Verspottung fremder Religionen im Alten Testament, BWANT 92 (Stuttgart 1971) 110; *Schmuttermayr* (s. Anm. 14) 120 datiert den Psalm ins 10. Jahrhundert v.Chr. und versteht V. 32 als eine Art „monotheistische Formel", die er schon zu dieser Zeit für möglich hält.
Dagegen halten V. 32 für monotheistisch z.B.: *H. Vorländer,* Der Monotheismus Israels als Antwort auf die Krise des Exils, in: Lang (Hg.), Der einzige Gott (München 1981) 84–113; 96; *H. Wildberger,* Der Monotheismus Deuterojesajas, in: FS für W. Zimmerli (Göttingen 1977) 506–530, 517. Eine Entscheidung der Frage kann nur eine gründliche Erhebung der Parallelformulierungen ergeben.
Der appellative Gebrauch von ᵓælōªh ohne Attribut findet sich überwiegend in exilisch-nachexilischer Literatur; vgl. hierzu Jes 44,8 und Dtn 32,15.17. Auch die Vergleichspartikel mibbalᶜᵃdē spiegelt eher späteren Sprachgebrauch wider wie in Jes 43,11 und 44,8. Ebenso spricht zūlātī nicht dagegen wie in Jes 45,5.21. Das Bekenntnis zu Jahwe als „dem Felsen (schlechthin)" mit Verwendung von ṣūr in Unvergleichlichkeitsaussagen hat seine nächsten Parallelen in Dtn 32,31; 1 Sam 2,2 und Jes 44,8.

Der Abschnitt VV. 33–50 zeichnet sich aus:
– Durch Motive der altorientalischen Königsideologie (Siegreiches Betreten des Landes, Gott unterweist im Kriegshandwerk, Unterwerfung der innenpolitischen wie außenpolitischen Feinde, supraregionale bzw. übernationale Herrschaft, Königslob vor internationaler Zuhörerschaft).
– Der Sprachgebrauch ist gewählt, selten, archaisch (V. 46 + V. 48).
– Die Feinde werden mit verschiedenen, variierenden Begriffen erfaßt (Feinde, Hasser, Kriegsvolk, Widersacher, Fremde, Gewalttätige). Sie sind durchweg politisch-militärisch beschrieben ohne jede religiöse Bewertung.
De facto liegt für den Beter die Not zurück und die Feinde sind endgültig überwunden.
– Die Begriffe für die Rettung sind andere als in VV. 17–20. Die VV. 17–20 beschreiben bilder- und variationsreich den Vorgang der Rettung. Mit den Rettungsvorgängen in VV. 37.44.47–49 haben sie nur die Verwendung der Wurzel *rḥb* (V. 20 und V. 37) sowie das Verb *nṣl*/H-Stamm gemeinsam (V. 18 und V. 49). Die VV. 30–50 bevorzugen unter anderem *plṭ*/D-Stamm in V. 44 und V. 49 neben der Wurzel *jšʿ* in VV. 36.42.47. Das führt zu einem signifikanten Unterschied. Beim Rettungsvorgang in VV. 17–20 behält Jahwe allein die Initiative. Der Beter bleibt völlig passiv und wird gerettet im vollen Sinn des Wortes. Dagegen erfährt der Beter von VV. 33–50 die göttliche Rettung als Hilfeleistung. Der Abschnitt

---

Im Vergleich mit den Unvergleichlichkeitsaussagen aus Ex 15,11 und 1 Sam 2,2, die ihrerseits keineswegs eindeutig auf frühe, d.h. vorexilische Entstehung festzulegen sind, haben die Parallelen aus Dtn 32 und Deuterojesaja aufgrund der größeren Nähe zu V. 32 den Vorrang.

Zu Dtn 32 hat jüngst *G. Braulik* den Forschungsstand zusammengefaßt: „Denn beim gegenwärtigen Forschungsstand kann der Liedtext noch nicht mit der nötigen Sicherheit in die Spätexilsperiode oder die frühe Nachexilszeit datiert werden. – Die Existenz von Göttern wird (in Dtn 32) zwar nicht ausdrücklich geleugnet. Doch besteht zwischen ihnen und Jahwe schon begrifflich ein Wesensunterschied" (*ders.*, Das Deuteronomium und die Geburt des Monotheismus, in: E. Haag [Hg.], Gott, der einzige [QD 104] [Freiburg 1985] 115–159, 154.156).

Zumindest kann man also mit der Parallele Dtn 32 keine Frühdatierung und keine rein monolatrische Interpretation von V. 32 durchsetzen. Die große Nähe zu Deuterojesaja insbesondere zu Jes 44,8 gibt den Ausschlag: V. 32 ist monotheistisch zu interpretieren!

betont deswegen auch konsequent den Synergismus zwischen Jahwe und dem königlichen Beter[40]. Für *V. 51* hat T. Veijola sowohl die Zugehörigkeit zu V. 1 als auch die gemeinsame Autorschaft des sogenannten DtrN nachgewiesen[41]. Die Argumente stützen sich auf eine breiter belegte deuteronomistische Sprache wie auf singuläre Formulierungen (die Überschrift in 2 Sam 22,1 // Ps 18,1 und Dtn 31,30 sowie die für den Psalter ungewöhnliche feminine Form *šīrā*, wo der Psalter sonst die maskuline Form vorzieht). Erst durch den redaktionellen Rahmen in VV. 1.51 wird der anonyme Beter mit dem Individuum David identifiziert.

2.3.3 Pragmatische Bestimmung der einzelnen Abschnitte

Der abschließende Untersuchungsschritt nimmt die bisher gewonnene Einteilung des gesamten Psalms auf. Er beschreibt die einzelnen Abschnitte im Hinblick auf ihre Wirkabsicht bzw. Sprechintention. Er konzentriert sich dabei auf die Sätze oder Satzgruppen der Abschnitte und zieht damit die Konsequenz aus der fehlenden Geschlossenheit des Gesamtpsalms. Das angewandte Verfahren gleicht der Illokutionsanalyse von Sätzen und Satzverbänden, wie sie H. Irsigler bei seiner Analyse von Ps 73 angewandt hat[42].

V. 2:
Der Vers will eine einleitende Entsprechung zu V. 50 sein. Wie die Einleitung von Ps 116,1 verbindet er die Kundgabe mit dem Bekenntnis zur helfenden Macht Jahwes.

VV. 3–20:
Der Abschnitt wird durch eine Vertrauensaussage in V. 3 eingeleitet, bei der die Kundgabe nun durch die Darstellung abgelöst wird. Das thetische Bekenntnis des Vertrauens wird im nun folgenden Bericht begründet. Beide, These und Begründung zusammen, wollen bei den Zuhörern Vertrauen in Jahwe wecken.

Der Bericht der Rettung verarbeitet eine Theophanieschilderung (VV. 8–16a). Die mythischen Metaphern und die konsequente theo-

---

[40] Vgl. die Bedeutung von jš^c/H-Stamm, „einer Person in Schwierigkeiten Hilfe zu bringen, als sie davon erretten" *Sawyer,* Art. jš^c, ThWAT III, 1040.1044.
[41] *Ders.,* Die ewige Dynastie. David und die Entstehung seiner Dynastie nach der deuteronomistischen Darstellung, AASF B 193 (Helsinki 1975) 120–122.
[42] *Ders.* (s. Anm. 9) 328 ff.

logische Konzentration entschränken die Not eines einzelnen Menschen. Die Erfahrungen eines individuellen Königs aus dem Abschnitt VV. 33–50 werden zu Erfahrungen des in Not befindlichen Gattungswesens „Mensch" ausgeweitet. Der Bericht will das Individuelle den möglichen analogen Rettungserfahrungen der Hörer öffnen.

VV. 21–25:
Die Erzählung konzentriert sich ganz auf das Verhalten des Beters und beteuert dessen Unschuld. Der Bericht wird zur „Heiligenlegende" und der Beter zum exemplarischen Frommen. Die Zuhörer sollen erkennen und zur Nachahmung stimuliert werden.

VV. 26–32:
Dieser Abschnitt formuliert eine Lehre sowohl vor Gott als auch vor der Gemeinde. Diese taucht nur hier im gesamten Psalm auf. In V. 28 wird auf sie hingewiesen, und in V. 32 zeigt sie das monotheistische Bekenntnis zu „unserem Gott" als anwesendes Auditorium an. Die zweifache Richtung zu Gott und zur Gemeinde bedingt auch das Schwanken zwischen bekennender Anrede an Jahwe und bekennender Aussage vor der Gemeinde. Die pädagogisch werbende Rhetorik dieses Abschnitts ist dem sonstigen Danklied fremd.

VV. 33–50:
Der Abschnitt bietet das individuelle Danklied eines Königs mit der für die Gattung typischen Toda-Formel. Sie steht hier am Schluß zum Zeichen dafür, daß die übliche Anbindung nicht mehr so stark durchschlägt. Das Danklied weist die typische zweifache Rederichtung auf an Jahwe in der Du-Anrede und an die Menschen bzw. international an die Nationen im Bericht über Jahwes Tun. Hinzukommen die besonderen hymnischen Elemente der Rahmung in VV. 33–35.48–49 und von V. 47.

Das Sieges- und Danklied des Königs preist die außergewöhnliche Hilfeleistung Jahwes für den königlichen Beter. Damit legitimiert es den Beter vor den Zuhörern und stimuliert sie zu gleichem Vertrauen auf den „Gott meines Heils".

V. 51:
Der anonyme königliche Beter wird mit David identifiziert. In

Bezug zum Gesamtpsalm und im Verein mit V. 1 wird der Psalm reindividualisiert und biographisch eingebunden: David ist der ideale König und Heilige, der im Lied sein Testament und Vermächtnis mitteilt. Der fromme „Nachbeter" soll erbaut werden.

3. Textgenetische Hypothese zum gesamten Psalm

Die Grobanalysen der vorhergehenden Analyseschritte führen zu einem diachronen Aufriß der Wachstumsphasen des vorliegenden Psalms. Die erste Stufe bezeichnet die Primärverschriftung, auf der die weiteren Stufen aufbauen und die sie je neu interpretieren.

Der Kern- oder Grundtext der ältesten Stufe liegt vor in den *VV. 2.33–50*. Er stellt das Dank- und Siegeslied eines Königs dar. Eine Identifizierung des Königs und damit eine direkte historische Anbindung sind nicht möglich. Die Würdigung der Argumente aus den verschiedenen Analyseschritten ergibt aber zumindest die Einordnung in vorexilische Zeit und innerhalb dieser die Möglichkeit eines relativ hohen Alters.

Das königliche Dank- und Siegeslied wird im Jerusalemer Staatskult überliefert und noch vor dem Exil durch ein großes Proömium *VV. 3–7.(8–16a).17–20* zum Danklied eines bzw. jedes in Not befindlichen Menschen umgestaltet.

Die Erweiterung der dritten Stufe in VV. (16b?).26–32 hat den Zusammenbruch von 586 v. Chr. schon hinter sich. Sie entwickelt eine Theologie für das Gottesvolk Israel als Gemeinde. Das ihr vorgegebene Danklied wird durch Lehre und Unterweisung zu einem „geistlichen Lied" an die neuen Bedürfnisse der exilischen Gemeinde adaptiert[43]. Die vierte und letzte Stufe formt das „geistliche Lied" zum „Lied Davids" um. Zu ihr gehören der Rahmen in VV. 1.51 und die entsprechende Akzentverschiebung durch den Einschub der *VV. 21–25*[44]. Diese Umgestaltung findet in spätexili-

---

[43] F. Stolz, Psalmen im nachkultischen Raum, TSt 129 (Zürich 1983) 29, beschreibt deren Gottesdienst folgendermaßen: „Man könnte ihren Gottesdienst, in dem Vergewisserung und Unterweisung Elementarvorgänge ausmachen, als „Schulgottesdienst" bezeichnen, wie er nicht nur in Palästina, sondern auch in der Diaspora seinen Ort gehabt haben wird."

[44] T. Veijola (s. Anm. 41) 123 begründet den Zusammenhang von Rahmen und Einschub und führt beide auf ein- und denselben Autor zurück, nämlich DtrN.

scher Zeit durch den sogenannten nomistischen Deuteronomisten (DtrN) statt.

Das „Lied Davids" ist jetzt Hagiographie zur Auferbauung der Gemeinde, und in dieser Funktion wird es auch in das deuteronomistische Geschichtswerk 2 Sam 22 eingestellt.

Der Wachstumsprozeß des Psalms spiegelt die Metamorphosen eines königlichen Dankliedes wider. Es wurde in den Kult des Gottesvolkes aufgenommen und hatte dadurch Anteil an dessen Schicksal und Entwicklung. Die Dignität des überlieferten Psalms führte zu kontinuierlicher Bearbeitung, bis er zur komplexen Endgestalt angewachsen war. In dieser Gestalt repräsentiert er eine ganze „Schule des Dankgebets".

Zur leichteren und besseren Orientierung bietet der Anhang eine strukturierte Übersetzung des Psalms, die im Schriftbild die Wachstumsstufen des Psalms voneinander abhebt.

4. Anhang

4.1 Strukturierte Übersetzung von Psalm 18

(V. 1)	Überschrift:	*Dem Chorleiter. Vom Knechte Jahwes, von David, der zu Jahwe die Worte dieses Liedes sprach am Tage, da Jahwe ihn errettete aus der Hand aller seiner Feinde und aus der Hand Sauls.*
(2)		*Und er sprach:* Ich liebe dich, Jahwe, meine Stärke.

(3)		Jahwe mein Fels und meine Burg und mein Retter, mein Gott, mein Fels, auf den ich mich berge, mein Schild und Horn meines Heils, meine Zuflucht.
(4)	Bericht der Not:	(Durchbohrt) rief ich zu Jahwe und von meinen Feinden wurde ich errettet.
(5)		Es umfingen mich Stricke des Todes und Ströme des Verderbens erschreckten mich.
(6)		Stricke der Scheol umfingen mich, es überfielen mich Netze des Todes.
(7)		In meiner Not rief ich zu Jahwe und schrie zu meinem Gott.
		Er höre aus seinem Palast ein Rufen und mein Schreien [vor ihn] drang in seine Ohren.

(8)	Theophanie:	Da wankte und schwankte die Erde und die Grundfesten der Berge erzitterten. [Da wankten sie, denn er war zornig].
(9)		Es stieg Rauch auf aus seiner Nase und Feuer fraß aus seinem Munde. [Kohlenglut brannte vor ihm her.]
(10)		Er neigte dem Himmel und stieg herab und Wolkendunkel unter seinen Füßen.
(11)		Er fuhr auf dem Kerub und flog dahin und schwebte auf den Flügeln des Windes.
(12)		Er machte Dunkelheit zu seiner Hülle [um ihn herum], zu seiner Hütte Wasserdunkel [dichte Wolken].
(13)		Aus dem Glanz vor ihm [seine Wolken] brachen hervor Hagel und feurige Kohlen.
(14)		Da ließ den Donner dröhnen im Himmel Jahwe und der Höchste ließ seine Stimme erschallen [Hagel und feurige Kohlen].

(15)		Er schoß seine Pfeile und streute sie und blitzte mit Blitzen und schleuderte sie.
(16)		Da wurden sichtbar die Tiefen der Wasser und offengelegt die Grundfesten des Festlandes.
(16b)		Vor deinem Schelten, Jahwe, vor dem Schnauben des Windes deines Zorns.
(17)	Errettung:	Er griff herab aus der Höhe, er packte mich, er zog mich heraus aus vielen Wassern.
(18)		Er errette mich vor meinen Feinden, die stark waren und vor meinen Hassern, die mächtiger waren als ich.
(19)		Sie überfielen mich am Tag meines Unglücks, da wurde Jahwe mir zum Halt.
(20)		Er führte mich hinaus ins Weite, er errettete mich, denn er hatte Gefallen an mir.
(21)		*Es handelte Jahwe an mir nach meiner Gerechtigkeit, nach der Reinheit meiner Hände vergalt er mir.*
(22)		*Denn ich bewahrte Jahwes Wege und fiel nicht sündig ab von meinem Gott,*
(23)		*Denn all seine Rechte standen vor mir und seine Gesetze wies ich nicht von mir.*
(24)		*Ich war untadelig vor ihm und hütete mich vor meinem Frevel.*
(25)		*Es vergalt mir Jahwe nach meiner Gerechtigkeit, nach der Reinheit meiner Hände vor seinen Augen.*
(26)	Lehre:	Gegen den Treuen zeigst du dich treu, an dem aufrichtigen Mann handelst du richtig.
(27)		Gegen den Reinen zeigst du dich rein, doch gegen den Falschen handelst du falsch.
(28)		Denn du, dem bedrückten Volk hilfst du und hochmütige Augen erniedrigst du.
(29)		Denn du, [läßt erstrahlen] du bist meine Leuchte Jahwe, mein Gott erhellt mir mein Dunkel.
(30)		Denn mit dir erstürme ich Mauern und mit meinem Gott überspringe ich Wälle.
(31)		Der Gott, vollkommen ist sein Weg, das Wort Jahwes ist geläutert, ein Schild ist er für alle, die sich bei ihm bergen.
(32)		Denn wer ist Gott außer Jahwe und wer ist Fels, wenn nicht unser Gott?

(33)	*Bericht:*	Der Gott – er gürtete mich mit Kraft und machte vollkommen meinen Weg.
(34)		Er machte meine Füße den Hinden gleich und auf meine Höhen ließ er mich treten.
(35)		Er lehrte meine Hände den Kampf, so daß meine Arme den ehernen Bogen spannten.
(36)		Du gabst mir den Schild deines Heils und deine Rechte stützte mich und dein Zuspruch machte mich stark.
(37)		Du machtest weit für meinen Schritt den Raum unter mir und nicht wankten meine Knöchel.
(38)		Ich verfolgte meine Feinde und holte sie ein und kehrte nicht um, bis ich sie vernichtet.
(39)		Ich zerschlug sie, so daß sie nicht aufstehen konnten, sie fielen unter meine Füße.
(40)		Du gürtetest mich mit Macht zum Kampf, du zwangst in die Knie meine Widersacher unter mir.
(41)		Und meine Feinde, du gabst mir den Rücken, und meine Hasser, ich konnte sie vernichten.
(42)		Sie schrien, doch keiner half, zu Jahwe, doch er antwortete ihnen nicht.
(43)		Ich errieb sie wie Staub vor dem Winde, wie Gassenkot zertrat ich sie.
(44)		Du rettetest mich vor dem Streit des Volkes, hast mich eingesetzt zum Haupt über Völker, ein Volk, das ich nicht kannte, wurde mir untertan.
(45)		Sobald sie von mir hören, gehorchen sie mir. Söhne der Fremde schmeicheln mir.
(46)		Söhne der Fremde verschmachten und kommen zitternd aus ihren Burgen.
(47)		Lebendig ist Jahwe und gepriesen mein Fels und erhaben ist der Gott meines Heils.
(48)		Der Gott – er verschaffte mir Rache, so daß er Völker unterdrückte unter mich.
(49)		Er rettete mich vor meinen Feinden des Zorns,

		vor meinen Widersachern erhöhtest du mich, dem Manne der Gewalt hast du mich entrissen.
(50)	*Dank:*	Darum will ich dich preisen unter den Völkern, Jahwe und deinem Namen will ich lobsingen!

(51) *Er macht groß die Hilfen für seinen König und gewährt Huld seinem Gesalbten.*
Für David und für seinen Samen auf immer.

4.2 Diachroner Aufriß der Wachstumsstufen

Stufe 1: Vorexilisches Dank- und Siegeslied des Königs VV. 2.33–50.

Stufe 2: Spätvorexilische Erweiterung zum Danklied eines Einzelnen durch VV. 3–7 (8–16a).17–20.

Stufe 3: Adaption an die exilische Gemeinde durch VV. (16b?).26–31.32.

Stufe 4: Spätexilische Umgestaltung zum „Lied Davids" durch VV. 1.21–25.51.

V
Kirchengeschichte
und (Sprach-) Handlungstherorie

Von Norbert Brox, Regensburg

Im Fall „Kirchengeschichte" steht es um die Theorie-Bildung nicht besser als in anderen theologischen Fächern. Der Diskussionsstand ist völlig unbefriedigend, die geringe Beteiligung an der Diskussion kommt einer Verweigerung gleich. Die Produktivität der Kirchenhistoriker ist beeindruckend, aber nur ganz selten wird über Sinn und Zielsetzung der Arbeit und ihren theologischen oder wissenschaftstheoretischen Bezugsrahmen (schriftlich) nachgedacht.

Trotzdem: Soweit es eine Diskussion gibt, tritt sie m. E. nicht auf der Stelle, und sie hat sich zuletzt in die Nähe der Thematik dieser Tagung bewegt. Das kann in folgenden, reichlich abgekürzten Umrissen vorgeführt und nachvollzogen werden (mein Bericht hebt primär auf die katholische Kirchengeschichtsschreibung ab[1]).

Die leitende Frage ist seit etlicher Zeit die, ob Kirchengeschichte als geschichtswissenschaftliches Fach Theologie ist, und wenn ja, wie sie anders Theologie ist als dadurch, daß sie an einer entscheidenden Stelle aufhört, Geschichtswissenschaft zu sein. Führende Vertreter der Kirchengeschichtsforschung in der Nachkriegszeit (vor allem H. Jedin, E. Iserloh)[2] hatten verlangt, daß die Kirchengeschichte als Heilsgeschichte, d. h. als „Gottes Handeln in der

---

[1] Über Bewertung und Theoretisierung der Kirchengeschichte in der evangelischen Theologie kann man sich einigermaßen informieren bei *C. Uhlig,* Funktion und Situation als Kirchengeschichte als theologischer Disziplin (Frankfurt – Bern – New York 1985). – Dem nachfolgenden Bericht liegt auch die Zusammenfassung von *H. R. Seeliger* (s. Anm. 2) 231–238 zugrunde.

[2] Aus der Literatur nenne ich drei Monographien, in denen sich die früheren Publikationen auffinden lassen: *H. R. Seeliger,* Kirchengeschichte – Geschichtstheologie – Geschichtswissenschaft. Analysen zur Wissenschaftstheorie und Theologie der katholischen Kirchengeschichtsschreibung (Düsseldorf 1981); *G. Ruppert,* Geschichte ist Gegenwart. Ein Beitrag zu einer fachdidaktischen Theorie der Kirchengeschichte (Hildesheim 1984); *C. Uhlig* (s. Anm. 1).

Geschichte" zu sehen und zu schreiben sei. Sie ist ein geschichtswissenschaftliches *und* theologisches Fach – Geschichtswissenschaft aufgrund ihrer Methode, Theologie durch ihren Gegenstand: das Material- und Formal-Objekt Kirche. Solche Theorie-Versuche wollten eine doppelte (nämlich theologische und historiographische) Verpflichtung der Kirchengeschichte als Wissenschaft beschreiben. Der Gegenstand „Kirche" wurde dazu nicht mit den methodischen Mitteln des Fachs gewonnen, sondern von der Dogmatik bezogen.

Deren „theandrische" Ekklesiologie (Kirche als „fortlebender Christus") sollte ein doppeltes (historisches und theologisches) Geschäft des Kirchengeschichtlers begründen. Von diesem Ansatz her mußte eine dualistische Sprache eingeführt werden, die sich im rein Postulatorischen betätigt und in der wissenschaftlichen Arbeit nicht anwendbar und für sie nicht hilfreich ist. Diese ekklesiologisch begründete Kirchengeschichte hat ihre heikle Eigentümlichkeit vor allem darin, „das kirchliche Handeln also nicht nur zum Stoff ihrer Darstellung, sondern zur erkenntnistheoretischen Voraussetzung ihrer Beschreibung (zu) machen" (P. Eicher).

Andere suchen die Kirchengeschichte im globalen Rahmen von Geschichtstheologien zu erklären (P. Tillich; H. U. v. Balthasar, K. Rahner, W. Pannenberg). Aber hier, so hat die Kritik eingewendet, wird – genau besehen – gar nicht Kirchengeschichte geschrieben, weil sie da vom Sinn der Geschichte überhaupt her gelesen wird und die Realgeschichte (auch die der Kirche) ständig vom antizipierten Ende der Geschichte her transzendiert wird. Hier wird Deutung ohne historische Wahrnehmungslehre vorgenommen. Auf rationale Erkenntnis wird verzichtet; alles Interesse gilt einer transzendenten Geschichte hinter der Geschichte.

In den Thesen der „hermeneutischen" Kirchengeschichtstheorie (N. Brox 1970, K. Schatz, K. Wittstadt 1975) wurde dann das Subjekt Kirchengeschichtler gezielter berücksichtigt als in der ekklesiozentrischen These und von dessen (gläubigem) „Interesse" und „Vorurteil" her, mit dem die Quellen bearbeitet werden, die Erforschung und Darstellung der Kirchengeschichte als Theologie qualifiziert. Kritiker dieses Konzepts sagen, daß dadurch die Kirchengeschichte lediglich gläubig (oder eine Nuance ironischer: fromm) gemacht sei und gleichzeitig damit das Prinzip vertreten werde:

Geschichte Englands nur von Engländern, Geschichte des Marxismus nur von Marxisten etc.

Gegen diese stark theologisch ambitionierten Theorien (besonders gegen den „heilsgeschichtlichen" Ansatz) wurde mehrfach die These vom nichttheologischen Charakter der Kirchengeschichte gestellt. Teils allerdings vermißt man dabei die Ausarbeitung wissenschaftstheoretischer Konsequenz aus dem kritischen Ansatz (E. Saurer), teils mündet er doch wieder in explizite Theologie (V. Conzemius; P. Stockmeier). Überzeugend durchgehalten ist er am ehesten in der Position von G. Alberigo, der voll und ganz in die Säkularisierung der Kirchengeschichte einwilligt in dem Sinn, daß die Kirchengeschichte vollständig und engagiert in den methodologischen Möglichkeiten der Geschichtswissenschaft bleibt. Ihr Gegenstand Kirche ist phänomenologisch, nicht dogmatisch umschrieben; ihr Weg ist die positive empirische Methode.

Inzwischen scheint mir die Theoriediskussion um die Kirchengeschichte über die Alternative „Theologie oder nicht" und über die damit verbundenen Dualismen oder Selbstbegrenzungen hinausgekommen oder jedenfalls mit Versuchen zu deren Überwindung befaßt zu sein. Und diese Versuche führen in die Nähe der Tagungs-Thematik, so daß seitens der Kirchengeschichte hier keine Fehlanzeige erstattet werden muß. Im Gegenteil. Es wird entschieden für die verstärkte Beachtung der Pragmatik plädiert, „statt Voraussetzungen und Topiken zu bedenken" (H. R. Seeliger[3]), so daß also der Einsatz einer präzisen Handlungs-Theorie fällig wird. Bislang war die Kommunikationssituation, in der die Kirchengeschichte steht, so sagt man, nicht reflexiv bedacht, also auch nicht bewußt praktiziert. Die Behebung dieses Defizits ist schon die positive Praxis einer adäquaten Wissenschaftstheorie der Kirchengeschichte. Fällig ist der Schritt von der theoretischen zur praktischen Vernunft auch in der Geschichtswissenschaft. Es muß die Balance gefunden werden zwischen dem Interesse der theoretischen Vernunft an Rationalität und dem Interesse an Vermittlung. Anders: Geschichtswissenschaft muß ein rationales Modell der Erklärung von Geschichte und auch ein ästhetisches Modell der Vermittlung

---

[3] Aus *Seeliger* (s. Anm. 2) 233–238, sind im folgenden öfter Formulierungen wörtlich entlehnt, als dies durch Zitatzeichen kenntlich gemacht ist.

entwickeln. Man braucht eine Kombinatorik, die in der Lage ist, sich kommunikativ auf Vergangenes zu beziehen. Und eben dazu besinnt man sich auf die Möglichkeiten der *Kommunikations-* und *Handlungstheorie.*

Zuvor muß klar sein: In der Geschichtswissenschaft gibt es keine Abbildungsobjektivität, keine „reine" Vergangenheit. Jede erklärende Geschichte ist eine organisierte Beschreibung früherer Ereignisse im Licht späterer. Es sind immer neue Beschreibungen möglich, – ein unabschließbarer Prozeß. Betroffen ist aber nur Vergangenheit (und allenfalls Gegenwart). Proleptische Ausgriffe auf künftige Geschichte sind „in den Augen der Geschichtswissenschaft nicht wahrheitsfähig". Aber im erklärenden Beschreiben des Vergangenen liegt die kritische Kraft der Geschichtswissenschaft: Sie sträubt sich gegen abgeschlossene Systeme des Wissens, ersetzt alte Plausibilitäten durch neue. Und neben dieses Modell von Rationalität in der Geschichtswissenschaft muß also ein Modell der Mitteilung treten, wenn die Ergebnisse solcher Geschichtswissenschaft nicht in private Ansichten und in Liebhabereien abgleiten sollen. Das wird wie folgt gesehen.

Die Historiker veranstalten die *Sprachhandlung* „Geschichtswissenschaft". Es ist nun nötig, den Kommunikationspartner in dieser Sprachhandlung ins Auge zu fassen. Die Kirchengeschichte ist in der günstigen Lage, ihn direkt ausmachen zu können. Es sind die Menschen in der Kirche und die, an welche sie sich wendet. Und daraus wird die *Definition* gewonnen: „Kirchengeschichte heißt also Kirchengeschichte nicht, weil Kirche als ihr (Material-)Objekt definiert würde – stets greift sie über den Rahmen innerkirchlichen Geschehens hinaus –, sondern weil sie im Kommunikationszusammenhang Kirche betrieben wird. Kirchengeschichte wird also nicht topisch, sondern pragmatisch definiert."

In diesem Zusammenhang also erzählt sie Geschichten aus der Vergangenheit des Christentums. Solche Geschichten sind durch Quellen ausgewiesen, sind vernünftig erklärbar und tragen dazu bei, „die Kirche besser zu verstehen, fremd Gewordenes zu erklären und Vertrautes in Frage zu stellen". – Nun erzählt das Christentum aber auch Ereignisse oder Geschichten, bevor sie geschehen sind: Eschatologie, Apokalyptik, Ende und Zukunft, Auferstehung – „Geschichten, die für den gemeinen Menschenverstand paradox sind". Der Historiker stößt aber auf diese Geschichten, weil er permanent auf den Glauben daran in der Geschichte stößt als auf ein Erzählpotential, das nur im Kommunikationszusammenhang Kirche lebendig ist. Der Kirchengeschichtler hat nun zwei Textsorten vor sich: die seiner geschichtswissenschaftlichen Geschichten und die der theologischen Geschichten (die Tradition redet von Welt- und Heilsgeschichte). Er kombiniert beide, jedoch so, daß er zwar die Übergänge markiert, aber unbedingt jede „unkenntliche Vermischung der Genera vermeidet". Dann „wird sich die Gegenwart als die Konstellation von Geschichte enthüllen, in der es für ihn zu glauben gilt ... an die Güte Gottes und die Gerechtigkeit dessen, der kommen wird, dieser Geschichte ein Ende zu machen".

Aber um „Gott in dieser Weise notwendig wahrzunehmen", darf Geschichte nicht anders vorgeführt werden als der Mensch sie sehen kann: „unabschließbar, theoretisch fragil, ohne die Möglichkeit, Hoffnungen zu deduzieren, zugleich aber ohne die Erzählung von Hoffnung unerträglich". – Bei dieser Arbeit an der Theoriebildung fällt auf: Der Theologie fehlt die umfassende Theorie der Texte und Textsorten, die sie fortgesetzt produziert bzw. verwendet zur Interpretation des Evangeliums. Solche Theorie müßte die Texte definieren im Handlungszusammenhang kirchlicher Kommunikation.

Die Diskussion ging in der hier eingeschlagenen Richtung noch ein Stück weiter durch P. Eicher[4], der erstmals in diesem Zusammenhang konsequent fragt, „ob und wie ein geschichtliches Handeln Gottes erfahren und beschrieben werden kann", und damit die prä-hermeneutische Redensart von „Gottes Handlungen in der Geschichte" beendet. Für eine Lösung greift er auf die *Sprechakt-* und *Handlungstheorie* zurück. Über den Zusammenhang von Sprechen und (kommunikativem) Handeln sowie mit Hilfe der Intentionalitätsprämisse („Das Handeln von jemandem erfahren heißt ..., seine Absicht kennenlernen, und das heißt die Intention seines Tuns verstehen") bieten sich nachvollziehbare Umschreibungen an, z. B. die, daß „vom Handeln Gottes nicht erst dann gesprochen werden kann, wenn etwas als von Gott bewirkt nachgewiesen wer-

---

[4] *P. Eicher*, Theologie. Eine Einführung in das Studium (München 1980) 130–136; ders., Zur Ideologiekritik der Kirchengeschichte: Kairos 23 (1981) 244–260.

den könnte ..., sondern dann, wenn es Gottes Intentionalität ausdrückt". Oder: „Wenn der Historiker erzählt, was Frühere geglaubt haben und wie sich ihr Glaube geschichtlich auswirkte, dann gibt er nicht Gott selbst das Wort, wie die Schrift und die Verkündigung, erzählt aber nichtsdestoweniger von einem kommunikativen Handeln, das in geschichtlichen Problemsituationen von Gottes sprechendem Wort Zeugnis geben *wollte*." „Daß ein Geschehen Intentionalität ausdrückt, daß jemand damit etwas *gewollt* hat, das kann man nur glauben. Und ‚glauben' heißt Anerkennung ... Anerkennen-Wollen. Die glaubende Wahr-Nehmung von Intentionen kann nicht bewiesen, wohl aber enttäuscht werden." Und in der Kirchengeschichte ist notwendig die Rede vom „Konflikt zwischen der im kirchlichen Handeln *verkündeten* Intentionalität des barmherzigen, treuen und gerechten Handelns Gottes und der sich *geschichtlich auswirkenden* Intentionalität der kirchlich Handelnden selbst. Die Kirchengeschichte wird ein theologisches Fach, wenn sie im Interesse des gegenwärtigen kritischen Verhältnisses von kirchlicher Verkündigung und kirchlichem Handeln die Geschichte dieses Verhältnisses erzählt."

Mit Hilfe von Sprechakt- und Handlungstheorie sind hier Fragestellungen der Theoriediskussion um die Kirchengeschichte zweifellos klarer und aufgeklärter gestellt, auch zu partiellen Antworten geführt worden. Die Funktionsbeschreibung für die Kirchengeschichte lautet allerdings noch etwas einseitig korrektiv. Aber der Ansatz und seine ersten Applikationen scheinen mir erfolgversprechend.

KOMMUNIKATIVE HANDLUNGEN
ALS SOZIALE LEBENSVOLLZÜGE AM
BEISPIEL VON UMKEHR UND VERSÖHNUNG

VI
Der Zuspruch des Vergebungswortes und die Dialektik des praktischen Vernunftgebrauchs
Überlegungen zur Ethik und Religionsphilosophie im Anschluß an Immanuel Kant und Hermann Cohen

Von Richard Schaeffler, Bochum

Zum Thema

Die folgenden Ausführungen lenken die Aufmerksamkeit von jener Theorie der Sprachhandlungen (speech acts), wie J. L. Austin und J. R. Searle sie entwickelt haben, zu einer älteren Form der Sprachhandlungstheorie zurück. Diese ist innerhalb der kantisch-neukantianischen Tradition entstanden. Die Absicht dieser Themenwahl besteht nicht darin, einem unbequemen Gesprächspartner der Theologie auszuweichen und sich einem bequemeren zuzuwenden. Zweifellos fällt das Gespräch zwischen Theologie und Analytischer Philosophie deshalb besonders schwer, weil diese sich, auch in ihren jüngeren Formen, von dem Erbe des Logischen Positivismus nur mühsam löst – auch wenn nicht bestritten werden kann, daß dieser Vorgang schon sehr weit fortgeschritten ist. Speziell Austins Theorie des „Handelns mit Worten" ist ausdrücklich dazu konzipiert worden, jenen ausufernden Sinnlosigkeitsverdacht in Grenzen zu weisen, der von Vertretern älterer Formen der Analytischen Philosophie gegenüber allen nichtempirischen Aussagen vorgebracht worden war. Dennoch soll nicht bestritten werden, daß die Analytische Philosophie auch in ihren jüngeren Formen von Theologen zumeist als befremdlich empfunden wird, während, nach anfänglichen Schwierigkeiten der Rezeption, ein positiveres Verhältnis der

Theologie zur Transzendentalphilosophie entstanden ist, so daß die Theologie sich auf vertrauterem Gelände bewegt, wenn ihr eine Theorie der Sprachhandlungen vorgestellt wird, die aus der Tradition kantisch-neukantianischen Denkens erwachsen ist. Aber nicht ein derartiger Rückzug vom „Unbequemen" zum „Vertrauten" bestimmt die Themenwahl der folgenden Ausführungen. Sie resultiert vielmehr aus einem historischen und einem argumentationssystematischen Grund.

Der *historische Grund* der Themenwahl kann auf folgende Weise beschrieben werden: Jener Übergang von der Analyse logischer Funktionen zur Analyse sprachlicher Strukturen, der heute nicht selten als „linguistische Wendung" bezeichnet und auf den Einfluß Wittgensteins und der englischen Analytischen Philosophie zurückgeführt wird, ist innerhalb der kantianischen Tradition schon einmal vollzogen worden; dabei wurde, längst vor Austin, schon einmal, wenigstens in Ansätzen, eine Theorie der „Sprachhandlungen" entwickelt. Für eine solche Theorie der Sprachhandlungen hat Hermann Cohen das Gebet als Paradigma gewählt; und an diesem Paradigma konnte er Unterschied und Zusammenhang zwischen Sittlichkeit und Religion auf eine Weise verdeutlichen, der auch heute noch, in einer philosophiehistorisch veränderten Situation, wertvolle Hinweise abgewonnen werden können. Dies gilt vor allem dann, wenn es darum geht, die „Lebensvollzüge" derjenigen Sprach- und Handlungsgemeinschaft zu bestimmen, innerhalb derer die Sprachhandlung des Gebets vollzogen werden kann: der religiösen Gemeinde bzw. der Kirche.

Der *argumentationssystematische Grund* der Themenwahl aber läßt sich auf folgende Weise deutlich machen. Austin und Searle beschreiben Vorgänge, in denen es gelingt, „mit Worten zu handeln", und fragen nach den Bedingungen dafür, daß solches Handeln „glückt" (vgl. Austins berühmt gewordene Vorlesungsreihe: „Wie man mit Worten handelt"). Aber sie fragen nicht, auf Grund welcher Sachnotwendigkeit solche Sprachhandlungen vollzogen werden. Sie stellen zweitens zwar fest, daß gewisse Regeln eingehalten werden müssen, wenn sprachliche Ausdrücke wirksam sein wollen, daß die Geltung dieser Regeln eine Gemeinschaft voraussetzt, innerhalb derer sie „akzeptiert" werden, schließlich, daß diese Gemeinschaft und das in ihr akzeptierte Regelsystem „institutionellen" Charakter haben, d. h. Funktionsnachfolge möglich machen. Aber auch diese Bedeutung von Institutionen für die Wirksamkeit von Sprachhandlungen wird nur an Beispielen abgelesen, nicht aus Gründen hergeleitet. Und damit hängt es drittens zusammen, daß die Regeln selbst, durch die derartige Institutionen konstituiert und sprachliche Äußerungen wirksam vollzogen werden, als „konventionale Verfahren" beschrieben werden. Die Frage, an welchen Kriterien derartige „Konventionen" gemessen werden müssen, wird in diesem Zusammenhang nicht gestellt. Ja man wird sagen müssen: In der Argumentationssystematik der Analytischen Philosophie scheint weder für derartige Fragen noch für ihre Beantwortung ein Ort offenzustehen.

Dieser dreifache Mangel, so wird zu zeigen sein, läßt sich beheben, wenn auf ältere Ansätze einer Sprachhandlungstheorie zurückgegriffen wird, die aus dem Argumentationszusammenhang kantisch-neukantianischer Transzendentalphilosophie und Ethik erwachsen sind – wenigstens für den Spezialfall *religiöser* Sprachhandlungen und derjenigen Gemeinschaft, innerhalb derer religiöse Sprachhandlungen wirksam vollzogen werden können. Die Argumentationsabsicht, auf die die folgenden Überlegungen abzielen, kann daher vorwegnehmend so umrissen werden:

a) *Die Tatsache, daß religiöse Sprachhandlungen vollzogen werden,* ist nicht nur empirisch feststellbar, sondern *kann aus einer Sachnotwendigkeit erklärt werden.* Denn jene Dialektik des praktischen Vernunftgebrauchs, die Kant beschrieben hat, kann nicht durch bloße Postulate des Denkens aufgehoben werden; zur wirksamen Aufhebung dieser Dialektik sind vielmehr, wie vor allem H. Cohen gezeigt hat, spezifische Sprachhandlungen notwendig.

b) *Die Tatsache, daß diese Sprachhandlungen nur in spezifisch gearteten Sprachgemeinschaften wirklich vollzogen werden können* und daß diese Sprachgemeinschaften den Charakter von Institutionen haben, d.h. Funktionsnachfolge möglich machen, läßt sich nicht nur durch Beispiele belegen. Sie *ist aus der Eigenart der Sprachhandlungen selber ableitbar.* Was nämlich die spezifisch religiösen Sprachhandlungen betrifft, so handelt es sich dabei um sprachliche Äußerungen, die auf charakteristische Weise zwei Merkmale miteinander verknüpfen. Diese Äußerungen sind „äußeres Wort", das dem Menschen zugesprochen werden muß, und zugleich „inneres Wort", in welchem er die Stimme seiner eigenen Vernunft wiedererkennt. Ein solches Wort ist weder das reine „Verbum mentis", das der Mensch als Vernunftwesen zu sich selber spricht, noch das rein „äußere Wort", das ihm ein anderer Mensch aus seiner eigenen persönlichen Einsicht und Absicht heraus sagen kann. Religiös gesprochen: Es handelt sich um „das Zeugnis des Geistes an unseren Geist", oder philosophisch gesprochen: um eine Anrede, durch die der Mensch zu einer Antwort seiner Vernunft erst ermächtigt wird. Ein solches Wort aber kann zwischen Sprechern und Hörern nur in Anrede und Antwort ausgetauscht werden, wenn es als „anvertrautes Wort" weitergegeben wird. Dies aber impliziert Funktionsnachfolge und deshalb eine Institution.

c) *Die Tatsache schließlich, daß Sprachhandlungen nur dann wirksam vollzogen werden können, wenn die Mitglieder einer Sprachgemeinschaft gewisse Regeln anerkennen, ist* nicht nur als Folge einer „Konvention" zu deuten; vielmehr ist diese gemeinsame Anerkennung konstitutiver Regeln *aus einer Sachnotwendigkeit heraus zu begreifen; und diese Sachnotwendigkeit impliziert zugleich Kriterien, an denen die Sprachgemeinschaft und ihr Regelsystem gemessen werden können.* Wenn nämlich die soeben angedeutete These zutrifft, daß die Notwendigkeit religiöser Sprachhandlungen darauf beruht, daß sie unentbehrlich sind, um die Dialektik des praktischen Vernunftgebrauches wirksam aufzulösen, dann ergibt sich daraus jene kritische Anfrage, vor der sich religiöse Sprachhandlungen, Sprachgemeinschaften und Regelsysteme bewähren müssen: Machen sie gerade diejenigen Sprachhandlungen möglich, die dazu tauglich sind, die Vernunft in ihrem praktischen Gebrauch über jenen Widerspruch mit sich selbst hinauszuführen, der zwar unvermeidlich auftritt, in welchem die Vernunft aber nicht verharren darf, wenn sie sich nicht selbst zerstören soll?

d) *An diesem Maßstab muß auch die christliche Kirche und ihr Dienst an der Versöhnung gemessen werden.* Sind die sprachliche Gestalt und der institutionelle Vollzug der Sprachhandlungen von Gebot, Gebet und Vergebungszusage, wie sie zu den Lebensvollzügen der christlichen Kirche gehören, von solcher Art, daß sie geeignet sind, die Dialektik des praktischen Vernunftgebrauchs wirksam aufzuheben?

Es wird zu zeigen sein, daß die christliche Ekklesiologie und

Sakramentenlehre spezifische Ansätze zur Beantwortung dieser Frage enthalten. Dennoch bleibt zu fragen, ob die kirchliche Praxis von Gebot, Gebet und Zusage des Vergebungswortes sich so eindeutig an diesen spezifisch christlichen Ansätzen orientiert, daß diese Lebensvollzüge der Kirche eben jene Aufgabe erfüllen können, die in den folgenden Überlegungen als „Aufhebung der Vernunftdialektik durch wirksame Sprachhandlungen" beschrieben werden wird.

I. Das Problem:
Freiheit des Akts und Notwendigkeit des Inhalts

1. Sittlichkeit als eine spezifische Qualität von einzelnen Handlungen oder der Lebensgestaltung im ganzen unterscheidet sich von aller naturhaften Notwendigkeit und aller Nötigung durch gesellschaftliche Zwänge durch das Bewußtsein der Freiheit; andererseits unterscheidet sie sich durch das Bewußtsein von einer spezifischen Notwendigkeit von aller Beliebigkeit dessen, was ohne Gefahr für die Identität des Subjektes „so, aber auch anders geschehen könnte". Das Bewußtsein der Freiheit kann sich in Sätzen aussprechen wie: „Nur was aus meiner eigenen Entscheidung hervorgeht, rechne ich mir selber zu." Das Bewußtsein der Notwendigkeit kann sich in Sätzen aussprechen wie: „Ich würde mich selbst verraten, wenn ich anders handeln wollte", oder: „Ich würde mich selbst verderben, wenn ich mein Leben anders gestalten wollte." *Eine Theorie der Sittlichkeit hat deshalb die Aufgabe, die Bedingungen freizulegen, die jene Einheit von Freiheit des Entscheidungsaktes und Notwendigkeit des Entscheidungsinhaltes möglich machen, durch welche sittliche Handlungen und sittliche Lebensgestaltung ausgezeichnet sind.*

II. Ein Lösungsansatz:
Sittlichkeit als praktischer Vernunftgebrauch

2. Bei dem Bemühen, eine Theorie der Sittlichkeit zu gewinnen, legt sich der Vergleich mit dem Erwerb argumentativ gesicherter Erkenntnis nahe. Denn auch bei diesem Erkenntniserwerb sind Freiheit und Notwendigkeit miteinander verbunden. Der Akt des

Erkennens ist von allem verschieden, wozu der Mensch naturhaft genötigt oder durch soziale Abhängigkeiten gezwungen werden kann. Aber der Inhalt argumentativ gesicherter Erkenntnis ist durch die Strenge der Methode und durch den logischen Zwang der Argumente aller Beliebigkeit des erkennenden Subjektes entzogen. Solche Freiheit des Erkenntnis*aktes* bei gleichzeitiger Unbeliebigkeit aller Erkenntnis*inhalte* scheint ein *Kennzeichen der Vernunfttätigkeit* zu sein. Was die Vernunft erkennen soll, das muß sie in freier Selbsttätigkeit gewinnen (im Gegensatz zu den Sinneseindrücken, die naturhaft durch fremde Einflüsse ausgelöst werden, aber auch im Gegensatz zu einer Reihe von Affektregungen, die durch physische oder soziale Nötigung hervorgerufen werden). Aber was die Vernunft erkennen soll, das muß zugleich durch logische Gesetze als „zwingend erwiesen" gelten (im Gegensatz zum Spiel der Phantasie, das von dem Bewußtsein begleitet werden kann, stets auch anders „gespielt" werden zu können). Argumentativ gesicherte Erkenntnis ist, so verstanden, eine Äußerung der Vernunft in ihrem theoretischen Gebrauch. Nun ist auch in der Sittlichkeit von einzelnen Handlungen oder der ganzen Lebensgestaltung die Freiheit des Aktes mit der Notwendigkeit dessen, was dieser Akt sich zum Inhalte macht, unlöslich verbunden. Es liegt daher nahe, *die Sittlichkeit* nach der Analogie argumentierender Erkenntnis zu deuten. Dann versteht man sie *als Ausdruck der „Vernunft in ihrem praktischen Gebrauch"*. Und es darf hinzugefügt werden: Auch in den jüngeren Diskussionen zur Ethik sind keine Alternativen sichtbar geworden, um den Zusammenhang von Freiheit des Entscheidungsaktes und moralischer Notwendigkeit des Entscheidungsinhaltes besser zu deuten.

3. Die Freiheit *des theoretischen Vernunftgebrauchs* äußert sich darin, daß die Regeln, die die Ergebnisse der Argumentation aller Beliebigkeit entziehen, dem Erkennenden durch keine äußere Instanz vorgeschrieben werden können, sondern ihre Verbindlichkeit für das erkennende Subjekt nur dadurch gewinnen, daß dieses in diesen Regeln die Gesetzgebung seiner eigenen Vernunft wiedererkennt. Die Freiheit des Erkennens beruht, so verstanden, auf der Selbstgesetzgebung der Vernunft. Die Notwendigkeit des theoretischen Vernunftgebrauches aber äußert sich darin, daß Argumente, wenn sie logisch schlüssig sind, davon unabhängig bleiben, wer sie

vorbringt und gegen wen (bzw. gegen wessen Ansichten) sie vorgebracht werden. Die Notwendigkeit der Argumentationsergebnisse impliziert deshalb die Vergleichgültigung der Differenz zwischen den urteilenden Subjekten. Wenn nun Freiheit und Notwendigkeit *des praktischen Vernunftgebrauchs* nach dieser Analogie gedeutet werden, dann gelten auch die Regeln, nach welchen Handlungsalternativen gegeneinander abgewogen werden, als Regeln der Freiheit; denn der Handelnde kann durch keine äußere Instanz zur Einhaltung dieser Regeln genötigt werden, sondern nur dadurch, daß er in ihnen die Gesetzgebung seiner eigenen Vernunft wiederentdeckt. So beruht auf sittlichem Gebiete, ebenso wie auf dem Gebiete des theoretischen Urteils, Freiheit auf der Selbstgesetzgebung der Vernunft. Und die Notwendigkeit, die die sittlichen Regeln dem handelnden Subjekt auferlegen, äußert sich darin, daß es für das praktische Vernunfturteil (d. h. das handlungsanleitende Urteil über das, was zu tun und zu lassen sei) gleichgültig ist, wer es ausspricht und gegen wen (bzw. gegen wessen Absichten) es vorgebracht wird. Die Notwendigkeit der sittlichen Einsicht impliziert deshalb die Vergleichgültigung aller Differenz zwischen den handelnden Subjekten, soweit es um die Bewertung der Regeln geht, an denen Handlungsabsichten gemessen werden. *Im theoretischen wie im praktischen Vernunftgebrauch ist nach dieser Deutung die Vergleichgültigung der Individuen die Folge der Selbstgesetzgebung der Vernunft.*

4. Weil die Autonomie der Vernunft, wie sie exemplarisch an der Verbindlichkeit logischer Argumentationsregeln abgelesen wurde, die Vergleichgültigung aller Differenzen zwischen den individuellen Subjekten, ihren Ansichten und Absichten, verlangt, wird das Vernunftgesetz von den Individuen als ein Anspruch erfahren, der Unterwerfung verlangt. Die Vernunft in allen Individuen ist autonom; die Individuen als solche haben zu gehorchen.

Für den *theoretischen Vernunftgebrauch* ist dies offenkundig. Hier gilt die Regel: „Behaupte nur, was sich durch Argumente begründen läßt; leite also die Entscheidung theoretischer Alternativen (die Abwägung zwischen möglichen Antworten auf eine identische Frage) nur aus solchen Regeln ab, die die Differenz der individuellen Ansichten der individuellen Subjekte hinter sich lassen". Solange bei einer theoretischen Aussage noch sinnvoll gefragt werden kann: „Wer sagt denn das?", kann diese Aussage nicht als zureichend begründet gelten. Der zureichend begründete Satz ist daran erkennbar, daß es für seine Geltung gleichgültig ist, wer ihn ausspricht.

Wird die Selbstgesetzgebung der Vernunft in ihrem *praktischen Gebrauch* nach diesem Modell gedacht, dann ergibt sich die Regel: Tue nur, was sich durch Berufung auf vernünftige Gründe rechtfertigen läßt; leite also die Entscheidung praktischer Alternativen (die Abwägung zwischen möglichen Handlungen in der gleichen Situation) nur aus solchen Regeln ab, die die Differenz der individuellen Absichten der je individuellen Subjekte hinter sich lassen. Solange bei einer praktischen (d. h. handlungsanleitenden) Anweisung noch sinnvoll gefragt werden kann: „Wer will denn das?" (bzw. „Cui bono?") kann die Entscheidung, die in dieser praktischen Anweisung zum Ausdruck kommt, noch nicht als zureichend gerechtfertigt gelten. Die zureichend gerechtfertigte praktische Entscheidung ist daran erkennbar, daß es für ihre sittliche Qualität gleichgültig ist, wer sie gefällt hat. „Handle nur nach der Maxime, durch die du zugleich wollen kannst, daß sie zur Grundlage einer allgemeinen Gesetzgebung werde." *Auf solche Weise erscheint die Ethik der Praxis als das genaue Spiegelbild einer Ethik der Wissenschaft, die dem Individuum gebietet, nur das als wahr zu behaupten, was „im Namen aller Vernunftsubjekte" behauptet werden kann.*

5. Dabei darf angemerkt werden: Ein solches Ethos der theoretischen bzw. praktischen Selbstlosigkeit, die vom Individuum verlangt, seine theoretischen und praktischen Entscheidungen nur dann als begründet bzw. gerechtfertigt gelten zu lassen, wenn diese Entscheidungen „im Namen aller" gefällt werden können, definiert in diesem Zusammenhang zugleich die Kriterien für die Unterscheidung des „objektiv Gültigen" vom „bloß subjektiv Gemeinten bzw. Erstrebten". Insofern hat dieses Ethos zugleich transzendentale, d. h. die Möglichkeitsbedingungen von Gegenständen (Objekten) definierende Bedeutung. Denn so offenkundig es ist, daß *Phantasie* dazu gehört, in der Wirklichkeit, die uns umgibt, Möglichkeiten zu entdecken, die wir handelnd realisieren können, und so unstrittig es ist, daß *Erfahrung* notwendig ist, um die möglichen Folgen unseres Verhaltens abzuschätzen, und so selbstverständlich es ist, daß die Fähigkeit *konkreter Intersubjektivität* notwendig ist,

um die Bedeutung dieser Folgen unserer Handlungen für fremde Menschen zu verantworten, so bleibt doch die Frage: *Wodurch gewinnen diese Handlungsmöglichkeiten den Charakter sittlicher Notwendigkeit?* Diese Notwendigkeit nötigt uns, unsere *sittliche Identiät* an derartige Handlungen zu binden, so daß wir, um eine an früherer Stelle gewählte Formulierung zu wiederholen, sagen können: „Ich müßte mich selbst verachten, wenn ich anders handeln wollte". Woher stammt, konkreter gesprochen, die Unterscheidung zwischen unserer *physischen Identität,* die möglicherweise erhalten bleiben kann, auch wenn wir nicht tun, was wir moralisch „müssen", und unserer *sittlichen Identität,* die im Extremfall die Opferung unserer physischen Existenz von uns verlangen kann? Und weiterhin: Wie unterscheidet sich ein ebenso weltzerstörender wie selbstmörderischer Fanatismus von dem Bewußtsein sittlicher Notwendigkeit? Und es scheint: All diese Fragen lassen sich nicht anders beantworten als dadurch, daß *die Vernunft* es ist, die von uns verlangt, unsere individuellen Bedürfnisse zu vergleichgültigen, um *„im Namen aller"* zu handeln. Nur diese Vernunft verleiht subjektiven Absichten (ähnlich wie subjektiven Ansichten) objektive Gültigkeit.

6. De facto freilich geschehen die Abwägungen theoretischer Antwortalternativen und praktischer Handlungsalternativen nicht in einer universalen, die ganze Menschheit umfassenden Dialoggemeinschaft, sondern in partikulären Argumentationsgemeinschaften, z. B. im beschränkten Kreise von Fachgenossen. Aber im Rahmen des hier skizzierten Ethos der Wissenschaft bzw. der Praxis gelten diese partikulären Argumentationsgemeinschaften nur in dem Maße als tauglich zur Erfüllung ihrer Aufgaben, in welchem sie sich der regulativen Idee unterstellen, sich zur universalen Forschergemeinschaft bzw. zur universalen Handlungsgemeinschaft zu erweitern. Die *universale* Argumentations- und Handlungsgemeinschaft gilt deshalb (z. B. im Rahmen von Apels transzendentaler Sprachpragmatik) zugleich als die *ideale,* und dies im doppelten Sinne des Wortes: Einerseits stellt sie eine Zielvorstellung (Idee) dar, an der die Entwicklung konkreter Argumentationsgemeinschaften gemessen wird; sie ist, mit dem frühen Kant gesprochen, ein „terminus, quem ratio sibi exposcit atque praesumit". Andererseits aber wird erst sie die Funktion aller Argumentations- bzw.

Handlungsgemeinschaften optimal (ideal) erfüllen können. *So definiert die regulative Idee der Vernunftautonomie zugleich das Ziel eines historischen Prozesses, in dessen Verlauf sich die Verfahren theoretischer und praktischer Entscheidungsfindung so verändern, daß dadurch eine universale und zugleich ideale Argumentationsgemeinschaft bzw. Handlungsgemeinschaft möglich wird.*

III. Rehabilitierung des Individuums innerhalb einer Theorie der Sittlichkeit

7. Die regulative Idee, Objektivität durch einen Vernunftgebrauch zu erreichen, der die Differenz der Individuen gleichgültig macht, erscheint zwar plausibel, wenn das Ethos der Wissenschaft beschrieben werden soll. Die gleiche Idee stößt aber auf Schwierigkeiten, wenn sie das Ethos der Praxis beschreiben will. Denn auf diese Weise scheint es unmöglich, die unvertretbare individuelle Verantwortung für die sittliche Entscheidung und damit zugleich die Würde des sittlichen Subjekts angemessen zur Geltung zu bringen.

8. In diesem Zusammenhang gewinnt eine Warnung an Aktualität, die Hermann Cohen zu Beginn unseres Jahrhunderts formuliert hat: „Was ist der Sinn des Menschenbegriffs in der Ethik? [...]. Der Menschheit in seiner Person unterwirft sich der Mensch [...]. Sollte das etwa der Höhepunkt der Ethik werden, daß das Individuum vergehen muß vor und in der Allheit der Menschheit? [...]. Diese Konsequenz muß ein Irrtum sein" (Der Begriff der Religion im System der Philosophie, Gießen 1915, 52f).

Wem es um eine Rehabilitierung des Individuums zu tun ist, der kann sich nicht nur auf Hermann Cohen, sondern auch auf dessen jüngeren Freund Franz Rosenzweig berufen, der dem philosophischen Begriff der Vernunft (vor allem im Verständnis Hegels) sein Bekenntnis zum „ganz gewöhnlichen Privatsubjekt" entgegengesetzt hat: „Die philosophische Vernunft steht auf ihren eigenen Füßen, sie ist sich selbst genug. Alle Dinge sind in ihr begriffen, und am Ende begreift sie sich selber [...]. Nachdem sie also alles in sich aufgenommen und ihre Alleinexistenz proklamiert hat, entdeckt plötzlich der Mensch, daß er, der doch längst philosophisch Verdaute, noch da ist [...]. Ich ganz gemeines Privatsubjekt, Ich Vor- und Zuname, Ich Staub und Asche, Ich bin noch da" (Urzelle zum ‚Stern der Erlösung', in: Kleinere Schriften, Berlin 1937, 357–372, 359).

Doch innerhalb einer ethischen Reflexion kann eine derartige Rehabilitierung des Individuums nicht abseits von denjenigen Überlegungen gelingen, die die Vereinigung von Freiheit und Notwendigkeit im sittlichen Akt zu ihrem Thema haben, folglich auch nicht abseits einer Theorie der „Vernunft in ihrem praktischen Gebrauche". Eine solche Theorie des praktischen Vernunftgebrauchs läßt sich nicht äußerlich begrenzen, auch nicht im Namen einer Rehabilitierung des Individuums, sondern nur durch den Nachweis einer Dialektik, die innerhalb des praktischen Vernunftgebrauches selber auftritt und die sittliche „Vergleichgültigung des Individuums" mit der „sittlichen Unvertretbarkeit individueller Verantwortung" zu einer spannungsreichen Einheit verknüpft. Nur so gerät das Individuum in seiner spezifischen Qualität als *sittliches* Individuum überhaupt in den Blick. *Eine Rehabilitierung des sittlichen Individuums ist also nur möglich, wenn es gelingt, eine für den praktischen Vernunftgebrauch konstitutive Dialektik nachzuweisen.* Eine solche Dialektik des praktischen Vernunftgebrauchs hat schon Kant nachzuweisen versucht. Auf seine Argumentation kann hier nur in drei kurzen Thesen hingewiesen werden.

9. Die Dialektik des praktischen Vernunftgebrauchs zeigt sich zunächst in der Weise, wie das Individuum zum *Objekt* der Beurteilung durch die „unparteiische Vernunft" wird. Denn diese unparteiische Vernunft verlangt *vom Individuum,* daß es um der Reinheit seiner Gesinnung willen seine Neigungen und Interessen vergleichgültigt, um nur nach derjenigen Regel zu handeln, von der es zugleich wollen kann, daß sie zur Grundlage einer allgemeinen Gesetzgebung gemacht werde. Zugleich aber verlangt das Sittengesetz *von der Vernunft,* daß sie sich dieser sinnlich begründeten Bedürfnisse und Neigungen des Individuums „annimmt", und zwar um der Gerechtigkeit willen. Diese verbietet, sich damit abzufinden, daß unabweisliche Bedürfnisse der Individuen unerfüllt bleiben, es sei denn, diese hätten ihr Unglück selbst verschuldet.

10. Die besondere Weise, wie das Individuum zum *Objekt* des Vernunfturteils wird – nämlich zum Objekt eines Urteils darüber, in welchem Maße es durch sittliche Tugend der Erfüllung seiner sinnlichen Bedürfnisse und Neigungen würdig geworden sei – setzt

zugleich eine *Dialektik dieser Subjektivität* voraus: Das Subjekt *sinnlicher Bedürfnisse ist mit dem Subjekt sittlicher Entscheidungen identisch.* Diese Identität des Subjekts zweier wesensverschiedener Weisen der Subjektivität zeigt sich darin, daß das Sittengesetz zwar aus der Selbstgesetzgebung der reinen Vernunft hervorgeht, vom Individuum aber als *Gebot* erfahren wird, das *Gehorsam* verlangt. Dieser Akt des Gehorsams gegen ein Gebot ist nur *nötig,* weil der Mensch Sinnenwesen ist (also Interessen hat, die dem Sittengesetz widerstreiten); zugleich aber ist der Akt des Gehorsams nur *möglich,* weil der Mensch Vernunftwesen ist (also in der „Achtung fürs Gesetz" die hinlängliche Triebfeder des Gehorsams besitzt). Aber dieser Akt des Gehorsams kann weder der Vernunft noch der Sinnlichkeit im Menschen zugeschrieben werden (als bloßes Vernunftsubjekt *bräuchte* er nicht zu gehorchen, als bloßes Sinnenwesen *könnte* er es nicht), sondern nur seiner „zugleich" vernünftigen und sinnlichen Individualität.

11. Die Dialektik des Gehorsamsaktes macht jedoch nicht nur die Doppelnatur des Menschen als eines zugleich vernünftigen und sinnlichen Wesens offenbar, sondern auch einen Zwiespalt in seiner Qualität als sittliches Subjekt. Der Mensch erscheint zum Gehorsam deswegen *fähig,* weil er den guten Willen schon hat (andernfalls könnte er dem Sittengesetz nicht seine freie Zustimmung geben). Wäre die Achtung für das Gesetz nicht das ausschlaggebende Motiv seiner Entscheidung, so könnte ihn nichts zum Gehorsam bewegen. Andererseits scheint der Mensch nur deshalb des Gehorsams *bedürftig* zu sein, weil er den guten Willen noch nicht hat (andernfalls müßte er sich zur praktischen Zustimmung gegenüber dem Sittengesetz nicht immer neu entschließen). Aufgrund des guten Willens, den das Individuum schon hat, ist es fähig, den Anspruch des Sittengesetzes in freiem Urteil *anzuerkennen;* im Hinblick auf den guten Willen, den es noch nicht hat, ist das Individuum genötigt, sich selbst *moralisch anzuklagen.*

Aufgrund der Festigkeit seines moralischen Entschlusses ist es berechtigt, einen beständigen Fortschritt zum Besseren zu *erhoffen;* aber gerade im Hinblick darauf, daß es Besserung nötig hat, muß das Individuum seine sittliche Unvollkommenheit erkennen und ist genötigt, sich zu jedem Zeitpunkt seines Lebens als vor dem Sittengesetz versagend zu *verurteilen.*

Dabei erfährt das Individuum den Anspruch des Sittengesetzes, seine Anklage und Verurteilung, aber auch den Zuspruch der Hoffnung auf stetige Besserung einerseits als sein eigenes Wort, als das Urteil seiner eigenen Vernunft. Insofern es dagegen das Sittengesetz als ein Gebot erfährt, dem es wie einem fremden Geheiß zu gehorchen hat, vor dessen Anklage es als Angeklagter erscheint, ja sofern sogar die erhoffte Stetigkeit des Fortschritts zum Besseren ihm als Anzeichen seiner bleibenden Unvollkommenheit erscheint und damit als Grund seiner Verurteilung erfahren wird, erscheinen ihm Anspruch, Anklage und Hoffnungszusage zugleich als ein äußeres Wort, das es sich nicht selber sagen kann, sondern hören muß.

Der Anspruch der Vernunft ist ein Gesetz, das das sittliche Individuum in seiner Eigenschaft als Vernunftwesen sich selber gibt, und doch zugleich ein *Gebot,* das es vernimmt. Das Urteil der Vernunft in ihrem praktischen Gebrauch spricht das sittliche Individuum in redlicher Selbstkritik über sich selbst, und doch erfährt es dieses Urteil zugleich als eine *Anklage,* durch die es zur Verantwortung gerufen wird. Und selbst die Gewißheit fortschreitender Besserung ist einerseits auf die Festigkeit seines eigenen guten Willens gegründet und wird doch andererseits als ein *Trostwort* erfahren, das dem sittlichen Individuum von einem „guten Geiste" zugesprochen wird, „wenn uns unsere Fehltritte wegen ihrer Beharrlichkeit besorgt machen" (Die Religion innerhalb der Grenzen der bloßen Vernunft A 86). *Die Dialektik des Gehorsamsaktes läßt Anspruch, Urteil und Zuspruch der Vernunft als inneres und zugleich als äußeres Wort erfahren.*

IV. Ein Übergang von der Ethik zur Religionsphilosophie

12. Durch den Doppelcharakter, inneres Wort zu sein, das die Vernunft im Menschen selber spricht, zugleich aber äußeres Wort, das der Mensch sich zusprechen lassen muß, tragen Gebot, Urteil und Hoffnungszusage Merkmale an sich, die seit alters als Unterscheidungsmerkmale des göttlichen Wortes verstanden worden sind: Dieses Wort spricht nicht „draußen", sondern „drinnen" (mit Augustin gesagt: „noli foras ire"); aber es spricht „drinnen" als ein

dem Menschen unendlich überlegenes Wort (noch einmal mit Augustin gesagt: „in me supra me"). Daraus ergibt sich die Möglichkeit, dieses zugleich innere und äußere Wort *als Gotteswort zu deuten,* d. h. unsere Pflichten „als göttliche Gebote", unsere Selbstanklagen als „Anklagen vor Gottes Richterstuhl", unsere Hoffnung als „Zuspruch eines göttlichen Parakleten" zu begreifen.

13. Was in den bisherigen Überlegungen *als bloße Möglichkeit* erschien – die Stimme der Vernunft in ihrer doppelten Gegebenheitsweise als inneres Wort und als äußere Anrede zugleich als Gottes Gebot, Urteil und Zusage zu deuten – erweist sich in einem weiteren Schritt *als Notwendigkeit.* Denn das Sittengesetz, ausschließlich als die Stimme der Vernunft im sittlichen Individuum verstanden, reicht zwar dazu aus, dieses Individuum zur Selbstverurteilung zu veranlassen, „so daß der Ankläger in uns eher noch auf ein Verdammungsurteil antragen würde" (Die Religion innerhalb der Grenzen der bloßen Vernunft A 95); aber es reicht nicht dazu aus, die Erfüllung dessen, was das Sittengesetz fordert, möglich zu machen, denn „wie es nun möglich sei, daß ein natürlicherweise böser Mensch sich selbst zum guten Menschen mache, das übersteigt alle unsere Begriffe; denn wie kann ein böser Baum gute Früchte bringen?" (a. a. O. A 46).

Ein Gebot aber, das etwas verlangt, was es zugleich als unmöglich erweist (nämlich die Besserung des sittlichen Zustandes durch einen menschlicheren Willen, der schon gut sein müßte, um dem Gebot gehorchen zu können, der aber nicht mehr zu gehorchen bräuchte, wenn er schon gut wäre) – ein solches Gebot wäre in sich widersprüchlich und könnte folglich nicht mehr als ein Gebot der *Vernunft* verstanden werden. In diesem Zusammenhang wird die Hoffnung auf einen „Urteilsspruch aus Gnade" zu der einzig möglichen theoretischen Annahme, die geeignet ist, den Widerspruch der Vernunft in ihrem praktischen Gebrauche aufzuheben. „Denn damit das, was bei uns [...] immer nur im bloßen Werden ist" [die Annäherung an den sittlichen Zustand, den das Gebot von mir verlangt], „uns gleich als ob wir schon hier im vollen Besitze desselben wären, zugerechnet werde, dazu haben wir doch wohl keinen Rechtsanspruch [...]. Es ist also immer nur ein Urteilsspruch aus Gnade" (a. a. O.). Ein solcher Urteilsspruch aus Gnade aber kann nur dann erhofft werden, wenn das Gebot und die Anklage als

Wort dessen begriffen werden, der auch zum wirksamen Gnadenurteil fähig ist. Die „*Erkenntnis unserer Pflichten als göttlicher Gebote*" *und die Hoffnung auf die Rechtfertigung des Sünders durch den „Urteilsspruch aus Gnade" bilden die zwei Seiten des einen Postulates, das allein dazu geeignet ist, den Widerstreit der praktischen Vernunft mit sich selber aufzulösen.*

Die Rehabilitierung des Individuums im Rahmen einer Theorie der Sittlichkeit ist also nicht anders möglich als dadurch, daß die Existenz eines Gottes postuliert wird, als dessen Gebote wir unsere Pflichten verstehen und von dessen Urteilsspruch aus Gnaden wir die Befähigung zur Einhaltung dieser Gebote erhoffen können.

V. *Übergang zur Theorie religiöser Sprachhandlungen und zum Verständnis der religiösen Gemeinde*

Von dem Gesagten aus wird verständlich, daß die Religion, wie Kant sie versteht, nämlich als „Erkenntnis unserer Pflichten als göttlicher Gebote" (Die Religion innerhalb der Grenzen der bloßen Vernunft A 216), zugleich diejenige Frage beantwortet, die „alles Interesse der Vernunft, der spekulativen sowohl als der praktischen, vereinigt", nämlich die Frage: „Was darf ich hoffen?" (Kritik der reinen Vernunft A 806 f). Der gleiche Zusammenhang macht verständlich, daß Hermann Cohen überzeugt ist, die Hoffnung auf die Vergebungsgnade bilde denjenigen Inhalt vernünftigen Denkens, der allein ein philosophisches Reden von Gott möglich macht. „Das Wesen Gottes ließe sich nicht in seiner Vollendung begrifflich erkennen, wenn nicht die Sündenvergebung seine eigentliche Leistung wäre" (Religion der Vernunft aus den Quellen des Judentums 243). Denn nur kraft der Hoffnung auf Sündenvergebung „umstrahlt Gott [...] in der Religion das Individuum mit der Zuversicht seiner persönlichen Befreiung von Schuld und Sühne, seiner Wiederherstellung zur Aufgabe sittlicher Freiheit" (Der Begriff der Religion im System der Philosophie 65). Denn die Vergebung ist nicht dazu bestimmt, das Individuum von seiner sittlichen Freiheit und von der damit verbundenen Verantwortung für seine Schuld loszusprechen, sondern dazu, es im vollen Bewußtsein von seiner Schuld zur Erfüllung seiner sittlichen Aufgabe „wiederherzustellen".

14. Seiner logischen Struktur nach ist dieser Glaube an einen Gott, der Gebote gibt, die menschlichen Sünden verurteilt und doch zugleich diese Sünde vergibt und so den Menschen zur Fähigkeit, das Gebot zu erfüllen, wiederherstellt, *ein Postulat.* Das bedeutet: Dieser Glaube ist eine theoretisch nicht erweisliche, aber zur Auflösung der praktischen Vernunftdialektik unerläßliche Annahme. Aber wenn die Dialektik des sittlichen Subjektes nicht nur als auflösbar gedacht, sondern wirksam vollzogen werden soll, genügt nicht der theoretische Gedanke. Gefordert ist statt dessen *das wirksame Wort,* durch das der Mensch auf Anspruch, Urteil und Zusage des so geglaubten Gottes Antwort gibt, und zwar ein Wort von unverwechselbarer Eigenart: das Wort des Gebets.

Dieses Gebet ist primär nicht Mitteilung eines Sachverhaltes, deshalb auch nicht das Aussprechen einer in praktischer Hinsicht notwendigen theoretischen Annahme; es ist Handlung, so wie auch das Gebot und die Vergebungszusage nicht Mitteilungen, sondern Handlungen sind. Gebot, Gebet und Vergebungszusage schildern nicht einen zuvor schon bestehenden Sachverhalt ab, sondern stiften auf wirksame Weise jene „Korrelation" zwischen Gott und dem Menschen, in welche das Individuum eintreten muß, um als sittliches Individuum „geboren" zu werden. Cohen formuliert: „So ist das Gebet die eigentliche Sprache der Religion. Und alles Denken dieser Sprache, von Gott und dem Menschen, alles Denken dieser Korrelation bliebe Theorie, wenn nicht das Gebet die Sprachhandlung würde, in welcher der Wille lebendig wird an allen Mitteln des Denkens" (Religion der Vernunft 463).

Das Postulat der Existenz eines Gottes, als dessen Gebote wir unsere Pflichten verstehen und von dessen Urteilsspruch aus Gnaden wir die Befähigung zur Erfüllung seiner Gebote erhoffen können, verlangt zugleich ein neues Verständnis der Anrede dieses Gottes an den Menschen in Gebot, Anklage und Vergebung, sowie der Antwort, die der Mensch auf diese Anrede zu geben hat. *Das Verhältnis zwischen göttlichem und menschlichem Wort ist als ein Gefüge von Sprachhandlungen zu deuten, innerhalb dessen die Sprachhandlung des göttlichen Gebotes die Sprachhandlung des* menschlichen Gebetes ermöglicht, welches seinerseits durch die Sprachhandlung der göttlichen Vergebungszusage beantwortet wird.

15. Wenn man mit Hermann Cohen die religiöse „Korrelation" zwischen Gott und dem Menschen als das Resultat einer Folge von Sprachhandlungen begreift, durch die Gott dem Menschen eine solche Wechselbeziehung wirksam eröffnet, der Mensch aber in diese Wechselbeziehung wirksam eintritt, *dann wird die Analyse der religiösen Sprachhandlungen zu einer grundlegenden Aufgabe der Religionsphilosophie.* In diesem Zusammenhang hat Hermann Cohen, der Jahrzehnte vor Austin den Terminus „Sprachhandlung" geprägt und die wirksame Sprachhandlung vom bloß theoretischen Aussagesatz unterschieden hat, auch die Einsicht von Searle vorweggenommen, wonach die Ausübung wirksamer Sprachhandlungen eines vorgegebenen intersubjektiven Rahmens bedarf. Für die Sprachhandlungen der Religion ist dieser intersubjektive Rahmen die Gemeinde – präziser gesagt: die liturgische Feier, die von dieser Gemeinde begangen wird.

So sehr es nämlich für Gebot, Gebet und Vergebungszusage wesentlich ist, daß sie auf das Individuum in seiner sittlichen Unvertretbarkeit abzielen, so sehr gilt doch auch: Das Gebot wird dem Individuum in der liturgischen Feier der Gemeinde zugesprochen; nur hier ist es nicht bloßer Ausdruck sittlicher Selbstreflexion, sondern wirksam zugesprochener Anspruch (für Cohen exemplarisch erfahren im liturgisch gesprochenen „Höre, Israel"). Das Gebet wird als Antwort des Individuums auf die Anrede Gottes in der liturgischen Gemeindefeier gesprochen; nur hier ist es mehr als die Äußerung des Schuldbewußtseins, der „Trostlosigkeit" der Selbstbeurteilung und des machtlosen Wunsches, aus seiner Schuld befreit zu werden, sondern wirksamer Eintritt in die „Korrelation" zu dem Gott, der den Sünder gerecht zu machen vermag. Und innerhalb der liturgischen Gemeindefeier wird dem Individuum auch die göttliche Vergebungszusage wirksam vermittelt; nur hier ist sie mehr als subjektive Wunschprojektion, nämlich wirksames Wort.

Hermann Cohen hat dies in einer Analyse der Liturgie des jüdischen Versöhnungstages nachzuweisen versucht (Religion der Vernunft aus den Quellen des Judentums, Kap. XII, Der Versöhnungstag). Franz Rosenzweig aber hat in seiner Einleitung zu den von ihm herausgegebenen „Jüdischen Schriften" Cohens auf die grammatische Eigentümlichkeit aufmerksam gemacht, durch die derartige Sprachhandlungen sich von den Aussagesätzen unterscheiden. Während der Aussagesatz seinen Gegenstand in der dritten grammatischen Person bezeichnet (Er, Sie, Es), ist für die Sprachhandlungen – und speziell für die religiösen Sprachhandlungen von Gebot, Gebet und Vergebungszusage – die erste und zweite grammatische Person charakteristisch: das „Ich" und das „Du". Die sprachliche Grundformel des Gebots nämlich lautet: „Ich bin der Herr dein Gott." Die Grundform des Gebets und speziell des Schuldbekenntnisses und der darin implizierten Vergebungsbitte lautet: „Vor dir allein hab ich gesündigt". Und auf dieses Schuldbekenntnis antwortet die göttliche Vergebungszusage: „Ich verzeihe nach deinem Wort" (vgl. F. Rosenzweig, Hermann Cohens Jüdische Schriften, in: Kleinere Schriften 1937, 299–350, 332).

Jene Theorie der Sprachhandlungen, die sich daraus ergibt, daß die Dialektik des praktischen Vernunftgebrauches durch Postulate der Hoffnung aufgelöst werden muß, die so beschriebene Hoffnung aber nur durch das wirkende Wort eingelöst werden kann, hat Hermann Cohen dahin geführt, die religiöse Gemeinde als den vorgegebenen intersubjektiven Rahmen religiöser Sprachhandlungen zu begreifen, und ist zugleich für Franz Rosenzweig zur Ursprungsstelle für seine Philosophie des Ich und Du geworden.

16. Unabhängig von Cohen und Rosenzweig haben Austin und Searle eine Theorie der Sprachhandlungen (speech acts) entwickelt. Gerade die Tatsache, daß Austin und Searle Cohen und Rosenzweig nicht kannten, macht es umso bemerkenswerter, daß sie auf anderen Wegen zu Ergebnissen gekommen sind, die mit denen übereinstimmen, zu denen Cohen und Rosenzweig gelangten. Ebenso wie Cohen und Rosenzweig verstanden sie unter einer Sprachhandlung eine sprachliche Äußerung, die nicht dazu bestimmt ist, zuvor schon bestehende Sachverhalte zu beschreiben, sondern dazu, neue Sachverhalte zu stiften. Und ebenso wie Cohen und Rosenzweig betonten sie, daß derartige Sprachhandlungen, um wirksam zu sein, eines vorgegebenen Rahmens bedürfen, dem die sprachlichen und außersprachlichen Wechselbeziehungen der Individuen eingeordnet sind. Dabei orientierten sich Austin und Searle nicht an den Beispielen von Gebot, Gebet und Vergebungszusage,

sondern an zwei anderen Beispielen: dem rechtlich wirksamen Wort („Die Versammlung ist geschlossen") und dem sakramental wirksamen Wort („Ich taufe dich").

Dabei haben Austin und Searle die Theorie der Sprachhandlungen und derjenigen geregelten Formen intersubjektiven Verhaltens, die derartige Sprachhandlungen möglich machen, zu höherer Differenzierung entwickelt als Cohen und Rosenzweig. Aber innerhalb der Tradition neukantianischer Transzendentalphilosophie und Ethik läßt sich deutlicher darlegen, auf welcher sachlichen Notwendigkeit es beruht, daß spezifisch religiöse Sprachhandlungsgemeinschaften entstehen, und an welchen Maßstäben sie kritisch gemessen werden müssen. *Entstehungsgrund und Beurteilungsmaßstab solcher religiöser Sprachhandlungsgemeinschaften ist ihre Unentbehrlichkeit zur Aufhebung der Dialektik des praktischen Vernunftgebrauchs.* Denn die Aufhebung der Dialektik des praktischen Vernunftgebrauchs kann nur durch Postulate des Denkens als möglich gedacht, nur durch Sprachhandlungen wirksam vollzogen werden. Diese Sprachhandlungen ihrerseits erfordern eine institutionalisierte, d. h. Funktionsnachfolge ermöglichende Sprachhandlungsgemeinschaft. Die spezifischen Sprachhandlungen, die zur wirksamen Aufhebung der praktischen Vernunftdialektik notwendig sind – d. h. Gebot, Gebet und Zuspruch der Vergebung – erfordern eine spezifische Sprachhandlungsgemeinschaft: die religiöse Gemeinde. Auf dieser Notwendigkeit beruht ihre Existenz. *Daher ist sie an der Frage zu messen, ob sie gerade diejenigen Sprachhandlungen möglich macht, die tauglich sind, die Dialektik des praktischen Vernunftgebrauches wirksam aufzuheben.*

VI. Anfragen an die christliche Ekklesiologie und Sakramentenlehre

17. Die Auflösung der Dialektik des praktischen Vernunftgebrauchs, so hat sich gezeigt, enthält diejenige Aufgabe, aus deren Notwendigkeit die Entstehung religiöser Institutionen begriffen werden kann und an deren Erfüllung sie kritisch gemessen werden müssen. Das gilt auch für die christliche Kirche als diejenige Sprachhandlungsgemeinschaft, innerhalb derer das sakramentale

Wort wirksam gesprochen werden kann. Wenn also in einer Theorie der Sprachhandlungen diejenigen Bedingungen benannt werden, die erfüllt sein müssen, wenn Gebot, Gebet und Zuspruch der Sündenvergebung wirksam vollzogen werden sollen, dann ergeben sich daraus zugleich kritische Anfragen an die christliche Kirche und an die Form, an den institutionellen Vollzug und an die Inhalte des sakramentalen Wortes, das die Kirche als religiöse Sprachhandlungsgemeinschaft ihren Mitgliedern zum Sprechen und Hören überliefert.

Die hier vorgetragenen Überlegungen haben, wie ich hoffe, deutlich gemacht, daß die Anfragen, die sich aus einer Theorie wirksamer Sprachhandlungen ergeben, keineswegs gleichbedeutend sind mit jenen Fragen, die im Zusammenhang mit der postkonziliaren Liturgiereform häufig gestellt worden sind: ob die im liturgischen Handeln der Kirche verwendete Sprache intellektuell verständlich, didaktisch vermittelbar und literarisch wohlgestaltet sei. Hier steht mehr auf dem Spiele als didaktisch-pädagogische Effizienz und literarisch-ästhetische Qualität. *Es geht um die Frage, ob jene Worte, durch die die religiöse Gemeinschaft sich als Sprachhandlungsgemeinschaft konstituiert und ihre institutionelle Aufgabe erfüllt, durch Form, Inhalt und institutionelle Verwendungsart dazu qualifiziert sind, den Mitgliedern der Sprachhandlungsgemeinschaft als wirksame Worte zugesprochen zu werden.*

Fragen der sprachlichen Form und Vollzugsart sind in diesem Kontext keine „bloßen Formfragen", von denen der Inhalt der Sprachhandlungen (im vorliegenden Falle der Zuspruch von Gebot und Vergebungswort) unberührt bliebe. Vielmehr ist gerade eine Theorie der Sprachhandlungen und der Bedingungen ihrer Wirksamkeit dazu geeignet, auf neue Weise verständlich zu machen, *daß und warum die Form eines sprachlichen Ausdrucks und die Weise seiner Verwendung in institutionellen Vollzügen die Bedingungen dafür definiert, daß dieser Ausdruck in wirksamen Sprachhandlungen verwendet werden kann.* Damit fällt zugleich neues Licht auf ein Problem, das in der traditionellen Sakramententheologie so ausgedrückt werden konnte: Es geht um die Frage, ob die sprachliche Gestalt und der institutionelle Vollzug des sakramental gesprochenen Wortes dieses Wort dazu qualifiziert, *„forma sacramenti"* zu sein.

Diese kritische Anfrage ergibt sich im hier erörterten Zusammenhang aus dem moralphilosophischen Problem, unter welchen Bedingungen die Dialektik des praktischen Vernunftgebrauches durch Sprachhandlungen wirksam aufgehoben werden könne. Nun impliziert aber, wie sich gezeigt hat, diese Dialektik mehrere Momente. Entsprechend differenzieren sich auch die kritischen Anfragen, die an religiöse Sprachhandlungsgemeinschaften und an die in ihnen vollzogenen Sprachhandlungen gerichtet werden müssen, konkret also an die christliche Kirche und das in ihr wirksam gesprochene sakramentale Wort.

18. Die erste Gegensatz-Einheit, die zur Dialektik des praktischen Vernunftgebrauchs gehört, betrifft, wie sich gezeigt hat, die *Vergleichgültigung der Individuen* durch die reine Selbstgesetzgebung der Vernunft und die *Würde des Individuums* im Urteil der gleichen unparteiischen Vernunft. Dieser Gegensatz verlangt nach Aufhebung. Und diese Aufhebung wird, wie sich gezeigt hat, durch Postulate der Hoffnung als möglich gedacht, aber nur in Sprachhandlungen, die dem Individuum diese Hoffnung wirksam zusprechen, real vollzogen. Die erste Gruppe von Fragen an die religiöse Sprachhandlungsgemeinschaft lautet daher: *Stellt sie ihren Mitgliedern Formen und Inhalte des sprachlichen Ausdrucks sowie Weisen des institutionellen Vollzuges zur Verfügung, die es gestatten, das Gebot vorbehaltloser Hingabe an die Pflicht mit der Hoffnung für das Individuum zu verbinden?*

Die christliche Kirche kann einen Ansatz zur Erfüllung dieser Aufgabe darin finden, daß sie die Botschaft weitergibt, Jesus habe sein Blut „für euch und die Vielen" vergossen. Das Gebot der Nachfolge Jesu fordert in diesem Zusammenhang, daß der Glaubende sich mit Jesus für die Ungezählten hingebe; in dieser Hingabe für Juden und Griechen, für Freunde und Feinde, für Gerechte und Sünder wird alle Differenz der Individuen grundsätzlich vergleichgültigt. Der Zuspruch der Hoffnung aber, die mit diesem Gebot verbunden ist, besagt, daß Jesu Hingabe nicht nur den Ungezählten, sondern zugleich jenen konkreten und unverwechselbaren Individuen gelte, an die die Anrede „für euch" sich richtet; jeder, der diese Anrede hört, darf sie als das gerade ihn meinende „Für dich" verstehen. *Das Individuum, das sich gemeinsam mit Jesus für die Ungezählten hingibt, ohne nach seinem persönlichen*

Schicksal zu fragen, darf hoffen, aus Jesu Hingabe auch sein persönliches Heil, sein Glück und seine Sündenvergebung zu empfangen. Der Zuspruch des Gebotes, das den Glaubenden zur Nachfolge Christi verpflichtet, und die Zusage der Hoffnung, die dem Glaubenden Heil und Sündenvergebung verspricht, sind also an folgendem Kriterium zu messen: *Sind ihre sprachliche Gestalt und ihr institutioneller Vollzug von solcher Art, daß sie die Verpflichtungskraft des Gebotes und die Verläßlichkeit der Hoffnungszusage eindeutig darauf gründen, daß in dem wirksamen Wort von Gebot und Hoffnungszusage dem Hörer dieses „pro vobis et pro multis" zugesprochen wird?*

19. Die zweite Gegensatz-Einheit, die zur Dialektik des praktischen Vernunftgebrauchs gehört, ergibt sich aus dem Doppelcharakter von Gebot, Anklage, Verurteilung und Hoffnungszusage, zugleich *inneres Wort* zu sein, das der Mensch als Vernunftwesen sich selber sagt, und *äußeres Wort,* das er sich zusprechen lassen muß. Die Anrede des äußeren Wortes ermächtigt den Menschen zum inneren Wort, das er sich selber sagen kann, statt es in stummer Passivität nur anzuhören – freilich nicht in Eigenmacht, sondern im antwortenden Wort. Die zweite Frage an die religiöse Sprachhandlungsgemeinschaft lautet daher: *Stellt sie ihren Mitgliedern Formen für den Vollzug wirksamer Sprachhandlungen zur Verfügung, die es gestatten, Gebot, Anklage und Hoffnungszusage als ermächtigende Anrede auszusprechen?* Dies müßte sich daran zeigen, daß der Hörer auf diese Anrede so antworten kann, daß er selbst das Wort der Wahrheit ausspricht, zugleich aber erfährt, daß er zu solchem Sprechen allein durch die wirksame Anrede erst ermächtigt wird.

Die christliche Kirche kann einen Ansatz zur Erfüllung dieser Aufgabe darin finden, daß sie ihr wirksames Wort als Dienst an jenem „Geiste" begreift, „der unserem Geist Zeugnis gibt". Solches Zeugnis des göttlichen Geistes ermächtigt den Geist des Menschen, antwortend das Wort der Wahrheit auszusprechen. Die Antwort auf den Zuspruch des Gebotes ist der freie Gehorsam: „Im Geiste werdet Ihr die Werke des Fleisches töten" (Röm 8,13); die Antwort auf die Zusage der Hoffnung ist die frohe Zuversicht: „Denn Ihr habt nicht den Geist der Knechtschaft empfangen, um wieder in Angst zu verfallen, sondern Ihr habt den Geist der Kindschaft empfangen, in dem wir rufen Abba, Vater" (Röm 8,15). Der Zuspruch des Gebotes, die Anklage menschlicher Schuld und der Zuspruch der Vergebung sind daher an folgendem Maßstab zu messen: Sind ihre sprachliche Gestalt und ihr institutioneller Vollzug von solcher Art, *daß sie die Verpflichtungskraft des Gebotes, die richtende Vollmacht der Anklage und die Verläßlichkeit der Hoffnungszusage eindeutig auf dieses Zeugnis des göttlichen Geistes an den menschlichen Geist gründen?* Dies müßte sich daran bewähren, daß der Hörer durch das wirkende Wort der Anrede dazu befähigt wird, auch seinerseits durch das Wort der Wahrheit Antwort zu geben: durch die freie Zustimmung zum Gebot, die redliche Anerkennung der Anklage, das Bekenntnis der zuverlässigen Hoffnung.

20. Die dritte Gegensatz-Einheit, die zur Dialektik des praktischen Vernunftgebrauchs gehört, führt die soeben beschriebene Einheit von innerem und äußerem Wort zunächst an ihre Grenze. Denn diese Gegensatz-Einheit betrifft das Urteil, das die Vernunft im Menschen über das Individuum spricht, und den Zuspruch einer Hoffnung, die der Mensch sich in keiner Weise selber zusprechen kann. Das Urteil der Vernunft über das Individuum nämlich enthält stets die Feststellung, daß die Gesinnung des Individuums dem Sittengesetz nicht voll entspricht, so daß das Individuum sich selber als besserungsbedürftig, folglich als unvollkommen beurteilen muß. Im Vergleich mit der Strenge der sittlichen Forderung (christlich gesprochen: „Seid vollkommen, wie euer Vater im Himmel vollkommen ist") erkennt das Individuum stets sein Versagen (christlich gesprochen: Es erkennt, daß jeder Versuch, „eine eigene Gerechtigkeit aufzurichten", sich als illusionär und fehlgeleitet erweist). Daraus aber ergibt sich, daß, wie Kant dies ausdrückte, „Trostlosigkeit [...] die unvermeidliche Folge von der vernünftigen Beurteilung seines sittlichen Zustandes ist" (Die Religion innerhalb der Grenzen der bloßen Vernunft A 87). Der Zuspruch der Hoffnung aber, der notwendig ist, wenn diese „Trostlosigkeit" nicht zur Lähmung des sittlichen Willens führen soll, gewinnt in dieser Beziehung den konkreten Inhalt eines Zuspruchs der Sündenvergebung, auf den der Mensch „keinen Rechtsanspruch" hat (a.a.O. A 94). So kann der Mensch sich diese Hoffnung nicht selber zusprechen, sondern kann sie nur aus dem äußeren Wort der für ihn unverfügbaren, aber an ihm wirksamen Gnadenzusage empfangen.

Dennoch ist – im kantischen Verständnis nicht weniger als im christlichen – der göttliche Zuspruch der Sündenvergebung Zeugnis des Geistes selbst an den menschlichen Geist. Unbeschadet seines Charakters als einer unverfügbaren Anrede von außen, handelt es sich also um ein Wort, das den Menschen innerlich anspricht und zu seiner eigenen, wahrheitsfähigen Antwort befähigt. Ja *auch in diesem Falle wird die Anrede des Geistes nur dadurch als solche erkannt, daß der Mensch sich durch sie zur angemessenen Antwort befähigt erfährt.* Wir erfahren, kantisch gesprochen, den Sprecher des Vergebungswortes als „einen guten, uns regierenden Geist", ja als einen „Tröster (paraklet), wenn uns unsere Fehltritte wegen ihrer Beharrlichkeit besorgt machen" (Die Religion innerhalb der Grenzen der bloßen Vernunft A 86).

Die Wirkung dieses Tröstungswortes aber beschreibt Kant auf eine Weise, die auf den ersten Blick überraschen mag. Der „gute, uns regierende Geist" kommt dadurch zu Wort, daß wir in uns eine „gute und lautere Gesinnung" erfahren, die wir dennoch nicht uns selbst als unsere Leistung zurechnen können – hier bleibt es dabei, daß „der Ankläger in uns eher auf ein Verdammungsurteil antragen" müßte. Dann aber scheint die Folgerung unvermeidlich, die Kant nicht ausdrücklich zieht: *Wir müssen diese „gute und lautere Gesinnung" als Wirkung des uns zugesprochenen Trostwortes deuten – ebenso wie wir das Bewußtsein unserer Pflicht als Wirkung des uns zugesprochenen göttlichen Gebotes deuten dürfen.*

Die dritte Aufgabe wirksamer Sprachhandlungen, die dazu bestimmt sind, die Dialektik des praktischen Vernunftgebrauches aufzulösen, besteht also darin, dem Menschen, der sich seiner Schuld bewußt ist, das Wort der Vergebung so zuzusprechen, daß es einerseits als unverfügbar äußeres Wort, andererseits als Trostwort eines „ihm innewohnenden guten Geistes" vernehmbar wird. Denn das „äußere Wort" der Sündenvergebung kann am Menschen nur dann zum wirksamen Worte werden, wenn es ihm die Rechtfertigung nicht nur in Aussicht stellt, sondern wirklich bewirkt, also *in* ihm bewirkt, was nicht *aus* ihm stammt: die neue, gute Gesinnung. Denn, um noch einmal Kant zu zitieren: „Wie es nun möglich sei, daß ein natürlicherweise böser Mensch sich selbst zum guten Menschen mache" [Wir dürfen interpretieren: Wie es möglich sei, daß er sich selbst jene „gute und reine Gesinnung" beschaffe, die er doch schon haben müßte, um dem Gebot zu gehorchen] „das übersteigt alle unsere Begriffe. Denn wie kann ein böser Baum gute Früchte bringen?" (Die Religion innerhalb der Grenzen der bloßen Vernunft A 46). So erfahren wir den Zuspruch des „Parakleten" nur, indem wir in uns eine neue, gute Gesinnung erfahren, die wir uns selber nicht als das Ergebnis unserer sittlichen Leistung zurechnen können.

Die dritte Frage an die religiöse Sprachhandlungsgemeinschaft lautet daher: *Stellt sie ihren Mitgliedern Formen des sprachlichen Ausdruckes sowie Weisen des institutionellen Vollzuges von Sprachhandlungen zur Verfügung, die es gestatten, den Zuspruch der Sündenvergebung als wirksames Wort zu vollziehen, das dem Hörer die Tröstung eines „guten, in ihm wohnenden Geistes" vermittelt?* Das müßte sich daran erweisen, daß dieses wirksame Wort den Hörer dazu befähigt, auf diese Anrede mit einer „guten und lauteren Gesinnung" zu antworten und diese zugleich nicht der „eigenen Gerechtigkeit" zuzuschreiben, sondern dem in ihm wohnenden „guten Geiste". Gelingt es der religiösen Sprachhandlungsgemeinschaft, so muß weiter gefragt werden, bei solchem Zuspruch des Vergebungswortes zwei Mißverständnisse zu vermeiden? Das erste dieser Mißverständnisse würde darin bestehen, Vergebung mit Entschuldigung zu verwechseln, als sei der Hörer in Wahrheit gar nicht der Sünder, der der Vergebung bedarf; das zweite Mißverständnis aber würde darin bestehen, Vergebung mit bloßer Nachsicht zu verwechseln, als solle der Hörer, dem man eine Änderung seiner Gesinnung nicht zutraut, dabei beruhigt werden, daß es mit ihm so bleiben darf, wie es schon immer mit ihm bestellt war. Beide Mißverständnisse verkennen die Hoffnung, die das Wort der Sündenvergebung als wirksames Wort dem Hörer zusprechen soll: die Hoffnung darauf, durch dieses Wort zu einer Antwort befähigt zu werden, zu der er ohne solchen Zuspruch, aus eigener Kraft, nicht fähig wäre.

Die christliche Kirche kann einen Ansatz zur Erfüllung dieser Aufgabe darin finden, daß sie das Wort der Vergebung, das ihr anvertraut ist, als Zusage jenes Geistes begreift, der den Hörer aus einem „fleischlichen" in einen „geistlichen" Menschen verwandelt. Denn derjenige Mensch, den Paulus den „fleischlichen Menschen" nennt, muß bekennen: „Es erwies sich für mich, daß die Weisung, die zum Leben war, mir zum Tode wurde" (Röm 7,10). Und nur der geistliche Mensch kann erfahren, daß „die Gerechtigkeit stiftende Macht [to dikaioma] des Gesetzes an uns zur Fülle" gelangt sei (Röm 8,4). Während also der „fleischliche Mensch" das Gesetz, obgleich es „geistlich" ist (Röm 7,14), als „das Gesetz der Sünde und des Todes" (Röm 8,2) erfährt, wird es am „geistlichen Menschen" erfahrbar als „Gesetz des Geistes, der da lebendig macht in Christus Jesus" (ebd.). Der kirchliche Dienst an der Versöhnung (diakonia katallages) ist also an folgendem Maßstab zu messen: Sind seine sprachliche Gestalt und sein institutioneller Vollzug von solcher Art, daß die Wirksamkeit des Vergebungswortes, aber auch die Gerechtigkeit stiftende Macht (dikaioma) des Gesetzes eindeutig darauf gründen, daß der gleiche Geist, der dem Menschen Gottes Weisung zuspricht, ihn zu einem „geistlichen Menschen" macht, an dem eben diese Weisung, „die zum Leben gegeben war" (Röm 7,10), als „Gesetz des Geistes, der da lebendig macht" (Röm 8,2), wirksam werden kann?

Abschließend sei eine Bemerkung gestattet: Anfragen der hier formulierten Art sind nicht dazu bestimmt, die kirchliche Praxis einem sachfremden Gesetz unterzuordnen oder die Theologie an Kriterien zu messen, die eine philosophische Schulrichtung an sie heranträgt. Es handelt sich um ein Angebot an die Theologie: die Sprachhandlung des wirksam zugesprochenen Vergebungswortes als „Lebensvollzug der Kirche" zu deuten und die Kirche als diejenige Sprachhandlungsgemeinschaft, die den wirksamen Zuspruch dieses Wortes möglich macht, an eben derjenigen Aufgabe zu messen, die ihr von ihrer eigenen Berufung her gestellt ist.

VII
Versöhnung als Lebensvollzug der Kirche

Von Wolfgang Beinert, Regensburg

1. Anspruch und Wirklichkeit

Am 2. Dezember 1984 veröffentlichte Papst Johannes Paul II. „im Anschluß an die Bischofssynode" des vorausgehenden Jahres das Apostolische Schreiben „Reconciliatio et Paenitentia"[1]. Er bezeichnete es ausdrücklich nicht nur als „pflichtgemäße Antwort" auf eine Bitte der Synodalen, sondern auch als „ein Werk der Synode selbst"[2]. Zugleich stellte er die wesentlichen Aussagen in die Lehrtradition seiner unmittelbaren Vorgänger[3]. An tragender Stelle sagt das Dokument: „Im engen Zusammenhang mit der Sendung Christi kann man also die an sich reiche und vielschichtige Sendung der Kirche zusammenfassen in der für sie zentralen Aufgabe der Versöhnung des Menschen mit Gott, mit sich selbst, mit den Brüdern, mit der ganzen Schöpfung; und dies fortwährend: denn, wie ich schon bei anderer Gelegenheit gesagt habe, – ‚die Kirche ist von Natur aus immer versöhnend'"[4]. Sie ist, so die Überschrift über Nr. 11, „das große Sakrament der Versöhnung"[5]. Natur und Leben der Glaubensgemeinschaft werden damit zum Ausdruck gebracht.

Wie aber steht es mit dem entsprechenden Bewußtsein in der Kirche selber? Werfen wir zuerst einen Blick auf die Dogmatik. Die jüngste Darstellung der Kirche stammt von Hans Zirker; sie erschien 1984[6]. Im Register fehlt das Stichwort *„Versöhnung"*; immerhin steht da sozusagen als Ersatz *„Verständigung"* – was kommunikationstheoretisch gemeint ist. Nur ein Jahr früher hatte

---

[1] *Johannes Paul II.,* Apostolisches Schreiben im Anschluß an die Bischofssynode „Reconciliatio et Paenitentia" vom 2. Dezember 1984 (= VAS 60), Bonn o. J. (1985).
[2] Ebd. Nr. 4 (S. 11).   [3] Ebd. (S. 8) mit Anm. 6 (S. 77).
[4] Ebd. Nr. 8 (S. 17).   [5] Ebd. Nr. 11 (S. 21 f).
[6] *H. Zirker,* Ekklesiologie (= Leitfaden der Theologie 12) (Düsseldorf 1984).

Johann Auer im Rahmen der „Kleinen Katholischen Dogmatik" als Band VIII „Die Kirche – Das allgemeine Heilssakrament" herausgegeben. Auch hier sucht man den Begriff „*Versöhnung*" im Sachregister vergeblich[7]. Fehlanzeige ist auch für Michael Schmaus, „Der Glaube der Kirche" zu melden: das 1982 erschienene „Sach- und Personenregister" für die 2. Auflage kennt die Vox nicht. Sie findet sich dann endlich in der ältesten nachkonziliaren deutschsprachigen Gesamtdogmatik „Mysterium Salutis", aber nicht für die beiden ekklesiologischen Teilbände IV/1 und IV/2. Erst der Ergänzungsband von 1981 notiert beim Bericht über „weiterführende Perspektiven" zum Thema Kirche: „Zeichen der Einheit, der versöhnten Menschheit, der Freiheit von Angst und Knechtschaft, der frohen Hoffnung und der brüderlichen Gemeinschaft kann die Kirche nur sein, wenn dieses Zeichen in einzelnen Gruppen und Gemeinden anschaulich und wirklich wird, sonst fällt die vorgegebene Sakramentalität als Anklage und Gericht auf sie selber zurück."[8]

Wir werden also von der Theorie zur Praxis verwiesen. Aus dem Zeugnis zweier Frauen wird sichtbar, wie es da steht. 1924 gab Gertrud von Le Fort erstmals ihre „Hymnen an die Kirche" heraus. Da singt sie von ihr:

„Denn du trägst Liebe um alle, die dir gram sind, du trägst große Liebe um die, welche dich hassen.
Deine Ruhe ist immer auf Dornen, weil du ihrer Seelen gedenkst.
Du hast tausend Wunden, daraus strömt dein Erbarmen; du segnest alle deine Feinde.

---

[7] Es fehlt auch in Band VII (Sakramentenlehre) (Regensburg ²1979) bei der Darstellung des Bußsakraments.
[8] *D. Wiederkehr*, Kirche als Sakrament und in konkretem Weltbezug, MySal, Ergänzungsband (Zürich – Einsiedeln – Köln 1981) 260. Auch die lexikographischen Auskünfte sind mager. LThK hat einen eigenen Artikel „Versöhnung" (*A. Vögtle*, Bd. 10 [1965] 734–736), der aber die ekklesiologische Relevanz kaum kennt. Das Sachregister des HThG verweist vor allem auf den Artikel „Sühne" (II [1963] 586–596); das Nachfolgewerk NHThG bringt weder das Stichwort „Versöhnung", noch „Sühne", hat aber die Vox „Frieden" (*M. Mettner:* I [1984] 404–431), innerhalb derer kurz *Versöhnung* angesprochen wird. Bei „Kirche" (kath.-systemat. Teil v. *H. Häring:* II [1984] 309–323) fehlt jeder Bezug darauf. In protestantischen Dogmatiken spielt der Begriff eine größere Rolle, aber nicht in der Ekklesiologie, sondern in der Soteriologie. – An dieser Stelle sollte nur auf das Nicht-Vorkommen des Begriffs aufmerksam gemacht werden; viele sachliche Momente kommen in den genannten Werken in anderen Zusammenhängen durchaus vor.

Du segnest noch, die es nicht mehr wissen.
Die Barmherzigkeit der Welt ist deine entlaufene Tochter, und alles Recht
der Menschen hat von dir empfangen.
Alle Weisheit der Menschen hat von dir gelernt.
...
Denn um deinetwillen lassen die Himmel den Erdball nicht fallen; und
alle, die dich lästern, leben nur von dir!"⁹

In den hohen hymnischen Worten erscheint die Kirche als universale Versöhnerin. Die Dichterin steht mit dieser Erfahrung nicht allein; in ihrer Generation ganz sicher nicht: der schmale Band diente in der Notzeit von Naziregiment und Krieg ungezählten Menschen zur Stärkung des Glaubens. Und würden nicht selbst heute viele Christen, wie einschlußweise, wie zögernd auch immer, diesen Worten Resonanzboden geben können?

Es gibt aber auch andere Erfahrungen mit der Kirche. Gewissermaßen aus ihrem innersten Raum stammt der Bericht der Generaloberin der Waldbreitbacher Franziskanerinnen. Irmgardis Michels berichtet aus der Geschichte ihrer Kongregation von einem Spiritual: „‚Wißt ihr was', sagte dieser Rektor, ‚die Rheinbrücken, die wären gute Ordensschwestern geworden! Und warum? Über die geht alles hinweg, die schweren Lastwagen, die langen Güterzüge. Die Brücken knarren und krachen, aber sie biegen sich nicht, sonst würden sie mitsamt der Last ins Wasser fallen.' Am Vorabend eines Namenstages hielt er eine Festrede und sagte am Schluß: ‚Die Novizinnen haben heute viel von Entsagung und Opferbringen gesprochen. Da wollen wir sie gleich beim Wort nehmen. Morgen sollen die Novizinnen nicht zur heiligen Kommunion gehen'. Alle Vorgesetzten und Schwestern verlegten sich aufs Bitten. Er ließ sich nicht darauf ein ... ‚Ein Lob muß ich euch zuerkennen', sagte dieser Rektor in seinen letzten Jahren, ‚ich weiß, daß ich euch immer mehr gedemütigt als gelobt habe. Aber das Lob muß ich euch spenden: Ihr habt immer die Priester geehrt. Ihr habt euren Willen hingeopfert. Ich habe den meinigen gehabt'."¹⁰

---

⁹ Hymnen an die Kirche (München 1924) 21.
¹⁰ *Sr. Irmgardis Michels,* Ordensfrauen in einer von Männern verwalteten Kirche – Kritische Erinnerung, verhaltene Zuversicht, in: *M. Bußmann – I. Michels,* Frauen in der Kirche. Ihre Erwartungen – ihre Chancen (= Akademie-Referate 5, hg. v. IWW der Theol. Hochschule Vallendar der Pallottiner) (Vallendar 1985) 35. Michels

In diesem Vertreter der Kirche erscheint diese nicht als versöhnende, sondern versagende Macht, und dies ausgerechnet in dem Bereich, in dem sie, wie zu zeigen ist, am deutlichsten als Gemeinschaft des Friedens erkennbar wird – in der Eucharistie. Eine solche Krise erweckt nicht Liebe, sondern Angst und Trauer. Das geschieht nicht nur im einen oder anderen, als bedauerliche Ausnahme zu qualifizierenden Fall. Als Sakrament der Versöhnung schlechthin gilt das Bußsakrament. 1978 hat Konrad Baumgartner bei einer Umfrage ermittelt, daß unter den damit assoziierten Emotionen die Angst mit 18% an der Spitze steht; 10% der Befragten äußern „Hemmungen, Beklemmungen, mulmiges Gefühl"[11]. Der Kommentar Baumgartners lautet: „Der theologische Vorgang ist überformt durch den psychologischen."[12]

Ein beträchtlicher und betrüblicher Hiatus zwischen Lehrvorgabe und theologischer wie praktischer Rezeption ist somit zu konstatieren. Er scheint nur dann geschlossen werden zu können, wenn nicht an diesem oder jenem Beispiel, sondern in einer fundamentalen ekklesiologischen Besinnung „die zentrale Aufgabe der Versöhnung" (Johannes Paul II.) als Konkretion der kirchlichen Sendung gezeigt wird. Innerhalb des zugemessenen Rahmens kann das freilich nur theoretisch kurz, nicht thematisch breit untersucht werden[13]. Wir wollen es in einem vierfachen Gang tun.

---

bezieht sich auf *M. Böckeler*, Die Macht der Ohnmacht. Mutter Maria Rosa Flesch, Stifterin der Franziskanerinnen BMVA von Waldbreitbach (Mainz ²1963) 199. 202.203.
[11] *K. Baumgartner*, Erfahrungen mit dem Bußsakrament I (s. unten Anm. 13) 117–119.
[12] Ebd. 119. Zum Thema Angst und Kirche vgl. auch die sehr reich belegte Darstellung von *J. Delumeau*, La Peur en Occident (XIVe–XVIIIe siècles) (Paris 1978) (deutsch: Angst im Abendland. Die Geschichte kollektiver Ängste im Europa des 14.–18. Jahrhunderts, 2 Bde. [= rororo 7919f] [Reinbek 1985]).
[13] *Literatur: K. Baumgartner*, Erfahrungen mit dem Bußsakrament, 2 Bde. (München 1978f); *L. Bouyer*, Die Kirche, Bd. II: Theologie der Kirche (Einsiedeln 1977); *N. Copray*, Kommunikation und Offenbarung. Phil. und theol. Auseinandersetzungen auf dem Weg zu einer Fundamentaltheorie der menschlichen Kommunikation (Düsseldorf 1983); *G. Ebeling*, Dogmatik des christlichen Glaubens, Bd. III: Der Glaube an Gott den Vollender der Welt (Tübingen 1979); *K. Gastgeber*, Wege des Menschen zur Gemeinschaft und Kirche: Theologie im Dialog. Gesellschaftsrelevanz und Wissenschaftlichkeit der Theologie. FS Kath.-Theol. Fakultät der Universität Graz (Graz – Wien – Köln 1985) 121–143; *B. Häring*, Vom Glauben, der gesund macht. Ermutigung der heilenden Berufe (Freiburg 1984); *P. Hünermann*, Reflexio-

Wenn es ein personal signifikantes Kommunikationsgeschehen gibt, dann ist es Versöhnung. Die erste Überlegung ist darum der Versuch, Kirche kommunikationstheoretisch zu verstehen. Ein weiterer Schritt soll zum theologischen Verständnis von *Versöhnung* führen. Es ist im Anschluß daran zu zeigen, dritter Schritt, inwiefern Kirche ein Faktor im Versöhnungsgeschehen ist. Im Sinne eines Ausblicks ist endlich zu fragen, welche konkreten Folgen sich für uns daraus ergeben.

2. Der kommunikative Charakter des Heilsgeschehens

Die Rezeption der modernen Kommunikationstheorie durch die systematische Theologie vollzieht sich sehr zögernd, ein wenig intensiver bei den Protestanten als bei den Katholiken[14]. Dennoch können wir uns hier ziemlich kurz fassen. Die entscheidenden Tatsachen dürften vertraut sein.

Unter *Kommunikation* wollen wir den zwar komplexen, doch elementaren Vorgang verstehen, daß personale Wesen sich verständigen, einander Mitteilungen machen, zu Verhaltensweisen auffordern und die dabei ablaufenden Vorgänge reflektieren. Was geschieht, zeigt das Bild vom Kommunikationskreis.

---

nen zum Sakramentenbegriff des II. Vatikanums, in: E. Klinger – K. Wittstadt (Hg.), Glaube im Prozeß. Christsein nach dem II. Vatikanum. FS K. Rahner (Freiburg ²1984) 309–324; *B. Klaus* (Hg.), Kommunikation in der Kirche. Predigt – Religionsunterricht – Seelsorge – Publizistik (Gütersloh 1979); *W. Knoch,* Das Heil des Menschen in seiner ekklesiologischen Dimension, in: H. Vorgrimler (Hg.), Wagnis Theologie. Erfahrungen mit der Theologie K. Rahners (Freiburg 1979), 487–498; *H.-J. Kraus,* Systematische Theologie im Kontext biblischer Geschichte und Eschatologie (Neukirchen-Vluyn 1983); *F.-J. Nocke,* Wort und Geste. Zum Verständnis der Sakramente (München 1985); *O. H. Pesch,* Frei sein aus Gnade. Theologische Anthropologie (Freiburg 1983).

[14] Für die protestantische Theologie vgl. etwa das Anm. 13 genannte von *B. Klaus,* herausgegebene Werk; für die katholische Theologie vgl. etwa die Ansätze von *Th. A. Bauer* für das Dogma (Streitpunkt Dogma. Materialien zur Systemtheorie und Systemkritik kommunikativen Handelns in der Kirche [= Sozialwissenschaftliches Forum 11] [Wien – Köln – Graz 1982]), von *A. Ganoczy* für die Sakramententheologie (Einführung in die katholische Sakramentenlehre [Darmstadt 1979]) oder *H. Zirker* für die Ekklesiologie (s. Anm. 6).

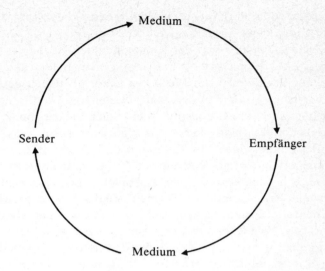

Vom Sender (Kommunikator) wird eine Nachricht über ein Medium vermittelt und vom Empfänger (Rezipienten) empfangen und decodiert (verstanden); es kommt zur Rückäußerung an den Sender, durch die das eben abgelaufene Geschehen mit gleichsam umgekehrten Vorzeichen (der Empfänger wird seinerseits Sender) wiederholt und der Kreis geschlossen wird. Die Abläufe sind im wesentlichen gleich bei verbalen wie bei nicht-verbalen Mitteilungen (etwa durch die sog. Körpersprache oder durch Zeichenhandlungen). Die Gründe für den Aufbau des Kreises sind verschieden. Von besonderer Bedeutung sind

a) die *informative* Mitteilung: im Vordergrund steht ein Sachverhalt; das personale Moment ist unwichtig, da die Wirklichkeit unabhängig davon existiert. Musterbeispiel ist der Wetterbericht.

b) die *performative* Mitteilung: durch sie tritt die angesprochene Wirklichkeit juristisch in Kraft. Das personale Moment ist wichtig, sofern der Sprecher erst im Sprechakt die Wirklichkeit setzt; es ist aber stark verobjektiviert: die Wirkung resultiert nicht aus seiner Individualität, sondern aus seiner Funktion. Beispiele sind etwa der Befehl oder das Gerichtsurteil.

c) die *personale* Mitteilung: das Kommunikationsgeschehen verändert Beziehungen zwischen Personen und hängt somit stark von der Subjektivität ab. Formen dieser Kommunikation sind die Entschuldigung, Dank, Verzeihung.

Die letztgenannte Form der Kommunikation ist für das Individuum wie für jede Gemeinschaft lebenswichtig. Weil die soziale Beziehung zum Wesen des Menschen gehört, bedeutet geglücktes Leben stets auch Leben in personaler Beziehung. Die Einfügung in Kommunikationskreise konstituiert ein Stück Lebenssinn. Zugleich wird erst dadurch jedwede Gemeinschaft ermöglicht. Was sich da ereignet, ist zum einen Mit-Teilung, d. h. Teilgabe an der eigenen Personalität und somit Vollzug der Liebe, zum anderen Anteil-Nahme, d. h. Anerkennung der Personalität des Kommunikators und somit Realisierung der Freiheit. Zugleich wird existentielle Wahrheit erschlossen: es zeigt sich, wer und was der Mensch ist. Daraus folgt: Wo Kommunikation versagt wird, wird Liebe verweigert, Freiheit verwehrt, personale Würde verletzt. Abbruch der personalen Kommunikation hat damit den Charakter von Schuld, wo und soweit er nicht durch objektive Sachverhalte legitimiert werden kann, und den Charakter der Lüge, wo und sofern die Tugend der Wahrheit aufgegeben wird[15].

Diese scheinbar sehr theoretischen Erörterungen haben für Theologie und christliches Leben einen hohen Interpretationswert. Die Glaubensquellen schildern nicht terminologisch, wohl aber der Sache nach das Heilsgeschehen als Prozeß personaler Kommunikation. Gott spricht – und es entsteht die Welt mitsamt den Menschen; Gott spricht die Menschen an – und es entsteht der Bund; der Mensch spricht den Geschöpfen einen Namen zu – und er übernimmt seine Aufgabe als Sachwalter des Schöpfers. Er verweigert das Gespräch mit Gott – und es geschieht Sünde, Bruch des Bundes, Bedrohung der Schöpfung. Als Folge gerät er ihm wie seinesgleichen gegenüber in Isolation: die biblische Erzählung vom Turmbau zu Babel thematisiert diese Zusammenhänge ausdrücklich (Gen 11, 1–9). Die Fundamentalansage der Hl. Schrift aber lautet, daß Gott es dabei nicht sein Bewenden haben läßt, sondern das Gespräch wieder herstellt, den zusammengebrochenen Kommunikationskreis wieder zum Funktionieren bringt. Eines der wesentlichen Stichworte für dieses Heilsgeschehen heißt *Versöhnung*.

---

[15] Thomas v. Aquin, STh I, 16,4 ad 3.

3. Versöhnung als Kommunikationsaufnahme

Der Sachverhalt kommt bereits etymologisch ans Licht. Das deutsche Wort *versöhnen* ist die intensivierende Präfixbildung zu *sühnen*, das im Umkreis von *schlichten, den Frieden herbeiführen* und sogar *küssen* steht[16]. Noch deutlicher erscheint er im neutestamentlich gebrauchten griechischen Substantiv katallagé. Es bedeutet ursprünglich Ver-Änderung (allos), Tausch, Austausch, später Versöhnung[17]. Der wortgeschichtliche Hintergrund wird sichtbar, wenn Paulus die Erlösung mit der Formel beschreibt: Gott „hat den, der keine Sünde kannte, für uns zur Sünde gemacht, damit wir in ihm Gerechtigkeit würden" (2 Kor 5,21). Erlösung ist also ein *Tausch*. Gott setzt sich in Christus an die Stelle des Menschen und den Menschen an seine eigene Stelle. Er gründet, erstens, in der alleinigen Initiative der treuen Liebe Gottes und, zweitens, in der Gehorsamstat Jesu Christi. Dieses „admirabile commercium" aber wird als Versöhnung definiert: „Gott war es, der in Christus die Welt mit sich versöhnt hat, indem er den Menschen ihre Verfehlungen nicht anrechnete und uns das Wort von der Versöhnung anvertraute" (2 Kor 5,19; vgl. auch Röm, 5,8–11). Da diese Verfehlungen laut Gen 11 wesentlich in der Kommunikationsverweigerung gegenüber Gott und den Menschen bestehen, ist die Versöhnung ihrer Natur nach für den Menschen Kommunikationsaufnahme durch Gott mit Gott und mit den Menschen. Der Mensch wird dadurch gerechtfertigt und geheiligt (Röm 5,9; Kol 1,21), die Schöpfung wird neu (2 Kor 5,17), alle zwischenmenschlichen Entfremdungen werden aufgehoben (Gal 3,28; Eph 2,11–22), das ganze Universum wird heilsam betroffen (Eph 1,10; Kol 1,20).

Entscheidend ist dabei das Werk Jesu als des Christus. Er fügt durch Worte, Taten und Tod die abgerissenen Enden des Kommunikationskreises wieder zusammen. Er verfügt das Gebot universaler, auch noch die Feinde einschließender Liebe[18], er schenkt in

---

[16] Duden, Etymologie. Herkunftswörterbuch der deutschen Sprache (Mannheim 1963) 695.741.
[17] ThWNT I, 258.
[18] Mt 5,43–48; Lk 6,27f.32–36. Dazu sei erinnert an die Mahnungen Jesu, sich mit dem Bruder zu versöhnen (Mt 5,23f), im Streit einem neuen Anfang zu setzen (Mt 5,38–42), den Schuldnern zu vergeben (Mt 6,12 parr), nicht zu richten (Mt 7,1–5 parr).

seinen Heilungen und Dämonenbefreiungen, in seinem Umgang mit den Sündern den Menschen in der Begegnung mit Gott eine neue Lebensorientierung[19], er präsentiert sich vor allem in seinem Sterben als gestaltgewordene Liebe Gottes. Paulus analysiert die Folgen: „Er stiftete Frieden und versöhnte die beiden *(= Juden und Heiden = alle Menschen)* durch das Kreuz mit Gott in einem einzigen Leib" (Eph 2,15b–16a; vgl. Gal 4,4–7). Im Christusgeschehen passiert also dreierlei zugleich: Jesus stellt sich in die Liebesbewegung des Vaters, er liebt rückhaltlos die Menschen, er fügt die Menschen zur Gemeinschaft mit dem Vater und miteinander. Die zusammenfassende Formel lautet *Frieden* oder *Versöhnung* oder *Einigung*. Der innerste Grund, daß das gelingt, die Ermächtigung das zu tun, liegt im Geheimnis seines Wesens: in Jesus treten Gott und Mensch in die denkbar engste Kommunikation zu- und miteinander. Das Dogma spricht von der hypostatischen Union. Das ist eine christologische Aussage. In soteriologischer Wendung lautet die Artikulation des Sachverhaltes eben *Versöhnung*. Jesus als der Christus ist Versöhnung und Mittler aller Versöhnung.

Diese ist dann aber nicht nur objektives, sondern ebenso personales Geschehen. In der Sprache der Bundestheologie: Im Blut Jesu wird der Neue und ewige Bund geschlossen, der nun nicht mehr auf ein Volk beschränkt bleiben kann, sondern, als innere Folge des Versöhnungsgeschehens, alle Menschen und alle Welt umfaßt. Seitdem ist Heilsgeschichte „inklusive Geschichte"[20]: Der neue Bund begründet ein neues Volk, das nunmehr geschichtskoextensiv ist. Das aber kommt, wie uns Paulus schon angedeutet hatte, in der Geschichte zustande, indem Menschen das Wort der Versöhnung anvertraut wird und diese durch den Heroldsruf von der Versöhnung – „Wir bitten an Christi Statt: laßt euch mit Gott versöhnen" (2 Kor 2,20b) – aus den Völkern das neue Volk versammeln: aus diesem *ek-kalein* entsteht die *ekklesia*. Sie ist sowohl Frucht der gott-menschlichen Kommunikationsaufnahme im Gottmenschen wie Ort dieses Geschehens in der laufenden Geschichte. Dieser letztgenannten Wirklichkeit gilt jetzt unsere Aufmerksamkeit.

---

[19] Vgl. dazu die Beiträge in: W. Beinert (Hg.), Hilft Glaube heilen? (= Schriften der Kath. Akademie in Bayern 119) (Düsseldorf 1985).
[20] *K. Barth*, KD IV/1, 16.

4. Der ekklesiale Vollzug der Versöhnung

Diese Dimension der Kirche ist offensichtlich für das Neue Testament sehr wichtig. Warum ist sie dann aber so wenig in der Ekklesiologie bedacht, so spärlich in der kirchlichen Praxis augenscheinlich geworden? Eine Antwort gibt die Dogmengeschichte. Die Meditation über die Kirche ist gewöhnlich herausgefordert worden durch Angriffe auf die Institution – man denke nur an die spiritualistischen Tendenzen in der Alten Kirche, an die mittelalterlichen Streitigkeiten zwischen Sacerdotium und Imperium oder an die Fragestellungen der Reformation zu Beginn der Neuzeit. Die Leitfrage lautete dann natürlich: Wer oder was ist die Kirche? Es ist eine statisch-ontologische Fragestellung. Daß sie berechtigt ist, kann nicht in Zweifel gezogen werden. Lebensvollzüge kommen freilich nicht ins Blickfeld. Doch diese Erklärung befriedigt nicht ganz. Das Defizit hat eine genuin theologische Ursache – wobei offenbleiben kann, wie weit sie dogmenhistorisch virulent geworden ist. Sie liegt im weitgehenden Ausfall der pneumatologischen Dimension in der Ekklesiologie[21]. Diese wurde fast ausschließlich von der Christologie her konstruiert. Man übersah dabei, daß die Kirche in den Symbola im dritten Artikel verankert wird. Sie erscheint als Wirkung des Heiligen Geistes. Dieser Geist ist sicher der Geist Jesu Christi, aber er ist nicht absolut mit ihm identisch. Die christliche Trinitätstheologie hat ihn als das personverbindende Prinzip in Gott geortet. Walter Kasper bezeichnet ihn „nach der theologischen Tradition" als „die Versöhnung des Unterschieds zwischen Liebendem und Geliebtem, zwischen Vater und Sohn"[22]. Ökonomisch betrachtet ist er dann seit Pfingsten die Ursache der Versöhnung in der Welt. Wenn und insofern nun die Kirche sein Wirkmittel ist, steht sie wesentlich und konstitutiv im Dienst eben dieser eschatologischen Versöhnung, die vom Vater durch den Sohn im Geist geschenkt wird. Das Zweite Vatikanische Konzil hat mit seiner Abwendung von der bis dato üblichen Wesensekklesiologie neuerlich diese Dimensionen entdeckt. Die Kirche wird trinita-

---

[21] Y. *Congar,* Der Heilige Geist (Freiburg 1982) 144–147. Erst mit der romantischen Theologie, vor allem mit dem frühen J. A. Möhler beginnt eine Neuorientierung.
[22] W. *Kasper,* Der Gott Jesu Christi (Mainz 1982) 245.

risch verankert[23] und der Blick auf das Tun des Pneumas gerichtet, durch das die Gläubigen Zugang zum Vater haben[24]. Sie erscheint funktional als „Sakrament, d. h. Zeichen und Werkzeug für die innigste Vereinigung mit Gott wie für die Einheit der ganzen Menschheit"[25]. Das ist sachlich identisch mit der Aussage, Versöhnung sei der Lebensvollzug der Kirche. Unter Berufung auf den zitierten Text erklärt denn auch Johannes Paul II., das Konzil habe „damit anerkannt, daß sich die Kirche vor allem dafür einsetzen muß, die Menschen zu einer vollständigen Versöhnung zu führen"[26]. Unter Verwendung des kommunikationstheoretischen Modells vom Nachrichtenkreis dürfen wir auch sagen, daß die Kirche von Gott als unerläßliches Element in den Kommunikationskreis einbezogen wird, den wir als Heilsgeschichte bezeichnen:

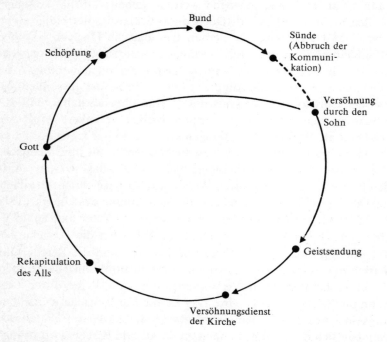

Ist die Versöhnung also ihr Grundlebensvollzug, stehen auch alle anderen Lebensäußerungen unter dem Vorzeichen der versöhnen-

---

[23] „Lumen gentium" 2–4.   [24] Ebd. 4,1.   [25] Ebd. 1.
[26] „Reconciliatio et Paenitentia" (s. Anm. 1) Nr. 8 (S. 17).

den Kommunikation. Das gilt vornehmlich für die Verkündigung durch das Wort und die Spendung der Sakramente, aber ebenso für Gebet, Liturgie, Diakonie, Theologie, für den Dialog mit den anderen Konfessionen und Religionen und mit der Gesellschaft – um einige für viele andere aufzuzählen. Natürlich haben nicht alle diese Ausfaltungen des Grundlebensvollzugs die gleiche Bedeutung. In der Spendung der Sakramente läßt er sich leichter erkennen als in der Tätigkeit kirchlicher Behörden. Es darf aber nur ein Gefälle, keine Kluft bestehen.

Auf drei Sakramente darf eigens hingewiesen werden, weil sich in ihnen die Sakramentalität der Kirche besonders zeigt. Im Kosmos der Einzelsakramente ist die *Taufe* als elementarer Einbezug des Menschen in das Geschehen von Tod und Auferstehung Christi grundlegender Vollzug der Versöhnung am einzelnen mit Gott und den Menschen durch die Aufnahme in die Kirche. Im *Bußsakrament* wird immer neu die eschatologische Präsenz der Versöhnungsbereitschaft Gottes sichtbar; im Akt der Sündenvergebung geschieht zugleich die Rekonziliation mit der Glaubensgemeinschaft.

Eigens ist auf die *Eucharistie* hinzuweisen. Sie ist nach der Tradition nicht nur Sakrament der Kirche, sondern auch deren aktuale Konstituierung. Wenn sie gefeiert wird, konkretisiert sich Kirche als Versammlung, wird das Wort Gottes in die Situation hinein ausgelegt, das Versöhnungsopfer Christi vergegenwärtigt. So ist Eucharistie (theoretisch wie praktisch) Mittelpunkt des kirchlichen Lebens. Folgerichtig ist volle Kirchenzugehörigkeit an volle Eucharistiegemeinschaft geknüpft, vollzieht sich Exkommunikation als Ausschluß von der Eucharistie. Nicht von ungefähr finden sich darum in der Liturgie alle jene Elemente und Momente, die die versöhnende Rolle der Kirche augenscheinlich machen bzw. aktualisieren. Die Heilige Messe ist Versammlung der Glaubenden, d. h. der Versöhnten und in den Dienst der Versöhnung an der Welt Genommenen. Als Mahlfeier veranlaßt sie im Nachvollzug der Sündermähler und des Letzten Mahles Jesu die vorbehaltlose Annahme der Tischgenossen. Sofern sie Opfer ist, mahnt sie zur liebenden Selbsthingabe der Feiernden. Diese vollzieht sich in der Kommunion als Miteinanderteilen des einen Brotes, das ohne Teilen der Habe nicht geht (vgl. 1 Kor 11, 17–34). Als Danksagungsritus bewahrt sie uns davor zu vergessen, daß die Versöhnung allein Gottes liebender Tat zu verdanken ist. Eine Reihe von Riten versinnbildet den theologischen Gehalt: ich nenne den Bußakt am Anfang, das „Per evangelica dicta ...", den Einsetzungsbericht, die Rezitation der Vaterunserbitte von der Vergebung, das „Sprich nur ein Wort ..." und endlich den Entlassungsruf „Geht hin in Frieden".

Bei diesen Beispielen wollen wir es bewenden lassen. In ähnlicher Weise könnte für alle anderen Lebensäußerungen der Kirche gezeigt werden, daß sie um der Versöhnung willen getan werden. Wir wollen uns der Frage zuwenden, wie das konkret der Fall sein muß. Die Antwort lautet ganz schlicht: indem die Kirche und ihre Glieder das doppelt-eine Gebot der Gottes- und Nächstenliebe erfüllen. Denn die versöhnende Gnadentat Gottes ist Erweis seiner Liebe, die alle Sünde überwindet. Ihre Ausführung und alle Momente, Elemente und Strukturen, die dabei eine Rolle spielen, sind darum Erweis, Auszeitigung, Verkörperung der Liebe Gottes. Das gilt auch von der Kirche. Ignatius von Antiochia konnte sie darum ganz einfach „Agape" nennen[27]. Weil die Kirche aber keine Hypostase, sondern personale Gemeinschaft ist, müssen ihre Glieder liebende Menschen sein, soll der Heilsdialog mit der Menschheit gelingen. Daraus ergeben sich die beiden fundamentalen Aufgaben der Glaubensgemeinschaft. Die erste ist der *Gottesdienst* als Tat der Liebe zu Gott. Nun heißt aber lieben, den Geliebten so anzunehmen, wie er ist. Gott ist die Liebe schlechthin, und dies zeigt sich für uns vor allem darin, daß er die Menschen und alle seine Geschöpfe liebt. Liebe zu Gott ist also Liebe der Liebe. Gott Gott sein lassen, meint dann aber: sich in den Strom der Liebe Gottes hineinbegeben, der bei Menschen und Welt mündet. Aus dem Gottesdienst folgt als zweite Aufgabe der Kirche der *Welt- und Menschendienst*. Dieses Zweite ist mitnichten das Sekundäre, sondern das im Ersten schon je Mitgesetzte und Mitgegebene. Wer das erkennt, wer also Liebe und Versöhnung als Gnade Gottes, Aufgabe der Kirche und Heil der Schöpfung versteht, der steht wegen der schon gezeigten Zusammenhänge in der Wahrheit. Sie wird ihn nach dem Herrenwort wiederum zur Liebe befreien (Joh 8,32; vgl.

---

[27] Ign. Ant., ad Rom., inscr.

1 Joh 3,18). Es wäre zu fragen, ob und welche Konsequenzen sich für die Theologie der Kirche und in der Kirche daraus ergeben – aber auch das muß unterbleiben.

Nicht ausgelassen werden darf ein Gedanke in diesem Kontext, auf den mit Verweis auf Pseudo-Dionysius Louis Bouyer aufmerksam gemacht hat[28].

Wenn ekklesiale Versöhnung Gottesdienst als Welt- und Menschendienst ist, ist sie Weitergabe der Liebe Gottes. Weil aber Gottesliebe identisch ist mit der souveränen Macht Gottes, geschieht diese Vermittlung so, daß weder Gott noch Menschen in reale Abhängigkeit von der Kirche kommen, obschon sie unumgängliche Vermittlungsinstanz bleibt. „Wer immer der Mittler sein mag, es ist der göttliche Geist, der ihnen weitergereicht wird, und Christus ist der Mittler, während die empfangene Gabe die des Vaters, seines eigenen Lebens und Liebens bleibt."[29] Kirche ist also bloßes *ministerium,* ihre Amtsträger sind nur *ministri.* Sie läßt den Ruf der Versöhnung „an Christi Statt" erschallen: an *Christi* Statt – das ist die Notwendigkeit der Kirche, an Christi *Statt,* das ist ihre bleibende Relativität, die nie vergessen werden darf. Wo sie undeutlich wird, wird auch undeutlich, daß die Kirche Element des gott-menschlichen Kommunikationskreises ist. Versöhnung ist damit nicht nur ein Grundelement aller kirchlichen Lebensäußerungen, sondern auch das Kriterium für deren geistliche Legitimität. Kann das nicht erkannt werden, ist nicht verwunderlich, daß Kirche nicht akzeptiert wird. Damit aber ist die Frage unausweichlich: Was ist zu tun, daß Versöhnung als Lebensvollzug der Kirche erfahrbar wird?

5. Der Dienst der Versöhnung heute

Wissenschaftliches Fragen kann sich nie mit theoretischen Erhellungen begnügen. „Alle Wissenschaft vollendet sich als Wissenschaft vom Menschen und für den Menschen. Das gilt in gewisser Hinsicht auch von der Theologie, die gerade so vom Menschen

---

[28] Die Kirche II (vgl. s. Anm. 13) 105f.
[29] Ebd. 106.

handelt, daß sie ihn überschreitet und von seinem Schöpfer her sieht."[30] Also muß kritisch untersucht werden, woher nicht nur der theologische, sondern auch der lebenspraktische Ausfall der rekonziliatorischen Valenz der Kirche kommt. Das ist nicht angenehm und wird daher gern vermieden. Dabei werden drei Argumente ins Feld geführt, um solche Nachfragen abzublocken. Sie sind alle in sich richtig; bloß liefern sie kein Alibi für das kritische Forum.

So wird gesagt: Die Kirche sei als Gemeinde des Neuen und ewigen Bundes irreversibel in den Dienst der Versöhnung genommen. Die Gnade Gottes wird also verhindern, daß sie ihn verfehlt. Objektiv sei ihr Lebensvollzug immer schon Versöhnung. Das ist zweifellos richtig, so richtig wie die Aussage der Symbola, daß Kirche irreversibel heilig ist. Unbestreitbar und unbestritten ist aber auch, daß diese heilige Kirche die Kirche der Sünder ist. Als Gemeinschaft von freien Menschen können zumindest die einzelnen Glieder wie auch ganze Gruppen ihrem Versöhnungsauftrag nicht gerecht werden. *„Reconciliatio"* und *„Paenitentia"* hängen in dieser Zeitlichkeit unlöslich zusammen. So wenig die bleibende Heiligkeit der Kirche den Ruf zur Bekehrung in die Kirche hinein überflüssig macht, so wenig macht die objektive Inanspruchnahme der Kirche für den Heilsplan die Besinnung darauf überflüssig, ob sie dem Anspruch optimal gerecht werde.

Eben dies, so lautet ein weiterer Einwand, könne die Kirche gar nie tun. Denn ihre Botschaft von der Weise der Versöhnung sei und bleibe zu allen Zeiten widerständlich. Die Botschaft vom Kreuz sei unaufhebbar „für Juden ein empörendes Ärgernis, für Heiden eine Torheit" (1 Kor 1,23). Auch dem ist nicht zu widersprechen. Doch Paulus macht hinter der eben zitierten Feststellung keinen Punkt, sondern nur ein Komma und fährt fort: „Für die Berufenen aber, Juden wie Griechen" ist die Verkündigung von Christus dem Gekreuzigten „Gottes Kraft und Gottes Weisheit" (V. 24). Die Kirche hat kein Kriterium zu entscheiden, wer berufen ist und wer nicht; es sind jedenfalls immer „Juden und Griechen", also grund-

---

[30] *Johannes Paul II.,* Ansprache an die Repräsentanten von Wissenschaft und Kunst im Kongreßzentrum der Wiener Hofburg am 12. September 1983: Predigten u. Ansprachen von Papst Johannes Paul II. bei seiner Pilgerreise nach Lourdes ... und seinem Pastoralbesuch nach Österreich vom 10. bis 13. September 1983 (= VAS 50), Bonn o.J. (1983) 81.

legend alle Menschen und ihnen ist mit allen Mitteln und auf alle Weisen das Evangelium zu verkünden. Wer an Christi Statt den Ruf der Versöhnung erhebt, muß nach dem gleichen Korintherbrief zum Sklaven aller werden, um möglichst viele zu gewinnen (1 Kor 9, 19–23).

Besonders beliebt ist ein drittes Argument: Der Dienst der Versöhnung leide darunter, daß die Menschen sich gar nicht versöhnen lassen wollten. Sie seien abständig, lau, materialistisch, gottlos – die Liste der Vorwürfe ist lang. Auch gegen diese Erkenntnis läßt sich wenig einwenden. Die Frage ist nur, ob sie eine Dispens enthält für die eigene Verantwortung im Dienst der Versöhnung.

Argumente hin, Argumente her – die Kirche steht unleugbar heute in einer gravierenden Kommunikationskrise, die nun als Krise ihrer Aufgabe verstanden werden kann. In der Festschrift anläßlich des Jubiläums einer bayerischen Großstadtpfarrei war zu lesen: „Fast 11 000 Katholiken ‚gehören zu St. Martin'. Doch nur ein Bruchteil kommt zu den Gottesdiensten und Veranstaltungen der Gemeinde. Und die anderen? Sie gelten als ‚Fernstehende' ... Wer steht da eigentlich wem fern? Die Leute der Kirche – oder die Kirche den Leuten?"[31] Interessanterweise stammt der Satz nicht vom Pfarrer, sondern vom Pastoralassistenten der Gemeinde. Die hier zur Sprache kommende Krise ist um so gravierender, als davon die Effektivität der Wahrheit des Evangeliums berührt wird. Gerade weil sie nicht Sachwahrheit, sondern Existenzwahrheit ihrem Grundcharakter nach ist, schließen die Adressaten der Heilsbotschaft notwendig von der kirchlichen Praxis auf das kirchliche Dogma[32].

Die hier in Frage stehenden Krisen haben hauptsächlich zwei Quellen. Eine Mitteilung kommt beim Empfänger nur dann wirklich an, wenn er sie decodieren, also verstehen kann. Fehlt ihm der Schlüssel, wird die Vermittlung gestört. Die Leitung zwischen Sender und Empfänger ist sozusagen verstopft. Sie kann aber auch einen zu geringen Querschnitt aufweisen. Wenn die Nachrichtenflut zu groß ist, ist sie überfordert: die Mitteilungen werden nicht

---

[31] Kath. Pfarramt St. Martin, Nürnberg (Hg.), 50 Jahre Kirche St. Martin (Nürnberg 1985) 66.
[32] *H. Fries,* Fundamentaltheologie (Graz – Wien – Köln 1985) 99–101.

mehr wirklich vermittelt. Da Kommunikation kreisförmig verläuft (der Empfänger wird zum Sender, der Sender zum Empfänger), kann jede dieser Krisen an mehreren Stellen auftreten. Das gilt auch für das Kommunikationssystem Kirche. Es entsteht ein breites Spektrum krisenhafter Phänomene. Sie können den Außen- wie den Binnenbereich betreffen.

Den ersten hat anhand konkreter Beispiele vor einiger Zeit Otto B. Roegele untersucht[33]. Ich möchte, durch den Hinweis auf einige wenige Probleme, die Aufmerksamkeit auf den zweiten richten. Zunächst zu den Decodierungsschwierigkeiten. In einem lesenswerten Aufsatz zum Thema „Heutige Schulderfahrung" stellt Hermann J. Pottmeyer die These auf: „An der allgemein beklagten Unfähigkeit zur Schuldverarbeitung oder Trauerarbeit scheinen Theologie und Kirche durch ihr Verstummen oder ihre erfahrungsarme Sprache mitschuldig zu sein."[34] In der Tat ist es, allen häufig gehörten gegenteiligen stereotypen Klagen zum Trotz, auch gegenwärtig nicht so, daß den Menschen das Schuldbewußtsein und die Versöhnungssehnsucht fehlt; allerdings hat sich der Horizont der Sündenerfahrung geändert. Er orientiert sich nicht mehr an der individualistischen Moral der guten alten „Katholischen Moraltheologie auf das Leben angewandt" von Heribert Jone, sondern an Verfehlungen des Willens Gottes, wie sie durch Realitäten wie Auschwitz, GuLag, Dritte-Welt-Probleme umrissen werden – für die sich viele Menschen heute in der einen oder anderen Weise verantwortlich fühlen. Pottmeyer fordert darum eine neue Hermeneutik der Schulderfahrung. Man kann die Forderung verallgemeinern. Die Botschaft von der Versöhnung hat an Dringlichkeit und Aktualität nichts verloren, aber sie kann nicht mehr in der alten Sprache verkündet werden. Die also zu postulierende neue Sprache besteht freilich nicht primär darin, daß diese Botschaft nun im Jargon gesagt oder didaktisch ein bißchen stromlinienförmiger gestaltet werde, sondern daß sie es dem Adressaten ermöglicht, das Handeln

---

[33] *O. B. Roegele,* Krise kirchlicher Kommunikation in: H. Bürkle – G. Becker (Hg.), Communicatio fidei. FS E. Biser (Regensburg 1983) 43–53.
[34] *H. J. Pottmeyer,* Heutige Schulderfahrung und das christliche Sprechen von Schuld und Sünde. Verstehensvermittlung als Beitrag zur Schuldbewältigung, in: G. Kaufmann (Hg.), Schulderfahrung und Schuldbewältigung – Christen im Umgang mit der Schuld (Paderborn u. a. 1982) 93–114, Zitat 94.

Gottes in der Geschichte durch die Offenbarung nicht nur zu hören, sondern – ganz wörtlich – *wahr zu nehmen,* d. h. als Erschließung der eigenen Situiertheit auf die volle Wirklichkeit hin zu erkennen.

Eine solche Eröffnung kann freilich nicht auf den verbalen Kommunikationsbereich beschränkt bleiben, sondern muß auch den non-verbalen (oder vorwiegend so erfahrenen) umfassen. Dabei muß vor allem das sozio-kulturelle Umfeld des Empfängers in Rechnung gestellt werden. Hierzulande und heutzutage werden etwa demokratische Strukturen und Verfahrensweisen akzeptiert und positiv gewertet. Kirche als Versöhnungsgemeinschaft kann unter solchen Bedingungen nur dann plausibel erscheinen, wenn in ihrem eigenen Organisationsgefüge demokratische Grundanliegen (z. B. Mitbestimmung, freie Wahl, offene Meinungsäußerung, Kritikmöglichkeit) als auf- und angenommen erscheinen. Das erscheint unbeschadet des unaufgebbaren hierarchischen Moments in der Kirche durchaus als möglich[35]. Die Kirche muß wirklich als communio, als geschwisterliche Gemeinschaft der Kinder Gottes erfahren werden. Sie hat die Praxis liebender Kommunikation zu pflegen, ihre sakramentalen Handlungen als Zeichen göttlicher und ekklesialer Zuwendung und Begegnung erlebbar zu machen. Hier ist ein weites Feld von Möglichkeiten. Erst dann kann wohl auch verständlich gemacht werden, daß Versöhnung nicht Indifferentismus, Güte nicht laissez-faire, Liebe nicht Knieweichheit bedeutet. Die Glaubensgemeinschaft muß auch Nein sagen können zu Theorien und Praxen, aber Modus und Begründung müssen glaubwürdig und dem Versöhnungsdienst konform sein. Soviel zur ersten Form der Kommunikationskrise.

Ein paar Worte zur zweiten. Sie ist wesentlich problematischer, vor allem deswegen, weil sie nicht einfach durch ein bißchen mehr besseren Willen behoben werden kann. Der Informationsstrom hängt ja nicht nur von subjektiven Faktoren ab. Staus und Überflutungen können auch von der gegebenen Wirklichkeit bedingt wer-

---

[35] Dazu legitimiert nicht nur die Tradition des ersten christlichen Jahrtausends mit dem kommunionalen Kirchenmodell, sondern heute auch das Zweite Vatikanische Konzil mit seinen Aussagen zu Kollegialität, Dialog, Verantwortung der Laien, mit der Errichtung des Rätesystems usw. Die Belege findet man an Hand der Register in den verschiedenen Sammlungen der Konzilsdokumente.

den. Genau das ist heute der Fall in der Kirche. Die Theologen werden beinahe täglich mit bislang ungestellten Fragen konfrontiert – man denke nur an die Situation in der Moraltheologie. Sie müssen antworten und lösen damit eine Informationsflut in die Kirche hinein aus. Nicht viel anders reagieren ihre Amtsträger. Wer kann all ihre Worte, Papiere, Verlautbarungen, Briefe, Stellungnahmen noch verarbeiten? Letzter Empfänger bleibt im einen wie im anderen Fall der sogenannte einfache medienumspülte Christ. Man darf sich nicht wundern, wenn er revoltiert. Das regt ihn auf, oder er schaltet ab, oder er tut erst das eine, dann das andere. Wer etwa die Leserbriefe katholischer Publikationsorgane verfolgt, weiß, in welch bedrohlichem Maß manche Christen unsicher und unglücklich sind – und nicht nur durch Äußerungen von Theologen. Während in einer weitgehend monolithisch erlebten Welt und Kirche die Kommunikation relativ unproblematisch war – es gab nicht sehr viel Neues –, muß sie in der gegenwärtigen Gemengelage von unterschiedlichen politischen, philosophischen, künstlerischen, wissenschaftlichen und in der Reaktion darauf auch sehr pluralen kirchlichen Richtungen und Strömungen in die Krise kommen. Was ist zu tun? Man kann sich aus der Zeit nicht hinausstehlen. Der Weg ins gemütliche Getto ist uns versperrt, gerade wenn Versöhnung mit dem ganzen Universum der Lebensvollzug der Kirche ist. Möglich erscheinen jedoch Überlegungen zur Konzentration in der Kommunikation: möglich erscheint vor allem eine innerkirchliche Pädagogik, die deutlich macht, daß Einheit und Katholizität nicht voneinander trennbar sind. Versöhnende Gemeinschaft kann nur existieren, wenn in der Theologie heterogene Ansätze diskutiert, wenn im Glaubens- und Frömmigkeitsleben unterschiedliche Erfahrungen legitim gelebt, wenn zwischenkirchliche Themen offen erörtert, wenn ethische und politische Fragen mit allen interessierten Gruppen anti-ideologisch besprochen werden[36]. Versöhnte Verschiedenheit, um einen Begriff aus dem Ökumenismus zu entlehnen, ist für die Kirche ein Weg, um der geschilderten Lage gerecht zu werden.

---

[36] Instruktiv dazu *B. G. Langemeyer,* Leitideen und Zielsetzungen theologischer Mittelalterforschung aus der Sicht der systematischen Theologie, in: M. Gerwing – G. Ruppert (Hg.), Renovatio et reformatio. Wider das Bild vom ‚finsteren' Mittelalter. FS L. Hödl (Münster 1985) 3–13.

Vor und in und hinter allen solchen Erwägungen muß das Leben der Kirche als liebende Versöhnung sichtbar werden. Das ist im Grunde nichts Neues. Schon der alte Apostel Johannes schrieb seinen Gemeinden (und durch sie uns): „Nicht darin besteht die Liebe, daß *wir* Gott geliebt haben, sondern daß *er* uns geliebt und seinen Sohn als Sühne für unsere Sünden gesandt hat. Liebe Brüder, wenn Gott uns so geliebt hat, müssen auch wir einander lieben. Niemand hat Gott je geschaut; wenn wir einander lieben, bleibt Gott in uns, und seine Liebe ist in uns vollendet" (1 Joh 4,10–12). Man könnte diese längst bekannten Worte als Zusammenfassung dessen lesen, was hier gesagt sein sollte. Was aber geschähe, beträfen sie uns wirklich im Sinne personaler Kommunikation? Dann erwiese sich die Kirche wahrlich für alle Menschen als Zeichen und Vollzug der göttlichen Versöhnung. Die Vision der Gertrud von le Fort von dieser Kirche würde wahr:

„Du wäschst das Angesicht der Erde in deinen Liedern, du badest es in deinem Gebet, bis es ganz rein ist.
Du wendest es dem Herrn zu wie ein neues Antlitz!
Und der Herr bricht aus seiner Einsamkeit und empfängt dich mit Armen des Lichtes – da erwacht alle Welt in seiner Gnade."[37]

Wäre das dann nicht für sehr viele Menschen etwas wirklich Neues?

---

[37] Hymnen an die Kirche (s. Anm. 9) 25.

VIII

Der Dienst der Versöhnung als Berufung des Christen im Kontext autonomer Sittlichkeit

Von Klaus Demmer, Rom

Einführung

Vergebung empfangen und der Versöhnung dienen mag als Programm christlicher Sittlichkeit betrachtet werden. Denn der Christ wird in seiner religiösen wie sittlichen Identität durch das Vergebungswort Gottes in Jesus Christus konstituiert. Jesus Christus ist unsere Versöhnung. Und der Christ ist aufgerufen zu wandeln, wie Er gewandelt ist. Versöhnendes Handeln besteht seine Bewährungsprobe, insofern es interpretative Verlängerung empfangener Vergebung ist[1].

Unterschiedliche Weisen, das Thema zu behandeln, bieten sich an. Es könnten Konfliktfelder bezeichnet werden, die den Dienst der Versöhnung einfordern, und es ließe sich darüber nachdenken, wie dieser Dienst im Gefolge einer erneuerten Theologie der Sünde und der Bekehrung auszusehen habe. Dieses Anliegen bleibt zu berücksichtigen, wiewohl der Rahmen von Andeutungen kaum überschritten werden kann. Dennoch sei die leitende Perspektive ausgeweitet. Es soll sichtbar gemacht werden, daß christliche Sittlichkeit als ganze unter dem Vorzeichen von Vergebung und Versöhnung steht, ohne daß dies zu Lasten ihrer Autonomie ginge. Im Hintergrund steht die Überzeugung, daß jede Ethosform angesichts erfahrener und erlittener Notstände Schwerpunkte setzt und ein Programm verfolgt, das es unter konfliktgeschichtlichen Rahmenbedingungen wirksam durchzusetzen gilt[2].

---

[1] 1 Joh 2, 2.6.
[2] Der von E. Schillebeeckx eingeführte Begriff der Kontrasterfahrung wirft Licht auf die eigentümlichen Strukturen sittlichen Erkennens unter konfliktgeschichtlichen Bedingungen.

Mit einer solchen gleichsam thesenhaften Feststellung sind allerdings die formalen Strukturen sittlichen Erkennens wie Handelns des Christen in den Gang der Überlegungen hineingezogen. In welchem Sinne ist sittliche Wahrheit Heilswahrheit? Angesichts dieser Frage sieht sich der Moraltheologe genötigt, über seine möglicherweise stillschweigend eingebrachten epistemologischen Voraussetzungen Rechenschaft abzulegen[3]. Operiert er auf dem Feld des unterstellten Wahrheitsbegriffs mit Paradigmen, die der Eigenart des Sittlichen nicht voll gerecht werden? Nimmt er genügend Kenntnis von der analogen Verwendung des Begriffs Autonomie? Bemüht er sich, seine Fragestellung in den Kontext einer erneuerten Theologie der Offenbarung hineinzustellen? Die Formulierung der Fragen läßt bereits erkennen, daß an der Relevanz des Glaubens (fides quae) für sittliches Erkennen und Handeln nicht gezweifelt wird. Offen ist nur die Reichweite dieser Relevanz auf dem Feld normativer Ethik, und zwar inhaltlicher Art. Dabei wird eine Problematik im Vordergrund des Interesses stehen: Wie ist unter der Wirkungsgeschichte des Glaubens das Verhältnis von normkonstituierender und norminterpretierender Vernunft anzusetzen? Beide sind zwar zu unterscheiden, nicht aber zu trennen[4].

I. Die epistemologischen Vorentscheidungen

1. Die Eigentümlichkeit sittlicher Wahrheit

Für gewöhnlich werden in der moraltheologischen Grundlagenreflexion die vorausgesetzte Erkenntnis- und Wahrheitstheorie nicht genügend bedacht. Das ist ein folgenschweres Versäumnis, denn es beschwört die Gefahr herauf, in der Weise der Fragestellung die Antwort bereits vorschnell zu präjudizieren. Die Ergebnisse liegen fest, sobald man die Frage stellt. Der Weg weiteren Nachdenkens wird so abgeschnitten.

---

[3] Die Diskussion zusammenfassend *J. Fuchs,* Sittliche Wahrheiten – Heilswahrheiten?, in: StZ 200 (1982) 662–676.
[4] Normative Ethik verweist auf einen vor-normativen Referenzpunkt, der in der Grundentscheidung vorliegt. Einsicht und Freiheit sind noch vollendet ineinander vermittelt. Ein praktisches Vorverständnis ist gegeben, das Handlungsziele freisetzt und sich erst nachfolgend in normativen Diskurs umsetzt.

Zunächst ein Blick auf das eingebrachte Verständnis sittlicher Wahrheit. Die rationale Struktur des Wirklichen als unverzichtbare Voraussetzung sittlicher Einsicht geht vom Paradigma frei eingesehener Sinnwahrheit aus. Sittliche Wahrheit ist auf ihre praktischen Implikationen hin aufgeschlüsselte Sinnwahrheit. Mithin empfangen alle Einzelbegriffe ihre Bedeutung vom umgreifenden Sinnhorizont, der selbst wiederum eine anthropologische Option in sich speichert. Ein Vorverständnis, das sich aus Ziel- und Leitvorstellungen umfassend gelungenen guten Lebens aufbaut, wird an sittliche Wertnahme herangetragen. Zwischen den unterschiedlichen Schichten waltet eine bewegte Interferenz. Sittliche Handlungsnormen nehmen angesichts dessen eine Schutzfunktion wahr, und dies vorgängig zu ihrem Forderungscharakter[5].

In dieser These liegen erste Konsequenzen beschlossen, die das Verständnis von objektiver Geltung betreffen. Geltung bindet sich an freie Einsicht, sie trägt den Charakter eines transzendenzverwiesenen Entwurfs. Sittliche Autonomie heißt Kompetenz zum Entwurf, zur schöpferischen Innovation, zur meliorisierenden Kommunikation über die Grenzen des eigenen Verstehens- und Sprachhorizonts hinaus. Angezielt wird eine wertbesetzte universale Kommunikation[6].

Des weiteren bliebe hervorzuheben, daß für sittliches Erkennen nicht das Paradigma eines ablesenden Erkennens leitend sein kann. Sittliches Erkennen ist seinem Wesen nach setzend und entdeckend in eins[7]. Die sittliche Vernunft gestaltet in der Weise eines Sondierungsprozesses ihre eigene Geschichte. Sinnerfüllende Möglichkeiten des Handelns werden progressiv entdeckt, festgehalten und durchgesetzt. Das eingebrachte Vorverständnis liefert die dazu notwendigen Wegmarken. Der gesteckte Rahmen wird inhaltlich aufgefüllt. Und die Kriterien dieses Prozesses wachsen und differenzieren sich in ihrem eigenen Vollzug. Kurz, weil man ein Vorverständnis besitzt, ist man imstande, die rechten Fragen zu stellen.

---

[5] Ein Projekt wird aufgebaut, das sich sinnvoll in Einzelintentionen aufschlüsselt.
[6] Vgl. *R. Schnackenburg,* Ethische Argumentationsmethoden und neutestamentlich-ethische Aussagen, in: K. Kertelge (Hg.), Ethik im Neuen Testament (QD 102) (Freiburg 1984) 37–40.
[7] Vgl. *Thomas v. Aquin,* S.th. I-II 94, 4. Das „aliquid a ratione institutum" ist im Licht der immanenten Geschichtlichkeit der sittlichen Vernunft zu sehen.

Nur beiläufig sei erwähnt, daß auf der Ebene dieses Vorverständnisses Einsicht und Freiheit noch ursprünglich ineinander vermittelt sind. Dabei meint Freiheit Mächtigkeit zum Guten. Das bedeutet im Licht des eingeführten Wahrheitsbegriffs: Sittliche Wahrheit zeichnet sich durch die Interferenz von Gutheit und Richtigkeit aus. Sie hält das der Freiheit Zumutbare fest und läßt es in Handlungsanweisungen auf allgemeine Plausibilität und Kommunikabilität hin gerinnen. So gesehen fällt Autonomie mit der Kompetenz, diesen Prozeß zu verantworten, zusammen[8].

Die vorgestellten Überlegungen werfen Licht auf die beherrschenden Anliegen normativer Ethik. Normenbegründung läßt sich von Hermeneutik nicht trennen. Es kann nicht genügen, bei der satzhaften Vorlage von Normen stehenzubleiben. Normen sind vielmehr im Horizont ihrer freien Verstehensvoraussetzungen zu lesen und mithin zu begründen. In diesem Zusammenhang ist ein vereinfachender Umgang mit dem Begriff kategorial zu vermeiden. Es gibt nicht eine hypostasiert verstandene kategoriale Inhaltlichkeit, die sich nachfolgend in kategoriale Handlungsnormen auslegen würde. Und ebensowenig ist der gleiche Begriff mit innerweltlich gleichzusetzen. Kategorial ist vielmehr das Vermittlungsmedium von transzendental, und an Innerweltlichkeit wird ein transzendenzverwiesenes Projekt herangetragen. Dies übersehen hieße, stillschweigend mit einem objektivistischen Paradigma sittlichen Erkennens zu operieren. Das Transzendenzverständnis entscheidet über die Gestaltung von Immanenz. Es erwirkt Güterhierarchien, die sich unmittelbar in der verantwortlichen Gestaltung von Persongütern, mittelbar in jener von Sachgütern umsetzen. Gestaltungsverantwortung für Normen wahrzunehmen heißt, das zugrundeliegende Vorverständnis vom Glücken des Lebens in die handlungsleitende, normsetzende wie norminterpretierende Vernunft einzubringen und es zugleich dem Anspruch allgemeiner Akzeptanz über Plausibilitätsgründe auszusetzen[9]. Normen sind auf es hin funktional. Ihre unvermeidliche Abstraktheit – anders

---

[8] Dabei wird die Geschichte der sittlichen Vernunft als Befreiungsprozeß verstanden. – Vgl. *E. Coreth*, Vom Sinn der Freiheit (Innsbruck 1985) 64–66 (hier im Blick auf Hegel).
[9] Eine Kritik an J. Fuchs bei *S. Pinckaers*, Les sources de la morale chrétienne (Fribourg 1985) 109–113.

ließen sie sich ja nicht mitteilen – verlangt nach verstehender Aufschlüsselung dieses Hintergrundes, damit die verbleibenden Freiräume nicht subjektivistisch interpretiert werden. Deren Ergebnis muß in der satzhaften Formulierung nicht unbedingt aufscheinen. Gleichlautende Normen können auf unterschiedliche Weise in die Tat umgesetzt werden. Die approbierte Praxis ist es, welche über die Bedeutung von Normen entscheidet[10].

Ein abschließendes Wort sei der konfliktgeschichtlichen Situiertheit freier Einsicht gewidmet. In Normen geronnene Güterabwägungen markieren Zumutungen an die Freiheit. Es sind Freiheitsräume bezeichnet, die konfliktgeschichtlichen Zwängen abgerungen und gegen ihre Dynamik durchgesetzt wurden. Sie bieten Möglichkeiten der Konfliktbewältigung mit dem Ziel der Konfliktauflösung an. Autonomie heißt Kompetenz zur Versöhnung. Und Gestaltungsverantwortung für Normen weitet sich auf die der Freiheit zugänglichen und durch sie gestaltbaren Voraussetzungen sittlichen Handelns aus. Die sittliche Vernunft übt – so gesehen – Vorsehung über ihre eigene Geschichte aus. Und Normen bleiben in diese Bewegung eingelassen. Sie werden, hält man die vorgetragenen Überlegungen gegenwärtig, bezeugt. Das geht keineswegs zu Lasten ihrer rationalen und vorurteilslosen Kontrolle. Vorverständnis heißt ja nicht Vorurteil. Zeugnishandlungen spielen dabei eine Schlüsselrolle[11].

2. Heilsgeschichte und sittliche Autonomie

Gefragt ist nach der Relevanz des Glaubens für die normative Ethik. Welche Kriterien liefern die Glaubenswahrheiten für die normfindende wie normsetzende Vernunft im eingangs bezeichneten Sinne? Und welche Bedeutung nimmt der Begriff Kriterium an?[12]

Es mag als ein Gemeinplatz innerhalb der moraltheologischen Grundlagenreflexion angesehen werden, wenn man das Vorhan-

---

[10] Die Realität einer sittlichen Handlungsnorm liegt nicht in ihrer satzhaften Formulierung beschlossen, sondern in der untrennbaren Einheit von Satz und umgebendem Interpretationshorizont.
[11] Darauf ist im folgenden noch genauer einzugehen.
[12] *J. Ladrièr*, Über den Begriff „Kriterium", in: Conc(D)18 (1982) 299f.

densein formell geoffenbarter Handlungsnormen, welche die unmittelbare Gestaltung innerweltlicher Wirklichkeitsbereiche zum Gegenstand haben, verneint. Das ist auch gar nicht die Sinnspitze des Offenbarungsgeschehens. Es gibt keinen direkten Rekurs auf den verpflichtenden Willen Gottes. Das theologische Argument in der Moraltheologie hatte immer eine hochkomplexen Verstehens- und Deutungsvorgang zur Voraussetzung, auch wenn dies bisweilen durch kurzschlüssige Formulierungen verdeckt wurde. Darunter fallen auch Schriftaussagen: Enthaltensein in der Schrift heißt ja nicht formell geoffenbart. Auf die Strukturen dieses Prozesses gilt es in gebotener Kürze einzugehen[13].

Aus Glaubenswahrheiten lassen sich nicht vermittels eines logischen Schlußverfahrens sittliche Wahrheiten herleiten. Das hat man in der moraltheologischen Tradition auch niemals ernsthaft versucht. Damit ist die anstehende Frage jedoch nicht ausgestanden. Zunächst bliebe zu beachten, daß der Glaube auf rationale Durchdringung hin offen ist; das Erste Vatikanische Konzil bezeichnet ihn als ein „obsequium rationi humanae consentaneum"[14]. Damit ist aber zugleich ausgesagt, daß der Glaube eine Wirkungsgeschichte auf die Vernunft ausübt. Glaube und Vernunft sind auf ihre Weise autonom – die Analogie des Begriffs Autonomie bleibt in Rechnung zu stellen – und dennoch ineinander vermittelt. Diese Vermittlung geschieht in Basiselementen einer theologischen Anthropologie, die sich durch strikt theologische Reflexion begründen lassen.

Der Glaube steht nicht, gleichsam flächenhaft, einem flächenhaft verstandenen sittlichen Naturgesetz gegenüber. Es lassen sich nicht, über die ganze Breite des sittlichen Naturgesetzes hinweg, unmittelbar aus dem Glauben normativ relevante Kriterien gleichsam beliebig abrufen. Die Erwartungshaltung ist überzogen und entspricht weder der Sinnspitze des Offenbarungsgeschehens noch auch der tatsächlich stattgefundenen Wirkungsgeschichte des Glaubens auf die sittliche Vernunft, wenn man so vorgeht. Vielmehr ist es doch so, daß der Glaube – als Bedingung seiner eigenen

---

[13] Vgl. *J. Fuchs,* Das Gottesbild und die Moral innerweltlichen Handelns, in: StZ 202 (1984) 363f.
[14] DS 3009.

geschichtlichen Möglichkeit – richtige sittliche Erkenntnis immer schon voraussetzt. Er trägt sich in den offenen Rahmen des sittlichen Naturgesetzes ein. Er bestätigt vorgefundene Wahrheit und integriert sie in seinen eigenen Sinnhorizont. Das ist ein unbestrittenes Traditionselement und entbehrt darum der Notwendigkeit weiterer Rechtfertigung. Hinzuzufügen bliebe nur, daß die hier gemeinte Kommunikationsfähigkeit von der Ebene des rein Sittlichen auf die anthropologischen Voraussetzungen übergreift. Den Christen und den Nicht-Christen verbinden anthropologische Gemeinsamkeiten, auch wenn die zugrundeliegenden Projekte auseinandergehen[15]. Dennoch ist mit einer solchen Feststellung die anstehende Problematik keinesfalls erschöpft. Der Glaube bestätigt nicht nur, er korrigiert Defekte, und dies zumal dort, wo sie einem unvollkommenen anthropologischen Entwurf entstammen. Schließlich bringt er in die universale Kommunikation eine bessere anthropologische Alternative ein. Diesem Phänomen sei kurz nachgegangen[16].

Der Glaube erwirkt Basiselemente einer theologischen Anthropologie, die zwar schon als universaler Bestand vorgefunden werden, die aber jetzt durch strikt theologische Reflexion begründet werden und mithin eine neue Qualität empfangen. Sie schaffen Schwerpunkte eines christlichen Menschenbildes und erzeugen zugleich Wegmarken für den oben bezeichneten sittlichen Erkenntnisprozeß. So werden Anliegen deutlich, die es weiter zu verfolgen gilt, nicht aber normative Sätze begründet. Über dieses Koordinatensystem übt der Glaube eine maieutische Funktion auf die sittliche Vernunft aus: Er weist ihr den Weg und läßt sie die rechten Fragen stellen, und dies darum, weil er ein Vorverständnis einbringt. Als Lückenbüßer der Vernunft immer dort, wo sie an ihre Grenze kommt, tritt er nicht auf. Aber er stimuliert den Einsichtsprozeß aus dem eingebrachten Überschuß[17]. Einige Punkte seien herausgegriffen. Gedacht ist zuallererst an die unzerstörbare Würde der menschlichen Person. Insofern alle Kreatur auf Jesus

---

[15] Kirche und Menschheit sind verbunden durch ihre Verantwortung für den gemeinsamen Schatz der Wahrheit. – Vgl. Gaudium et Spes 16.
[16] Der Glaube als vollendetes Erkenntnisprinzip übt eine kritisierende, stimulierende und integrierende Funktion auf die sittliche Vernunft aus.
[17] Das mindert nicht die geschichtliche Riskiertheit der sittlichen Vernunft.

Christus hin geschaffen ist, vermag die Sünde sie nicht auszulöschen. Um wieviel weniger ein geschichtliches Ereignis oder gar eine menschliche Instanz! Der Bedeutungsgehalt anthropologisch relevanter Schlüsselbegriffe wie Begegnen oder Verfügen ist davon betroffen[18]. Es sei aber auch an die fundamentale Gleichheit und Brüderlichkeit unter allen Menschen gedacht. Indem Gott sich in Jesus Christus den Menschen gleichmacht, macht er auf unüberholbare Weise alle Menschen untereinander gleich. Die Theologie der Inkarnation verweist so auf ihre anthropologischen Implikationen. Oder man denke an die gemeinmenschlichen Erfahrung von Zeitlichkeit und Sterben-müssen. Indem Gott sich dem Menschen in Jesus Christus in dieser Zeitlichkeit offenbart, teilt er ihr eine unzerstörbare Sinnhaftigkeit mit. Für den Christen gibt es weder sinnlose noch verlorene Zeit. Und den Tod umfängt man auf der Höhe des Lebens und prägt so der zubemessenen Zeit ihre österliche Dimension ein[19]. Tod und Leben lassen sich nicht gegeneinander ausspielen, sie sind wurzelhaft miteinander versöhnt. Alle Entscheidungen, welche die sinnvolle Gestaltung der Zeit zum Gegenstand haben, gehen von dieser Voraussetzung aus. Diese Überlegungen müßten fortgesetzt werden. Aber unbeschadet ihrer Bruchstückhaftigkeit scheint dennoch auf, daß in den anthropologischen Implikationen Rahmenbedingungen erstellt werden, die gleichsam im Sinne von Programmsätzen zu lesen sind. Alle notwendigen Konkretisierungen stehen in ihrer interpretativen Verlängerung. Die Bedeutung des Begriffs Kriterium schwingt in diesen Horizont ein.

Der durchlaufene Gedankengang läßt sich kurz so zusammenfassen: Basiselemente einer theologischen Anthropologie stellen den Vermittlungsort zwischen Glaubenswahrheiten und sittlichen Wahrheiten dar. Einen unvermittelten Übergang zwischen beiden gibt es nicht. In diesem Zusammenhang sei nochmals auf den vereinfachenden Umgang mit dem Wort kategorial hingewiesen. Aussagen theologischer Anthropologie sind nicht kurzerhand mit

---

[18] Man denke, um ein Beispiel zu nennen, an das verantwortliche Verfügen über Leben. Leben als das fundamentalste Gut des Menschen ist zugleich das personalste. Verfügen und Begegnen, Wirken und Ausdruck gehen hier vollendet ineinander über.
[19] Phil 1,19–24.

kategorialen Wahrheiten gleichzusetzen, sie nehmen vielmehr den Rang von Vermittlungsgrößen ein. An der gelebten und erfahrenen Wurzel dieses Prozesses steht das Eintreten des Glaubenden in das Gottesverhältnis Jesu. Je tiefer er in dieses hineinwächst, um so klarer treten die Konturen der anthropologischen Rahmenbedingungen hervor[20].

3. Jesus Christus – unsere Versöhnung

Jesus Christus ist unsere Versöhnung: mit Gott, mit uns selbst, mit unserem Nächsten und mit unserer Lebenswelt. Anthropologische, geschichtliche und kosmische Dimension durchdringen und bedingen einander. Denn er ist der vollkommene Mensch, in ihm wird der Mensch dem Menschen geoffenbart. Gottes Plan mit dem Menschen ist in letzter Vollkommenheit an ihm abzulesen[21]. Dennoch bleibt der Sinn von Ablesen zu klären. Und dies im Licht der eingebrachten Voraussetzungen.

Es mag als ein Gemeinplatz moraltheologischer Grundlagenreflexion betrachtet werden, daß ein Zusammentragen moralisch relevanter Schrifttexte – wenngleich durch moraltheologische Hermeneutik gefiltert – dem methodischen Selbstverständnis der Moraltheologie nicht entspricht[22]. Das Arbeitsprogramm des Moraltheologen ist umfassender anzusetzen. Den unverzichtbaren Referenzpunkt moraltheologischer Reflexion bilden die unterschiedlichen christologischen Entwürfe des Neuen Testaments. In ihrem Licht sind einzelne Texte zu lesen. Ablesen nimmt dabei den Sinn eines hochkomplexen Verstehens- und Interpretationsprozesses an. Dessen Strukturen sind durch die Eigentümlichkeit seines Objekts bestimmt: Gemeint ist die Sprachhandlung der Lebensgeschichte und des Lebenszeugnisses Jesu. Die Selbstmitteilung Gottes bindet sich ja an ein geschichtliches Sprachereignis von einzigartigem ontologischem Rang, das schon als solches zu den-

---

[20] Vgl. dazu *Johannes Paul II.*, Redemptor hominis 13.
[21] Gaudium et Spes 22. – *W. Kasper*, Christologie und Anthropologie, in: ThQ 162 (1982) 202–221.
[22] Eine gute Übersicht bei *R. Dillmann*, Das Eigentliche der Ethik Jesu. Ein exegetischer Beitrag zur moraltheologischen Diskussion um das Proprium einer christlichen Ethik (Mainz 1984).

ken gibt, das sich aber zugleich in Worten und Taten auslegt und so den Stoff für Erzählen, Verstehen und Deuten abgibt. Dem Moraltheologen fällt die Aufgabe zu, die Sinnspitze dieses Geschehens zu entschlüsseln und in ihrem Licht ein Vorverständnis zu gewinnen, das den Zugang zur Weltwirklichkeit und ihrer verantwortlichen Gestaltung eröffnet. Wenn also von einer Wirkungsgeschichte des Glaubens auf die sittliche Vernunft die Rede ist, dann doch im Licht einer Offenbarungstheologie, die das leitende Paradigma einer Mitteilung von Wahrheiten hinter sich gelassen hat.

Bereits Gesagtes sei wiederum eingebracht. Wenn es hieß, der genannte Vermittlungsprozeß sei in Bewegung, dann im Sinne einer ständigen Verbesserung. Es besteht eine offenkundige Affinität des Glaubens zu jenen permanenten Schwachstellen sittlicher Einsicht wie Freiheit, die schuldgeschichtlich bedingt sind und ihr eigenes Schwergewicht dauernder Neubestätigung – gleichsam in der Weise einer konstitutionellen Verstrickung – erwirken. Die sittliche Einsicht des Christen arbeitet an den Verhängnisstrukturen dieses Äons. Bessere Handlungsmöglichkeiten werden entdeckt, festgehalten und zeugnishaft durchgesetzt. Autonomie stammt aus ermächtigter Freiheit. Das geschieht nicht nur angesichts der vielfältigen geistesgeschichtlichen Herausforderungen, sondern auch und zumal angesichts jener Kontrasterfahrung, die durch die konfliktgeschichtliche Befindlichkeit hervorgerufen wird. Die Kriterien dieses Prozesses liegen nicht in vollendeter Klarheit von vornherein fest, sie lichten sich fortschreitend im Akt ihres Ergreifens und Umsetzens. Der Glaubende denkt über die anthropologischen Implikationen des Glaubens und die Sinnspitze der unterschiedlichen Christologien nach; er sucht Entsprechungen zwischen seinem Selbstverständnis und seinen Lebens- wie Handlungszielen herzustellen. Die maieutische Funktion des Glaubens behauptet sich so unter konfliktgeschichtlichen Bedingungen. Sie befähigt dazu, die rechten Fragen zu stellen, weil sie auf ein vollkommenes Vor-Verständnis zurückgreifen kann, das sich unter dem Anruf der Geschichte Schritt für Schritt und keineswegs planmäßig entwickelt[23].

---

[23] Man denke, um ein geschichtliches Beispiel zu nennen, an den Einfluß des Christentums auf die Rechtskultur. Schließlich ist Recht ein ursprünglicher Ort von Konfliktbewältigung.

Dieser Vorgang besitzt auch eine handlungsstrategische Seite. Es sei daran erinnert, daß sittliche Einsicht den Vorentwurf des Handelns darstellt[24]. Darum sind die christlichen Charismen sowie die tragenden Motivationen christlichen Lebens von erkenntnisleitender Relevanz. Auch in ihnen ist ein Vor-Verständnis anwesend, das an den Inhalten sittlichen Handelns arbeitet. Es inspiriert sich an den Seligpreisungen, an den sekundären Antithesen der Bergpredigt und erwirkt eine erhöhte Kompetenz der Konfliktbewältigung[25]. Die sittlichen Handlungsnormen rechnen stillschweigend damit und legen darum nicht nur Einsatzweisen, sondern überdies Zumutungsstandards fest. Man kann nicht mit einem Normverständnis operieren, welches beide Aspekte auseinanderreißt. Es möchte sich gerade an dieser Stelle die Frage nahelegen, ob man im Kontext der autonomen Moral nicht stillschweigend mit einem Modell von kategorialer Handlungsnorm arbeitet, das dieser heilsgeschichtlichen Bewegtheit nicht voll gerecht wird. Müßte das Verständnis von Normen nicht eine höhere Flexibilität und Differenziertheit aufweisen? Eine Flexibilität näherhin, die den unterschwelligen metaphysischen Reduktionismus überwindet, und eine Differenziertheit, die dem Unterschied von Person- und Sachgütern, auf deren sinnvolle Verwirklichung Normen sich ja richten, mehr Raum zugesteht?[26]

In diesem Kontext darf die ekklesiale Dimension nicht ausgespart werden. Denn die Kirche ist ihrem Wesen nach versöhnend[27]. Sie ist Erinnerungs-, Verstehens- und Zeugnisgemeinschaft. Möglichkeiten der Versöhnung werden in gemeinsamer Verantwortung entdeckt und bezeugend durchgesetzt. Das geschieht keinesfalls in selbstgenügsamer Autarkie. Von außen kommende Anregungen werden aufgenommen, in kritischer Selektion assimiliert und in den christlichen Sinn- und Intentionalitätshorizont hinein integriert. Das Alte Testament und die urchristlichen Gemeinden lie-

---

[24] Im Hintergrund steht die Interferenz von Motivation und Intention, die im Bild einer Perichorese zu verstehen ist.
[25] Röm 12–13; 1 Kor 13.
[26] Je mehr eine Norm die Verwirklichung von Persongütern zum Ziel hat, um so flexibler ist nicht nur die Möglichkeit ihrer Ausdeutung, sondern um so unmittelbarer macht sich die Wirkungsgeschichte des Glaubens spürbar.
[27] *Johannes Paul II.*, Reconciliatio et poenitentia, n. 8, 13.

fern dazu die Vorbilder; es war immer eine wechselseitige Dialektik von Geben und Nehmen, einer Osmose vergleichbar, am Werk[28]. Warum sollte dies für die Kirche von heute nicht auch gelten? Wenn mithin von Kommunikation sittlicher Einsicht die Rede ist, dann ist zuallererst die offizielle Lehrsprache der Kirche betroffen. Es war Papst Paul VI., der in seiner Antrittsenzyklika „Ecclesiam suam" Wegmarken einer erneuerten Lehramtstheologie gesetzt hat. Kirche und Menschheit sind in ihrer gemeinsamen Verantwortung für die gemeinsamen Schätze der Wahrheit miteinander verbunden und in dieser Verbundenheit auf dem Wege. Rückwirkungen auf die offizielle Lehrsprache der Kirche dürfen nicht ausbleiben. Der Stil ist es, der eine zugrundeliegende Denkform sichtbar macht. Unterweisung und Vorschlag, Einladung und Paränese müssen gleicherweise zum Zuge kommen. Und der einzelne Hörer der Botschaft ist zugleich selbstverantwortlicher Partner des kirchlichen Lehramtes[29]. Versöhnung auf der Ebene der Lehrsprache heißt, dieser Christusförmigkeit des Sprechens Raum zu geben. Und zugleich muß aufscheinen, daß in lehramtlichen Vorlagen bessere Lebens- und Handlungsmöglichkeiten angeboten und argumentativ aufgeschlossen werden. Dieser Prozeß ist getragen vom Lebenszeugnis der Gesamtkirche.

II. Bewährungsfelder der Versöhnung

1. Grundhaltungen und privilegierte Orte

Der gezeichnete epistemologische Hintergrund legt den Weg frei für einen differenzierteren Umgang mit der sittlichen Handlung. Es bleibt nicht zu übersehen, daß Handlungen immer im verbindenden Kontext tragender Haltungen angesiedelt sind. Letztere verbürgen dynamische Identität. Eine rein normativ orientierte Ethik könnte einem atomisierten Handlungsverständnis Vorschub leisten.

---

[28] Der Kommunikationspreozeß weist zwei Phasen auf: Er gibt sich in die Universalität der sittlichen Vernunft hinein und sucht zugleich die eigene Einsichtsgeschichte einzubringen.
[29] Lumen gentium 12. – Vgl. *H. Fries,* Gibt es ein Lehramt der Gläubigen?, in: Conc(D) 21 (1985) 292f.

Dem bliebe noch hinzuzufügen, daß man ja auch niemals ursprünglich auf der Ebene von Handlungsnormen denkt noch auch lebt. Normen stellen immer eine abgeleitete Wirklichkeit dar, die demgemäß auch der Peripherie des tragenden Selbstbewußtseins zugehören. Im Zentrum stehen hingegen Lebens- und Handlungsziele, auf die hin freie Einsicht sich entwirft[30]. Nun hieß es bereits, der Glaube übe gegenüber der sittlichen Vernunft eine maieutische Funktion aus, er gebe die Kompetenz, die rechten Fragen zu stellen. Das kann er darum, weil in ihm ein Vorverständnis anwesend ist, das zumal an den Konfliktherden und permanenten schuldgeschichtlichen Verstrickungen strategische Schwerpunkte des Handelns aufrichtet. Es gibt nicht nur eine Hierarchie der Wahrheiten, sondern auch eine solche der Präsenz. Ziel ist in jedem Fall das versöhnende und befreiende Herausführen aus schuldgeschichtlich verobjektivierten Verstrickungen. Das Wort Durchsetzen ist in diesem Sinne zu verstehen. Und im gleichen Licht ist das vorher erwähnte Interferenzverhältnis von Motivation und Intention zu sehen[31].

Zunächst zu einigen Bewährungsfeldern, die in der Konsequenz des bislang aufgerissenen anthropologischen Horizonts liegen. Versöhnung nimmt ihren Anfang in der Weise des Denkens. Das Wort Toleranz mag als Stichwort dienen. Es steht für die praktische Bekundung der immanenten Geschichtlichkeit sittlichen Erkennens und Handelns. Toleranz macht ernst mit der Tatsache, daß es nicht nur eine unterschiedliche Rhythmik sittlicher Einsichtspro-

---

[30] Das eingangs eingeführte Paradigma, von der Grundentscheidung auszugehen, ist hier in Erinnerung zu rufen.
[31] Zwischen beiden läuft eine gegenseitige Wirkungsgeschichte ab. Motivationen appellieren nicht nur an die Freiheit, inhaltlich bereits eindeutig umschriebene Handlungsweisen auszuführen, sie bewegen auch zu solchen Handlungsweisen, die normativ noch nicht eindeutig festgelegt sind; man denke an die Wahl eines Lebensstandes. Und letztlich wirken sie auf den spontanen Einsatzgrad der eigenen Freiheit ein und sind somit inhaltlich relevant. Insofern es den Intentionen zukommt, die konkreten Handlungsziele in strategischer Abwägung festzulegen, tragen sie in die Motivationen eine weitergehende rationale Klärung hinein. – Im Blick auf das biblische Verständnis von Motivation R. *Schnackenburg,* Neutestamentliche Ethik im Kontext heutiger Wirklichkeit, in: D. Mieth – H. Weber (Hg.), Anspruch der Wirklichkeit und christlicher Glaube. Probleme und Wege theologischer Ethik heute (Düsseldorf 1980) 204.

zesse gibt, sondern auch unterschiedliche anthropologische Rahmenbedingungen und Handlungsmöglichkeiten. Toleranz ist der Versuch, den Nächsten aus seinen ihm zuhandenen Voraussetzungen heraus zu verstehen. Grenzen brechen dort auf, wo offenkundige Rechtsverletzungen begangen werden. Dies zumal dort, wo Schutzlose in Mitleidenschaft gezogen werden. Das ist unbestritten und betrifft zumal die vielfältigen Formen von Mitwirkung in einer pluralistischen Gesellschaft[32]. Allerdings bleibt in alledem der heilsgeschichtliche Rahmen zu berücksichtigen. Die Toleranz des Christen nimmt ihr Maß an der Toleranz Gottes in Jesus Christus, welch letztere sich im Kreuzesgeschehen am eindringlichsten unter Beweis stellt. Hier ist keinesfalls eine passionistische Grundhaltung am Werk. Wohl aber die unzerstörbare Gewißheit, daß auch Leiden in der Lage ist, eine gegebene Konfliktsituation, die durch Intoleranz provoziert wurde, umfassend zu verbessern[33]. Eine Denkhaltung setzt sich in eine Sprachhandlung um. An letztere kann aber nicht einfach der Maßstab einer Sachgerechtheit, die aus der „Natur der Sache" stammt, angelegt werden. Insofern Toleranz die Verwirklichung von Kommunikation zum Ziel hat, ist das Paradigma der Persongerechtheit einzuführen. Dieses zeichnet sich durch erhöhte Flexibilität aus. Richtigkeit ist, so gesehen, von erhöhter Funktionalität. Sie mißt sich an der Fähigkeit der Konfliktauflösung. Nicht, als ob nun der tragende Unterschied von Richtigkeit und Gutheit eingeebnet werden sollte. Aber er kann, je nach der Art der in Frage stehenden Güter, unterschiedliche Vermittlungsweisen annehmen[34].

Es gibt auch eine Versöhnung mit der zubemessenen Lebenszeit. Wenn die Zeit des Christen durch die wirkende Gegenwart Gottes in ihr qualifiziert ist, dann birgt jeder Moment die Verheißung endgültiger Erfüllung in sich. Leitend ist das Vertrauen, es lasse sich auch mit unabgegoltenen Erwartungen leben. Vorstellungen umfas-

---

[32] *K. Demmer,* Deuten und handeln. Grundlagen und Grundfragen der Fundamentalmoral (Freiburg 1985) 195–200.
[33] *G. Ebeling,* Die Toleranz Gottes und die Toleranz der Vernunft, in: ZThK 78 (1981) 448, 454.
[34] Je mehr der Akzent auf dem personalen Ausdruck liegt, um so breiter ist das Feld spontaner Freiheit. – Vgl. *R. Ginters,* Die Ausdruckshandlung. Eine Untersuchung ihrer sittlichen Bedeutsamkeit (Düsseldorf 1976).

send erfüllten Lebens sind plastisch auf die deutende Grundhaltung gefaßter Annahme der liebenden göttlichen Vorsehung hin. Alle Zielgüterverwirklichung hat sich an dem zugrundeliegenden Raster der Geschichtstheologie zu messen. Man hält die Zeit nicht angsthaft fest, und man wirft sie auch nicht resigniert weg. Versöhnter Umgang mit der Zeit heißt gefaßtes Annehmen und Ausschöpfen der Gegenwart. Alle anfallenden Güterabwägungen, die den Umgang mit der Zeit unmittelbar zum Gegenstand haben, werden durch diese Grundhaltung präjudiziert[35].

Erhellend im Hintergrund steht die Versöhnung des Christen mit seinem unausweichlichen Tod. Denn in Jesus Christus sind Tod und Leben miteinander versöhnt. Für den Christen gibt es weder eine Flucht aus dem Leben noch eine Flucht vor dem Tod. Was für den Tod gilt, das gilt gleicherweise für das Gesamtspektrum seiner geschichtlichen Antizipationen. Man umfängt den Tod auf der Höhe des Lebens. Versöhnung ist in diesem Zusammenhang an eine Deutungsleistung gebunden. In ihrem Gefolge muß versucht werden, solche Güter- und Zumutungsabwägungen zu finden wie durchzusetzen, die der genannten Grundeinstellung entsprechen. Natürlich ist eine solche Aussage noch sehr vage und im Blick auf unmittelbare Umsetzbarkeit auch wenig hilfreich. Es bleibt darum in Erinnerung zu rufen, daß diese Rahmenbedingungen autonomer sittlicher Vernunft Richtungsanzeigern gleich sind. Sondierende Rationalität läßt sich nicht ersetzen. Und ebenso fließt Lebenserfahrung in diesen Prozeß ein. Dennoch stehen unverzichtbare Wegmarken fest. Den Tod kann man nicht wählen. Er ist im Tod Jesu Christi ein für allemal umgewandelt. Der Christ ist im Tod Jesu Christi zum Leben erschlossen, nicht als Verfügtheit, wohl aber als Verdanktheit[36].

Ähnliches gilt für die getroffene Lebenswahl. Sie verlangt – will man sich nicht an ihr zerreiben –, daß man sich mit ihr aussöhne.

---

[35] Hier überwiegt die präsentische Eschatologie. Angesichts der Herausforderungen der narrativen Christologie an die Entschlüsselung ihrer sittlichen Bedeutsamkeit müßte auch die futurische Eschatologie zum Zuge kommen. Es bedarf auch einer „anthropologia crucis" sowie einer Entfaltung der ihr entsprechenden Grundhaltungen.
[36] Die Vorentscheidung verlangt naturgemäß nach weiterer Präzisierung in dramatischen Konfliktsituationen. Das kann hier nicht geleistet werden.

Zwar ist der Gegenstand von Anfang an eindeutig umrissen. Man weiß, welche Alternativen man ausgeschlossen hat. Das schließt indes eine hohe Flexibilität nicht aus, wenn es um die lebensgeschichtliche Auffüllung des gezogenen Rahmens geht. Tragende Motivationen sowie beherrschende Lebenseinstellungen sind fortwährend zu revidieren. Verantwortung für das Gelingen einer Lebenswahl weitet sich auf das Gesamtspektrum der personalen wie sachhaften Voraussetzungen aus. Und Versöhnung heißt, die mit der Lebenswahl einhergehenden Möglichkeiten personaler Erfüllung aufzugreifen, um so auftretenden Konflikten prophylaktisch den Boden zu entziehen. Versöhnung und Vorsehung über die eigene Lebensgeschichte gehen Hand in Hand[37]. Damit verbindet sich eine weitere Konsequenz: Gestaltungsverantwortung für Handlungen verlangt eine hermeneutische Anstrengung, die sich auf alle relevanten Voraussetzungen – die individuellen wie die sozialen gleicherweise – ausdehnt. Es gibt nicht nur ein lebensgeschichtliches, sondern auch ein sozialgeschichtliches Gesetz der Gradualität. Versöhnung heißt, gleich auf welcher Ebene auch immer, Konfliktsituationen prophylaktisch zu begegnen und an der heilenden Aufarbeitung ihrer Nachgeschichte verstehend mitzuwirken, das heißt, sie durch unrealistische Überforderung nicht schon im Keime zu ersticken[38].

2. Sprachhandlungen als Zeugnishandlungen

Es hieß bereits, eine eingehendere Analyse der sittlichen Handlungen sei gefordert. Das hat im Kontext nicht nur der anthropologischen, sondern auch der ekklesiologischen Vorentscheidungen zu geschehen. Dem sei im folgenden noch Aufmerksamkeit gewidmet.

Sittliche Einsicht ist wesenhaft freie Einsicht. Unter der vermittelten Wirkungsgeschichte des Glaubens entdeckt sie die schuldgeschichtlich bedingten Angriffsflächen des sittlichen Naturgesetzes (natura sanata) und integriert es in den christlichen Sinnhorizont in

---

[37] K. *Demmer* (s. Anm. 32) 72–76.
[38] Eindringlich W. *Korff,* Ethische Entscheidungskonflikte: Zum Problem der Güterabwägung, in: A. Hertz u.a. (Hg.), Handbuch der christlichen Ethik III (Freiburg – Gütersloh 1982) 85.

seiner bleibenden Interferenz von Motivations- und Intentionalitätszusammenhang hinein (natura elevata). Handlungsnormen folgen diesem Prozeß nach. Ihre satzhafte Formulierung läßt sich vom begleitenden und umgebenden Interpretationshorizont nicht lösen. Letzterer bestimmt auf der Ebene approbierter konkreter Praxis, was mit Normen eigentlich gemeint ist. Kommunikation über Normen besitzt ihren unverzichtbaren Referenzpunkt in gelebter Praxis und nicht in hypostasierten Sätzen[39]. Des weiteren bleibt zu beachten, daß die herausgestellten anthropologischen Implikationen als Rahmenbedingungen der sittlichen Vernunft die Funktion von inspirierenden Leitprinzipien ausüben. Der Vergleich mit den Menschenrechten legt sich nahe[40]. Sie zeigen Problemfelder an und Handlungsziele auf. Hier liegt ihre einsichtsgeschichtliche Kompetenz. Um ein Bild zu gebrauchen, die groben Umrisse liegen fest, die Einzelheiten müssen eingetragen werden. In diesem Sinne ist die Plausibilität der sittlichen Vernunft zu sehen. Von hier sei der Bogen zur ekklesialen Dimension geschlagen. Die Kirche als Erinnerungs-, Verstehens- und Deutungsgemeinschaft ist Kreatur des Wortes und als solche die geschichtliche Fortsetzung der Sprachhandlung Jesu. Dabei bleibt in Rechnung zu stellen, daß Wort im biblischen Sinn als setzendes und wirkendes Wort genommen wird. Eine Parallele zur setzenden Kompetenz sittlicher Einsicht legt sich unmittelbar nahe. In diesen Rahmen ist das Verständnis von Sprachhandlungen einzutragen.

Sprachhandlungen liegen unmittelbar auf der Ebene personalen Ausdrucks als Vehikel interpersonaler Kommunikation. Sie unterscheiden sich folglich von Wirkhandlungen, deren unmittelbarer Gegenstand im Bereich unterpersonaler Güter liegt. Personaler Ausdruck und Tun sind vollendet ineinander vermittelt. Natürlich ist das im Sinne einer Akzentsetzung gemeint. Denn auch Wirkhandlungen nehmen an der Sprachfähigkeit ihres Trägers teil und drücken sie – wiewohl vermittelt – aus[41].

---

[39] Das gilt auf allen Ebenen der Kommunikation; Worte und Sätze verlangen nach dauernder Aufschlüsselung. – Vgl. *J. Simon*, Verlieren und Finden der Sprache. Zur Geschichtlichkeit der menschlichen Existenz, in: Ph Jb 91 (1984) 238–249.
[40] Man hat immer darauf hingewiesen, daß sie argumentativ nicht überfordert werden dürfen.
[41] Im Grunde verläuft zwischen beiden eine gegenseitige Interpretationsleistung. Sie verbürgt die Einheit des handelnden Subjekts.

Wo liegen nun die Anwendungen für unsere Thematik? Zum besseren Verständnis sei in Erinnerung gerufen, daß Sprache eine lebendige Wirklichkeit darstellt. Als vom Menschen geschaffenes Medium der Kommunikation setzt sie nicht nur einen gemeinsamen Verstehenshorizont voraus, sie schwingt zugleich in dessen geschichtliche Bewegung ein. Neue Worte werden geschaffen, alte empfangen eine neue Bedeutung, die Kombinationsmöglichkeiten sind unbegrenzt[42]. Der Ernstfall tritt dann ein, wenn Sprachsysteme als ganze von diesem Prozeß betroffen werden, wenn also ein einschneidender Paradigmenwechsel eintritt. Sprachhandlungen im vorgenannten Sinne nehmen an diesem Wechsel teil. Dieser Wechsel ist nur durch schöpferische Intuition zu erklären. Das bleibt zu bedenken, wenn von Sprachhandlungen des Glaubenden im kirchlichen Kontext die Rede ist. Die kommunikative Bedeutung, die ihnen mitgegeben wird. erklärt sich aus jenem Paradigmenwechsel, der mit dem Inkarnationsgeschehen ontologisch einsetzt, der eine neue Geschichte in Gang setzt, die sich an den Wegmarken der anthropologischen Implikationen ausrichtet und inspiriert und die in der bleibenden Bedeutung der Torakritik neue strategische Handlungspräferenzen errichtet[43]. In Sprachhandlungen wird die gemeinsame Erinnerungs- und Deutungsgeschichte wachgehalten. Zeugnis- und Appellfunktion durchdringen sich in ihnen. Dazu seien noch einige Elemente beigesteuert.

Zunächst zur Zeugnisfunktion. Zeugnishandlungen füllen jene Freiräume auf, die durch eine rein normative Ethik gelassen werden. Normen operieren ja zwangsläufig – im Gefolge ihrer Abstraktheit – mit Freiräumen, die sowohl die Weise als auch die Intensität des Handelns betreffen. Zeugnishandlungen treten in diese Lücke ein und füllen sie aus. Aufgrund ihres akzentuiert kommunikativen Charakters sind sie dort angesiedelt, wo es um die Verwirklichung strikt personzentrierter Güter geht. Ihre Richtigkeit bemißt sich nicht an dem Paradigma einer unterpersonalen Sachgerechtheit, an der Verwirklichung eines Einzelgutes, sondern an

---

[42] Vgl. *I. Dalferth – E. Jüngel,* Sprache als Träger von Sittlichkeit, in: A. Hertz u. a. (Hg.), Handbuch der christlichen Ethik II (Freiburg – Gütersloh 1978) 458, 464.
[43] Man denke im Kontext der Torakritik zumal an die sekundären Antithesen, deren Handlungsrelevanz sich zumal in den Charismen entfaltet.

ihrer Fähigkeit zur Freiheitsförderung des gemeinten Adressaten. Darunter wird im christlichen Kontext die Fähigkeit zur Versöhnung verstanden. Sie erschließt sich unmittelbar im zeugnishaften Tun als sinnvoll. Aber das ist es nicht allein. Normen stehen ja immer in einem gemeinsamen Interpretationshorizont. Zeugnishandlungen arbeiten an ihm. Sie heben bislang ungehobenes Deutungs- und mithin Handlungspotential und halten so ein geltendes Normensystem in verbessernder Bewegung[44].

Aber auch eine prophetische Appellfunktion ist in Sprachhandlungen am Werk. Eine in unmittelbar kalkulierbaren Abwägungen greifbare Güterverwirklichung ist gar nicht ihr Ziel. Vielmehr wird ein Zeichen gesetzt, das aufmerken und nachdenken läßt. Sprachhandlungen tragen, so gesehen, einen symbolhaften wie hyperbolischen Charakter. Dabei nimmt der Handelnde das Risiko eines mehrfachen Scheiterns bewußt auf sich. Zunächst handelt er sich das Risiko ein, nicht verstanden zu werden, und dies entgegen seinem kommunikativen Anliegen. Die so aufbrechende Isolation wird gefaßt angenommen. Das geschieht aus der unverbrüchlichen Hoffnung, der Gang der Geschichte werde die erhoffte Rechtfertigung bringen. Das Mißlingen der angezielten Kommunikation hier und jetzt bleibt in einer besseren Zukunft aufgehoben. Scheitern kann indes auch heißen, daß man Nachteile für sich in Kauf nimmt, deren Vermeidung sich unter Berufung auf einen allgemein akzeptierten Abwägungsstandard durchaus rechtfertigen ließe[45]. Dennoch verzichtet man auf eine solche Möglichkeit. Denn man weiß, belehrt durch geschichtliche Erfahrung, daß ein solches Abwägen zwangsläufig dazu neigt, bestehende Verhängnisstrukturen zu verfestigen, einen waltenden Teufelskreis zu bestätigen, statt befreiend und versöhnend aus ihm heraus und über ihn hinaus zu führen. Es wird also ein heilsames Ärgernis provoziert. Der Handelnde übernimmt die Last, eine solche Spannung in seinem

---

[44] An einem geltenden sittlichen Standard wird fortwährend gearbeitet, und dies innerhalb eines ethischen Systems als auch in dauernder Grenzüberschreitung. – Für ein alttestamentliches Beispiel *B. Fraling,* Aspekte ethischer Hermeneutik in der Schrift, in: H. Rotter (Hg.), Heilsgeschichte und ethische Normen (QD 99) (Freiburg 1984) 21ff.
[45] Man denke an die Möglichkeit des Rechtsverzichts oder an schweigende Toleranz, die alles andere als Zustimmung sein kann.

Lebensschicksal auszuhalten und auszuleiden. So muß es nicht mißverständlich sein, Sprachhandlungen als Spitzenleistungen zu bezeichnen, die gleichzeitig eine Pilotfunktion wahrnehmen. Der ganze Hintergrund der anthropologischen Implikationen verdichtet sich in ihnen. Scheitern, Opfer und Leiden bergen den Versuch, ein günstigeres Umfeld des Handelns zu schaffen, indem konfliktgeschichtliche Zwänge aufgebrochen und versöhnend umgewandelt werden, wenn auch nicht unmittelbar, so doch auf lange Sicht. Es wird ein Überschuß eingebracht, von dem die nachfolgende Reflexions- und Freiheitsgeschichte zehrt.

Eine rein normative Ethik stößt hier an ihre Grenzen. Dem Gang einer freien Einsichtsgeschichte vermag sie keine hinreichenden Kriterien anzubieten. Und ebensowenig vermag sie darüber zu befinden, ob bestimmte Handlungen ihren Kairos haben, den es einfach wahrzunehmen gilt, will man die eigene zubemessene Zeit als Verheißung nicht verspielen. Und letztlich versagt sie dort, wo Handlungsmöglichkeiten, indem sie ergriffen werden, auf einmal als sinnvoll erscheinen. Im Tun werden sie wahr und stellen neue Referenzpunkte für Abwägungsstrategien dar. Gewiß sind Normen unverzichtbar. Sie sichern Kommunikation und garantieren Gleichheit unter den Kommunikationspartnern, indem sie privilegierte Positionen ausschließen. Das ist unbestritten. Nur gilt es darüber nicht zu vergessen, daß die in Normen gespeicherten Zumutungsgrade, die sich von Handlungsinhalt wie Handlungsweise gar nicht trennen lassen, durch freie Einsicht entdeckt, festgehalten und zeugnishaft durchgesetzt werden.

3. Bewährungsfelder versöhnender Sprachhandlungen

Wo liegen nun die privilegierten Felder solcher Sprachhandlungen? Die Frage erinnert an eine Reihe von Voraussetzungen, die in den bisherigen Gedankengang einflossen. Zunächst sei nochmals erwähnt, daß Motivationen ein Vor-Verständnis an Intentionen und mithin an Handlungsinhalte herantragen. Sodann ist das genaue Verständnis des Begriffs kategorial, zumal in seiner Verbindung mit Handlungsnorm, betroffen. Nur insofern sich transzendentale Inhaltlichkeit in kategoriale Handlungsnormen hinein vermittelt – und dies vor dem Hintergrund der Lehre von der Analogie des Seins –, ist verantwortliche Gestaltung innerweltlicher Lebensbereiche möglich. Wird dies nicht gesehen, verfällt Transzendentalität in formale Inhaltlosigkeit und Kategorialität in Faktizität. Und die Inhaltlichkeit der Handlungsnormen bleibt von den Motivationen unberührt[46]. Nur die normapplizierende Vernunft wird von ihnen betroffen. So bricht aber ein Hiatus zwischen ihr und normsetzender Vernunft auf. Und letztlich, Sprachhandlungen schlüsseln die Inhatlichkeit kategorialer Handlungsnormen auf. Sie bewegen sich unmittelbar auf der Ebene von Persongütern. Zwar werden Sachgüter nicht übergangen. Aber es wird doch in Erinnerung gerufen, daß zwischen beiden ein lebendiges Bedingungs- und Interferenzverhältnis besteht. Sachgüter stehen im Dienst an Persongütern. Ihre Richtigkeit bemißt sich an ihrer Fähigkeit, der umfassenden Versöhnung des Menschen zu dienen. Diese leitende Perspektive darf nicht übersehen werden. Das ist zwar eine hermeneutische Selbstverständlichkeit. Dennoch empfängt sie ihr Profil von den anthropologischen Implikationen des Glaubens, die als Wegmarken sittlicher Vernunft fungieren. Möglicherweise scheint hier ein Defizit der bisherigen moraltheologischen Reflexion auf: Der Umgang mit den Begriffen Handlungsnorm, kategorial und Güterverwirklichung müßte differenzierter sein.

Zu den Sprachhandlungen zählt als erste das Gebet. Es ist seinem Wesen nach ein Vorentwurf des Tuns. Es gibt keine sittliche Entscheidung des Christen, die ihren gelebten Ursprung nicht im Gebet besäße. Das gilt für Anbetung, Dank wie Bitte gleichermaßen. Der Ausgriff auf die Gestaltung zwischenmenschlicher Kommunikation erfolgt vornehmlich im Fürbittgebet. Als Vorbild dient das Fürbittgebet Jesu selbst[47]. So wie Jesus für seine Jünger und für seine Peiniger betete, so ist auch die Fürbitte des Christen ein Vorentwurf beistehenden wie versöhnenden Handelns. Das Gebet ist wirkmächtige Erinnerung an die beherrschende Motivation christlichen Handelns: Nachahmung der unendlichen und unbedingten Barmherzigkeit Gottes[48].

---

[46] Es kommt wiederum die Frage nach dem rechten Gebrauch des Wortes kategorial auf. Wenn man von der scholastischen Denktradition herkommt, kann man es nicht ungeprüft verwenden, es sei denn, man habe bereits vorgängig eine transzendentalphilosophische Einschmelzung vorgenommen.
[47] Joh 17,9–19; Lk 23,34. [48] *R. Schnackenburg* (s. Anm. 31) 204.

Ein weiteres Beispiel der Sprachhandlungen liefert die Feier der Sakramente. Gedacht ist zumal an das sakramentale Bekenntnis begangener Schuld, an den Empfang der sakramentalen Lossprechung sowie an die Entgegennahme und Ausführung der Bußauflage[49]. In der Theologie des Bußsakramentes wurde herausgestellt, daß das Schuldbekenntnis mehr ist als reines Erzählen einer verfehlten Vergangenheit. Bekennen heißt Lobpreis der göttlichen Barmherzigkeit und Antizipation einer besseren Zukunft. Die Kirche begleitet diesen Vorgang durch ihr Gebet und ihr Zeugnis. Und in der Bußauflage wird der erste Schritt in eine neue Zukunft getan; sie ist die Brücke zwischen Sakrament und Leben. Der Symbolcharakter einer solchen Handlung ist darum recht zu verstehen. Er sucht in Erinnerung zu rufen, daß der gesamte Bußvorgang in die begleitende Erfahrung kirchlicher Brüderlichkeit eingebettet ist. Zugleich inspiriert er den Büßenden, die empfangene Vergebung weiterzutragen und Versöhnung zu gewähren: im unmittelbar begegnenden Handeln wie in der Gestaltungsverantwortung für alle relevanten Handlungsvoraussetzungen.

Von der Lebensentscheidung war schon einmal die Rede. Für den Christen nimmt sie den Charakter einer Zeugnishandlung an. Sie interpretiert die beherrschenden Anliegen christlicher Sittlichkeit in den eigenen Lebensplan, in den vorsehenden Umgang mit der eigenen zubemessenen Lebenszeit hinein. Sie ist gelebte Versöhnung mit der Zeit. Leitvorstellungen umfassend gelungenen guten Lebens erwirken lebensgeschichtliche Präferenzen. In der Weise, wie man mit der eigenen Zeit umgeht, offenbart sich die zugrundeliegende anthropologische Option. Die Flüchtigkeit der Zeit steigt zum Medium einer zeugnishaften Kommunikation auf. Alle Güterabwägung bleibt daraufhin bezogen[50].

Auch die offizielle Sprache der Kirche verdient es, unter dem Aspekt einer Sprachhandlung bedacht zu werden. Das gilt zumal für normative Lehrvorlagen, die das Meistern von Konfliktsituationen zum Gegenstand haben. Es kann der Kirche niemals darum

---

[49] *W. Kasper*, Anthropologische Aspekte der Buße, in: ThQ 163 (1983) 104f.
[50] Im Grunde sind ja alle Lebensgüter durch die Ungreifbarkeit der Zeit gezeichnet. Das Verhältnis zur Zeit entscheidet über das Verhältnis zu ihnen.

gehen, sich mit der authentischen Vorlage und Interpretation eines Normensystems zu identifizieren. Gewiß bedarf es der Kohärenz und Konsequenz. Aber das ist nicht alles. Normative Vorlagen müssen auch auf die konfliktgeschichtliche Befindlichkeit ihrer Adressaten Rücksicht nehmen. Das zeigt sich zuallererst in der Sprache. Je höher der Einsatz und der zu zahlende Preis an Leiden, um so mehr wandert der Akzent von der Auflage zur Bitte, Ermutigung und argumentativen Plausibilität, die auch in extremen Konfliktsituationen noch immer das leitende Anliegen christlicher Sittlichkeit erkennen läßt. Es muß aufscheinen, daß auch im Bestehen äußerster Belastung die Verheißung der Erfüllung liegen kann. Es bedarf der Versöhnung mit dem eigenen Schicksal. Das kann nur im tätigen Erweis von Solidarität geschehen. Und eben das ist gemeint, wenn vom Dienst der Versöhnung die Rede ist. Damit verbindet sich wiederum die Verantwortung für die Voraussetzungen. Es bedarf der kritischen Rückfrage, mit welcher zugrundeliegenden Gewißheit die Sicherheit der eigenen Lehrvorlage rechnen kann. Die Rolle der Moralsysteme bliebe – möglicherweise in erneuerter und erweiterter Form – auch in diesem Kontext zu bedenken[51].

Als letztes Beispiel einer Sprachhandlung diene der offizielle Umgang der Kirche mit Situationen lebensgeschichtlichen Scheiterns. Wie wird die Kirche mit dem Scheitern und mit dem Gescheiterten fertig? Sie befindet sich – das steht außer Zweifel – angesichts solcher Verstrickungen und Zwänge in einem offensichtlichen Dilemma. Das ist zunächst dort der Fall, wo dogmatische Festlegungen den eigenen Handlungsspielraum präzise eingrenzen. Man denke an die Unauflöslichkeit der Ehe[52]. Aber auch im Fall des Fehlens solcher Vorentscheidungen bleibt die Konsequenz der offiziellen Präsenz der Kirche – so bei der Entgegennahme öffentlicher Gelübde oder Versprechen – zu schützen. Was einmal als wahr und möglich erklärt wurde, kann nicht ein andermal als unwahr und unmöglich erklärt werden. Die zugrundeliegende Theologie der Lebensgeschichte ist gegenwärtig zu halten. Aber auch das Ver-

---

[51] Die Erneuerung des Normverständnisses kann den Moralsystemen zu erneuerter Bedeutung verhelfen. Moralsysteme haben die Reduzierung von Komplexität zum Ziel, will man sich an letzterer nicht aufreiben und letztlich in Entscheidungsunfähigkeit enden.
[52] Die gelaufene Diskussion wird hier als bekannt vorausgesetzt.

ständnis von Gemeinwohl innerhalb der Kirche verlangt nach
Berücksichtigung. Der Staat muß sich kompromißhaft auf einen
gemeinsamen Nenner einpendeln. Die Kirche sucht Grundüberzeugungen durchzusetzen. Angesichts dessen könnte die kirchliche
Disziplin verglichen werden mit einer lex lata in praevisione periculi communis, näherhin eines drohenden Verlustes an sittlicher
Substanz; die Kirche gerät in den Verdacht, bezogene Positionen
aufzugeben, sobald sie nachgibt. Allerdings könnte eine solche
Weise des Argumentierens auch kritisch befragt werden. Alles
hängt von der Sinngebung, so zum Beispiel einer Dispensgewährung und einer Bestimmung der angemessenen Gründe, ab. Die
Kirche, die selbst aus der Vergebung lebt, setzt in der Dispens ein
Zeichen der Versöhnung. Der Begriff Gnadenakt ließe sich so verstehen[53]. Natürlich bringt das Probleme mit sich, wenn es um den
öffentlichen Status nachfolgender Korrekturentscheidungen geht.
Kann man sie still tolerieren? Wo liegt in diesem Fall das größere
Ärgernis? Das Problem bedarf noch eingehender Diskussion.

Schlußüberlegungen

Es mag sich aus allem Gesagten gezeigt haben, daß Versöhnung
eine fundamental-anthropologische Kategorie ist, die ein Lebens-
und Handlungsprojekt zu inspirieren vermag. Die normfindende
wie die norminterpretierende Vernunft sind gleicherweise von ihr
betroffen. Zwischen beiden waltet eine lebendige Interferenz. Der
Gefahr einer unangemessenen Metaphysizierung der Normen wie
der sittlichen Vernunft ist zu begegnen. An Normen wird, unter der
Wegweisung der anthropologischen Implikationen des Glaubens
und ihrer leitenden Anliegen, fortwährend gearbeitet. Sie sind das
Resultat eines freien Einsichtsprozesses, der sich in allseitiger
Kommunikation und also ursprünglich vermittelt über Sprachhandlungen, weitertreibt. Bessere Handlungsmöglichkeiten wollen
entdeckt sein. Das heißt auf der Ebene der natura elevata: Eindringen in jenes anthropologische Potential, das in der Christologie

---

[53] *K. Demmer,* Die Dispens von der Lebenswahl. Rechtstheologische und moraltheologische Erwägungen, in: Gregorianum 61 (1980) 207–251.

mitgemeint ist[54]. Und auf der Ebene der natura sanata heißt es: Zeugnishaftes Aufbrechen jener Verhängnisstrukturen, die Entscheidungssituationen schuldgeschichtlich innewohnen. Es sind ja niemals atomistisch verstandene Einzelgüter das Ziel sittlichen Handelns, sondern immer das Grundgut versöhnten Lebens. Angesichts dessen ließe sich der Frage nicht ausweichen, ob man in der gegenwärtigen Auseinandersetzung um die autonome Sittlichkeit nicht stillschweigend mit Paradigmen operiert, die der Sache nicht angemessen sind. Gedacht sei an den Normbegriff, an das Verhältnis von Metaphysik und Geschichte, an die Eigentümlichkeit des sittlichen Einsichtsprozesses und an das bleibende Spannungsverhältnis von Theorie und Praxis. Dem müßte in Zukunft mehr Aufmerksamkeit geschenkt werden[55].

---

[54] Das gilt zumal für die narrative Christologie. – *D. Wiederkehr,* Von der dogmatisch strukturierten zur kontextsituierten Christologie, in: MySal, Ergänzungsband (Zürich 1981) 235–238.

[55] Es könnte sich dann erweisen, daß die Diskussion um Glaubensethik und autonome Moral ein Scheinproblem ist, das in jeweils ungenügend geklärten Voraussetzungen und leitenden Interessen gründet.

RÜCKBLICK AUF EIN GESPRÄCH

IX

Moderne Sprachphilosophie – Hilfestellung für die Theologie?

Von Franz Courth, Vallendar

Zum Thema

Diese Rückschau stützt sich auf Mitschriften und Tonbandaufzeichnungen. Sie will aber kein Protokoll sein. Vielmehr möchte der nachfolgende Text eine problemorientierte Einordnung der Diskussion versuchen. Er hat eher den Charakter einer ersten Würdigung als den eines Berichtes. Für diesen Rückblick darf deshalb an das Wort des Thomas v. Aquin (S.th.I q. 75 a.5) erinnert werden: Omne quod recipitur, secundum modum recipientis recipitur.

Das Gespräch von Theologen verschiedenster Disziplinen mit solchen Vertretern der Philosophie, die ebenso wie sie fest in den theologischen Ausbildungsgang einbezogen sind, sollte schon wegen desselben Bildungsauftrages eine Selbstverständlichkeit sein. Nur zu leicht aber bleibt es bei dieser allgemeinen Feststellung. Zu unterschiedlich sind je aktuelle Aufgaben und Methoden der einzelnen Fachvertreter. Soll ein solcher Austausch gar Grundlagendiskussion sein, kann dies nur anhand eines auch wirklich aktuellen Gesprächsfadens gelingen, an den die je verschiedenen Teilnehmergruppen tatsächlich auch von ihrem Arbeitsgebiet her anknüpfen können.

Ein derartiger Gesprächsfaden sollte das Thema „Sprachhandlungen und heutige Ekklesiologie" sein. Dazu hatte besonders die Philosophie Wesentliches beizutragen. Nicht nur, daß zunächst einmal über die Sprachhandlungstheorie von J. L. Austin und J. Searle kritisch zu informieren war. Da galt es auch Berührungsängste der Theologen gegenüber der Sprachphilosophie insgesamt abzumildern. War da nicht der Theologie vom frühen L. Wittgenstein bedeutet worden, ihre Worte seien in der Wirklichkeit nicht aufweisbar und könnten deshalb auch nicht in eine logische Syntax gebracht werden? Ein Philosoph indes, dem die Sprache mehr bedeutet als die Formeln der Mathematik, weil er sie als Ausdruck personaler Beziehung wahrnimmt und sie zudem mit transzendentalem Denken verknüpft, vermag der Theologie vielfältige Hilfen anzubieten. Dies kann gerade auch für die Sprechakttheorie von Austin und Searle gelten, weil sie auf die wirklichkeitsstiftende Funktion von Sprache hinweist. Von daher legen sich Parallelen zum sakramentalen Wort nahe. Diese Verbindungslinien treten vor allem dann hervor, wenn nicht nur äußere Bedingungen wirksamer und gültiger Sprache genannt, sondern auch deren transzendentale Bedingungen bedacht werden. Die so erreichte metaphysische „Ausweitung" sprachphilosophischer Überlegungen kennzeichnete die Referate und Diskussionsbeiträge von Emerich Coreth und Alois Halder ebenso wie die von Richard Schaeffler. Sehr deutlich versuchte E. Coreth, einen Bogen zu spannen zwischen der metaphysischen Tradition der Philosophie und der neuzeitlichen Sprechakttheorie sowie den kommunikationstheoretischen Ansätzen. Seine Kritik an einem allzu subjektlos-positivistischen Verständnis von Sprache wurde gerade aus theologischer Perspektive dankbar akzeptiert. Geht es doch der Theologie darum, daß etwa das Wort Gott mehr ist als ein Wort. Wie weit Coreth seine Auseinandersetzung mit dem neuzeitlichen Ansatz vertiefen müsse, wie vereinzelt gefordert wurde, ist eine innerphilosophische Frage. Daß ein solchermaßen vertiefendes Gespräch die Sprechakttheorie befruchten kann, zeigt R. Schaeffler. Seine Verbindungslinien zum weiterentwickelten Kantischen Ansatz bei Cohen und Rosenzweig ließen die transzendentalen Implikationen von Sprache deutlich werden. Auch hiermit war eine Perspektive gewiesen, um ein rein positivistisches Verständnis von Sprache zu überwinden.

Hilfe für die Systematische Theologie

Wie weit aber kann für die Systematische Theologie eine derartig aufbereitete philosophische Hilfestellung gehen? Beinhaltet die Bezugnahme auf eine solche Philosophie, daß ein philosophisches Ganzes zu übernehmen ist, welches *nur so* der geistigen Erschließung des Menschen und der Welt (und damit auch des christlichen Glaubensgutes) dient? Ist es nur von einem einheitlichen und durchreflektierten System her möglich, denkerisch verantwortete Theologie zu betreiben? Oder ist die Übernahme philosophischer Elemente durch den Theologen auch auswahlweise möglich?

Für eine Gesamtsystematik scheint J. B. Metz mit seiner „narrativen Theologie" zu plädieren. Danach ist die Kirche eine Sprachgemeinschaft, die *erzählend* Gottes Großtaten als gefährliche Erinnerung weitergibt und wachhält. Auch Peter Hünermann optiert für einen Gesamtentwurf, wenn er Jesus und in seiner Nachfolge die Kirche als Wortereignis entfaltet. Zu dieser Systematik drängt ihn die Verpflichtung, als Theologe die Universalität und den inneren Sinn der christlichen Botschaft *allgemeingültig* und *grundsätzlich* ausweisen zu müssen. Der Rückzug in eine nicht mehr erschließbare Ghettomentalität widerspreche der missionarischen Sendung der Kirche. Weil für die Theologie als Wissenschaft die Wahrheit in der Aussage liegt, ist von ihr ständige Rechenschaft darüber gefordert, ob und wie weit ihre Sprache auch die angezielte Wahrheit repräsentiert. Verwenden „Sender" und „Empfänger" die gleiche Wortbedeutung? Deshalb ist für die theologische Systematik eine fortlaufende *terminologische Klärung* gefordert.

Dieses Anliegen wurde von den Vertretern der Philosophie insofern mehrfach unterstützt, als sie gerade mit Blick auf die Sprachphilosophie *Sachbezug* und *Bedeutungsgehalt* unserer theologischen Rede von Gott konkretisiert wissen wollen. Indem P. Hünermann die sakramentalen Vollzüge der Kirche als wirksames Sprachgeschehen deutet, hat er mit dem Verweis auf die Praxis der Kirche den unmittelbaren Sachbezug der Theologie angegeben; die Reflexion auf die Möglichkeitsbedingungen und den Bedeutungsgehalt solchen Handelns soll das theologische Verstehen auf die große Kommunikations- und Sprachgemeinschaft der Fragenden und Denkenden hin öffnen.

Wie weit aber ist „Wort" bzw. „Sprachgeschehen" ein hinreichend weiter Systembegriff, um das Leben Jesu in seiner geschichtlichen Gestalt und erlösenden Ereignishaftigkeit einzubergen? Und faßt er hinreichend die gläubige Rezeption von Jesu Leben und Werk durch die Urkirche zusammen? Besteht da nicht die Gefahr, die ganze Sprachlosigkeit des Kreuzes wie auch die Tathandlungen der Diakonie zu analogisieren und ihnen damit ihre herausfordernde Konkretheit zu nehmen?

Der Verweis auf die konkrete Ereignishaftigkeit des Lebens Jesu und besonders auf die stumme Nacht des Leidens ist hier wie überhaupt in der Theologiegeschichte *der* Stolperstein von Systemversuchen. Im Vergleich etwa zu Thomas von Aquin übt Bonaventura mit seiner starken Christozentrik nicht nur Zurückhaltung gegenüber der Philosophie, sondern mit ihr auch gegenüber der theologischen Systematik. Sein Werk atmet aber dafür eine besondere religiöse Wärme.

Zur Frage nach der Reichweite philosophischer Hilfestellung brachte ein Vertreter der praktischen Theologie das Bild von einer blumenreichen Wiese ein, aus der man sich je nach Notwendigkeit einen Strauß zusammenstellen könne. Auf die verschiedenen Disziplinen der Theologie angewendet, war dieses Bild ein Plädoyer *gegen* einen zu strengen Systementwurf und *für* Methodenvielfalt; historische, philosophische und praktische Diskurse haben je ihr eigentümliches Recht.

Indem man solchermaßen die Vielfalt theologischer Erkenntniswege betont, bleibt aber die Frage nach dem zusammenfassenden Grundgedanken unbeantwortet, der die Theologie als einheitliches Ganzes durchzieht. Was ist *die* theologische Aussage, die die vielen Entfaltungen und Folgerungen als innerlich verbundene Einheit verstehen läßt? Gibt es eine Leitidee, die das bunte Vielerlei theologischer Arbeit in ihrem inneren Zusammenhang authentisch zum Ausdruck bringt? Ist das nicht auch eine Forderung an die Theologie gerade als Wissenschaft?

Diesem immer auch von der Philosophie mitgeschnürten Fragenbündel kommt am ehesten eine konsequent durchgearbeitete Systematik entgegen. Und dies gilt auch für einen von der Sprechakttheorie herkommenden Entwurf. Ein solcher besitzt dann sein *relatives* Recht, wenn Wort *und* Sakrament die Kategorie Sprachhandlung inhaltlich füllen. So kann auch die Kirche als Sprach- *und* Handlungsgemeinschaft verstanden werden. Schon das Alte Testament betont die Zweieinheit von Wort *und* Heilshandeln Jahwes. Ebenso überliefert das Neue Testament Worte *und* Machttaten Jesu, die in ihrer inneren Zuordnung weiterzugeben, Auftrag der Kirche ist. Dabei kann gewiß Sakrament im weiten Sinne des Wortes gefaßt werden: die strikten Heilsvollzüge ebenso umschließend wie deren vielstufige Vorbereitung in den Sakramentalien.

So trägt etwa die geübte Vergebungskultur als Vorbereitung und Ausstrahlung des Bußsakramentes wesentlich mit dazu bei, die kirchliche Dimension der Buße erlebbar und wirksam zu machen (W. Beinert). Ähnliches gilt für das Verhältnis der tätigen Liebe zur Eucharistie. Die Caritas gehört mit zum sakramentalen Zeichen. So sehr die Eucharistie das sorgsam zu hütende Geheimnis der Nähe Jesu Christi ist, zu ihrem eigentlichen Sinn gehört immer auch, daß die im heiligen Bereich gefeierte Gemeinschaft geschichtlich greifbare Gestalt gewinnt. Vergleichbares wäre auch zur Taufe anzuführen. Ihre Leben-stiftende Funktion muß vom mütterlichen Wirken der Kirche begleitet sein.

Hilfe für die Exegese

Die Kennzeichnung der Kirche als Sprach- und Handlungsgemeinschaft gewinnt noch dadurch an Gewicht, daß man die Hl. Schrift als *das* Grundwort des Gottesvolkes bedenkt. Wenn zum vertieften Verständnis des Alten wie des Neuen Testamentes neuerlich die Sprechakttheorie herangezogen wird, dann nicht um die bisherigen Methoden der traditions-, form- und redaktionsgeschichtlichen Prinzipien zu ersetzen, sondern um deren Anwendung zu präzisieren. Näherhin verschärft die Sprechakttheorie die Frage nach dem ursprünglichen Kommunikationsgeschehen als dem bewegenden Prinzip für die Textgestaltung (F. L. Hossfeld). Sie sensibilisiert aber auch für die hermeneutische Rolle des heutigen religiösen Bibellesers und Psalmenbeters, der den alten Text in seine veränderte Lebenssituation hineinstellt und konkretisiert. Daß gerade hierbei Kirche als Sprachhandlungsgemeinschaft erfahren wird, steht außer Frage. Unbestritten ist auch, daß die Frage nach den Kriterien gültiger religiös aktualisierender Schriftauslegung des vertiefenden Studiums bedarf. Beide Spannungspole (die Ursprungssituation *und* die heutige Erfahrung) sind für das Verständnis historischer Texte (die Hl. Schrift ebenso wie dogmatische Definitionen u. ä.) ins Gleichgewicht zu bringen. Es ist einerseits zu verhindern, daß der eigene religiöse Standpunkt ein aufmerksames

Hinhören auf den überlieferten Text und *seine* Fragen verstellt. Andererseits ist aber auch zu beachten, daß das Selbstverständnis des Interpreten in das Verstehen der überlieferten Zeugnisse mit eingeht. Aber hier gültige und weiterführende Kriterien zu erarbeiten, war wohl kaum von einer interdisziplinären Gesprächsgruppe zu erwarten. Es ist schon viel erreicht, wenn das Themenbündel als solches mit engagierter Aufmerksamkeit angenommen und diskutiert wurde.

Hilfe für die Praktische Theologie

Alles, was im systematischen Fragenkreis über den Einklang von sakramentalem Vollzug und lebensmäßiger Zeichenhaftigkeit gesagt wurde, hat als idealtypische Aussage zu gelten; diese meint: es *sollte* so sein (K. Demmer). Hier ist darum der Ort, wo die praktische Theologie ihren Beitrag einzubringen hat.

Wesentliche Erkenntnisse der Sprechakttheorie sind von der Liturgiewissenschaft wie entsprechend auch von der Sakramentenkatechese bereits rezipiert. Dies ist dort der Fall, wo die praktische Theologie mit Verweis auf den performativen Charakter von Sprache die klassische Form- und Materielehre bereichern kann. Ähnliches gilt für das Verständnis des Gebetes.

Hier läßt sich von einer wirklichen Verständnishilfe sprechen, mit der christliche Glaubensüberzeugung hinführend erläutert werden kann. Geht es doch beim Gebet und der Sakramentenspendung um mehr als fromme Wünsche und Absichten; in ihnen soll sich nach christlichem Glauben Beziehung zwischen Gott und Mensch aktiv ereignen. Zum Verständnis dieses Glaubens kann die Besinnung auf wirklichkeitsstiftende Sprachhandlungen und deren Bedingungen eine hilfreiche Brücke sein.

Mehrfach fiel das Stichwort neuer Erwachsenenkatechismus, ohne dann aber ausdrücklich diskutiert werden zu können. Grundsätzlich wurde der Auftrag des kirchlichen Lehramtes anerkannt, den aktuellen Glauben in seinen Kernaussagen zu artikulieren. Wie weit aber ist die Entstehung des Katechismus wirklich der ganzen Sprachgemeinschaft der Kirche verdankt? Was geschieht nun zu seiner inhaltlichen Aneignung? Und wie lassen sich die hier gemachten Erfahrungen austauschen und rückmelden? Gerade bezüglich der notwendigen Rückäußerungen fehle es weitgehend noch an probablen Verfahren. Zur Sprachgestalt des Katechismus wurde weiterführend vermerkt, daß sie nicht ausschließlich die Ebene des Lesers im Auge haben dürfe; schließlich wolle er diesen ja theologisch weiterführen und geistlich bereichern. Dieses Anliegen gelte grundsätzlich für jedes Buch.

Aufs Ganze gesehen, kamen die Gesprächsbeiträge der praktischen Theologie nur schleppend zum Zuge; dies war wohl durch den beträchtlichen Überhang an systematischer Problematik begründet.

Abschließend sei eines noch bedacht: Der Themenkreis theologische Rezeption der Sprachhandlungstheorie hätte dadurch eine positive Abrundung erfahren können, daß man diesen neuen Vermittlungsversuch mit anderen philosophischen und politischen (Befreiungstheologie) oder gar psychologischen (Drewermann) Koordinatensystemen vergleicht, die gegenwärtig als Vermittlungshilfen herangezogen werden. Ausdrücklich ist dies leider nicht artikuliert worden. Hier wäre positiv zu bedenken gewesen, daß eine um die geschichtliche und personale, aber auch transzendentale Dimension bereicherte Sprachphilosophie, die immer auch die Praxis berührt, vor manchen aktuellen Engpässen bewahren kann: vor einem ungeschichtlichen Seinsdenken ebenso wie vor einem pragmatischen Positivismus, in welch konkreter Gestalt auch immer sie auftreten.

FREIBURGER THEOLOGISCHE STUDIEN

die zuletzt erschienenen Bände:

128 Heino Sonnemans, Seele – Unsterblichkeit – Auferstehung
Zur griechischen und christlichen Anthropologie und Eschatologie
548 Seiten. Paperback. ISBN 3-451-20251-4

129 Jürgen Blattner, Toleranz als Strukturprinzip
Ethische und psychologische Studien
zu einer christlichen Kultur der Beziehung
480 Seiten. Paperback. ISBN 3-451-20346-4

130 Hansruedi Kleiber,
Glaube und religiöse Erfahrung bei Romano Guardini
240 Seiten. Paperback. ISBN 3-451-20347-2

131 Gerd Lohaus,
Die Geheimnisse des Lebens Jesu
in der Summa theologiae des heiligen Thomas von Aquin
272 Seiten. Paperback. ISBN 3-451-20534-3

132 Klaus B. Schnurr, Hören und Handeln
Lateinische Auslegungen des Vaterunsers
in der Alten Kirche bis zum 5. Jahrhundert
288 Seiten. Paperback. ISBN 3-451-20535-1

133 Stjepan Kušar, Dem göttlichen Gott entgegen denken
Der Weg von der metaphysischen zu einer nachmetaphysischen
Sicht Gottes in der Religionsphilosophie Bernhard Weltes
432 Seiten. Paperback. ISBN 3-451-20587-4

in Vorbereitung

134 Thomas Becker, Geist und Materie
in den ersten Schriften Pierre Teilhard de Chardins
ca. 240 Seiten. Paperback. ISBN 3-451-20982-9

Herder Freiburg · Basel · Wien

QUAESTIONES DISPUTATAE

die zuletzt erschienenen Bände:

100 Heinrich Fries / Karl Rahner,
Einigung der Kirchen – reale Möglichkeit
Erw. Sonderausgabe mit einer Bilanz „Zustimmung und Kritik" von Heinrich Fries
3. Auflage. 192 Seiten. ISBN 3-451-20407-X

101 Trinität
Aktuelle Perspektiven der Theologie. Hrsg. von Wilhelm Breuning
184 Seiten. ISBN 3-451-02101-3

102 Ethik im Neuen Testament
Hrsg. von Karl Kertelge
216 Seiten. ISBN 3-451-02102-1

103 Stefan N. Bosshard, Erschafft die Welt sich selbst?
Die Selbstorganisation von Natur und Mensch aus naturwissenschaftlicher, philosophischer und theologischer Sicht
2. Auflage. 264 Seiten. ISBN 3-451-02103-X

104 Gott, der einzige
Zur Entstehung des Monotheismus in Israel. Hrsg. von Ernst Haag
192 Seiten. ISBN 3-451-02104-8

105 Auferstehung Jesu – Auferstehung der Christen
Deutung des Osterglaubens. Hrsg. von Lorenz Oberlinner
200 Seiten. ISBN 3-451-02105-6

106 Seele
Problembegriff christlicher Eschatologie.
Hrsg. von Wilhelm Breuning
224 Seiten. ISBN 3-451-02106-4

107 Liturgie – ein vergessenes Thema der Theologie?
Hrsg. von Klemens Richter
2. Auflage. 192 Seiten. ISBN 3-451-02107-2

108 Das Gesetz im Neuen Testament
Hrsg. von Karl Kertelge
240 Seiten. ISBN 3-451-02108-0

110 Unterwegs zur Kirche
Alttestamentliche Konzeptionen. Hrsg. von Josef Schreiner
200 Seiten. ISBN 3-451-02110-2

111 Hans-Josef Klauck, Judas – ein Jünger des Herrn
160 Seiten. ISBN 3-451-02111-0

Herder Freiburg · Basel · Wien